陕西师范大学历史教育研究丛书

陕西师范大学一流学科建设项目资助出版

光明社科文库

历史教师素养论
基于历史教育实践过程的分析

徐赐成◎著

光明日报出版社

图书在版编目（CIP）数据

历史教师素养论：基于历史教育实践过程的分析 /
徐赐成著 . -- 北京：光明日报出版社，2020.4（2022.4 重印）

ISBN 978 - 7 - 5194 - 5679 - 5

Ⅰ.①历… Ⅱ.①徐… Ⅲ.①历史教学—教学研究

Ⅳ.①K - 4

中国版本图书馆 CIP 数据核字（2020）第 051221 号

历史教师素养论：基于历史教育实践过程的分析
LISHI JIAOSHI SUYANG LUN：JIYU LISHI JIAOYU SHIJIAN
GUOCHENG DE FENXI

著　　者：徐赐成

责任编辑：庄　宁　　　　　　　责任校对：姚　红

封面设计：中联学林　　　　　　责任印制：曹　净

出版发行：光明日报出版社

地　　址：北京市西城区永安路 106 号，100050

电　　话：010-63139890（咨询），63131930（邮购）

传　　真：010 - 63131930

网　　址：http：//book. gmw. cn

E - mail：gmrbcbs@ gmw. cn

法律顾问：北京市兰台律师事务所龚柳方律师

印　　刷：三河市华东印刷有限公司

装　　订：三河市华东印刷有限公司

本书如有破损、缺页、装订错误，请与本社联系调换，电话：010 - 63131930

开　　本：170mm×240mm

字　　数：306 千字　　　　　　印　　张：17.5

版　　次：2020 年 4 月第 1 版　　印　　次：2022 年 4 月第 2 次印刷

书　　号：ISBN 978 - 7 - 5194 - 5679 - 5

定　　价：98.00 元

大力加强高师院校历史教育研究和课程建设

我国是历史悠久的国度，历朝历代都十分重视历史的"资鉴"功能，善于从历史中汲取经验智慧。正是因为重视历史的"资鉴"和教育价值，历史学在我国才成为"显学"而绵延不绝、源远流长且成果丰硕。但是，在我们重视历史和历史学研究，重视从历史中获得营养和教育的过程中，对如何从历史中获得积极的"资鉴"和教育，如何正确、科学、理性、批判性地研究历史、理解历史，进而从中获得历史的滋养，即如何运用历史学研究取得的理论成果为人民大众的文化素质提高服务，在相当长的时间里不为史家所重。概言之，我们有发达的历史学，却没有发达的历史教育。这不能不说是一件憾事。

近代以来，随着国势颓萎和民族危难的加剧，大批有识之士逐渐从技艺、制度、思想文化，进而深刻认识到教育在国家振兴、民族复兴中的基础性作用。其中，怎样用鲜活丰富的历史塑造现代国民的民族精神、国家意识和文化认同观念，怎样发挥历史教育在国民素质提高中的重要作用，成为近代史家治史的基本出发点。"史学革命"应运而生，"新史学"成果推陈出新，史学理论不断受到重视。在此基础上，马克思主义史学诞生并获得快速发展，史学成果蔚为大观，历史教育逐渐从史学一般性育人功能中独立出来，成为历史学的一个研究方向，成为高师院校历史学科历史学师范专业的基本专业设置。

但是，由于历史教育研究的特殊性和高等师范教育发展的选择性，历史教师教育及历史教育研究始终没有得到真正的重视，甚至一直没有被作为学术研究的一个方向来看待，致使在高师院校从事"历史教学法"（历史教育）工作的教师总是千方百计地转行，少数坚守岗位者由于势单力薄、缺少平台和机会，也难以获得真正的发展，久而久之就失去了学术信心和勇气，致使历史教育研究处在恶性循环的发展态势之中。

陕西师范大学自1944年建校伊始就设置有史地系，以培养中小学师资为基本任务，历史教师教育研究与实践一直是我院历史学研究和发展的基本方向和着力点。著名史学家史念海先生主持我院发展时期，他以如炬之目光规划历史系的学术研究框架，历史教育得以入其法眼并纳入发展规划。在史先生执掌历史学科发展期间，至少有两件事使我院的历史教育地位得以提高。一是1956年提请陕西省教育厅将杨育坤老师调入陕西师范大学，执教历史教学法课程并负责学生实习工作，尽管日后杨老师转入中国古代史教研室，主要承担中国古代史、秦汉史、史学概论等课程的教学工作，但杨老师曾长期担任全国和陕西省中小学教材评审专家，并主编多部陕西地方史教材，在历史教育方面的作用和影响是深远的。二是倡议并筹创了《中学历史教学参考》杂志，并出任首任主编。该刊1979年创刊时由陕西师范大学历史系和陕西省历史学会联合办刊，陕西师范大学教材出版科出版发行。开始几年完全是出于公益需要，杂志出版后免费赠送给中学历史教师，旨在解决中学历史教材不足之困难，以此实际行动服务和指导中学历史教学实践。刊物当时所需稿件也主要依靠历史系各教研室来组织，每一期稿件的组织基本上做到了有策划、有目的、有质量。可以说，《中学历史教学参考》的创办是我院重视历史教育的一种具体行动和成果。此后历史系历届领导班子皆全力支持办刊，并形成由历史系主要领导兼任《中学历史教学参考》主编的惯例，在史先生之后，1981—1987年由历史系党总支书记、系常务副主任上官鸿南教授兼任主编，1988—1993年由历史系主任郑庆云教授兼任主编。

1994年，赵克礼老师作为"历史教学法"专任教师调入历史系工作，我院历史教育教学研究工作随之进入第二个高速发展阶段。如果说前一个阶段是在学科发展平台建设上有了起色，第二个高速发展阶段则主要在历史教育课程建设上取得突破。赵克礼老师在系统设计历史教师教育课程体系的基础上，重点在教材建设和教学实施两个方面着力。在教材建设上，赵克礼老师主编了《历史教学论》《历史学科教材分析与教学设计》《中学历史教师职业技能》和《历史教育实习》等通用教材，其中《历史教学论》作为"21世纪高等师范院校学科教学论教材"获得教育部二等奖。在课程实施上，赵克礼老师率先邀请中学一线名师到学院为师范生开设一门或多门完整的课程。至此，我院第一次有了比较完整的、富有特色的历史教育课程体系、教材体系和教学体系，从而为作为学科方向的"历史教育学"建设奠定了坚实的基础。今后的任务就是要在优化调整完善课程结构的过程中，形成具有学校和我院特色的"历史教育学"课程和学术研究方向，依此推进学科建设，完善我院历史学课程体系。

党的十八大以来，党和国家高度重视教师教育和教师队伍建设。党的十九大强调，必须把教育事业放在优先发展的位置。全国教育大会进一步指出，教育是国之大计、党之大计，要坚持把优先发展教育事业作为推动党和国家各项事业发展的重要先手棋。目前，全校上下正在开展教育教学思想观念大讨论，深入学习理解全国教育大会、本科教育工作（成都）会议精神，以及中共中央、国务院《关于全面深化新时代教师队伍建设改革的意见》，教育部等五部委《教师教育振兴行动计划（2018—2022年）》等文件，特别是习近平总书记在全国教育大会、在学校思想政治理论课教师座谈会、在纪念五四运动100周年大会上的重要讲话精神，并采取积极措施将"四有"好老师标准、四个"引路人"、四个"相统一"和"四个服务"等要求细化落实到国家公费师范生培养全过程。

高师院校历史学教师教育本科专业承担着培养合格中小学历史教师的重要任务，其培养水准对中小学历史课程改革实践和教育教学质量具有基础性作用，并从根本上影响着"培养什么人"和"怎样培养人"等决定人才培养质量基本问题的实践回答。2018年5月2日，习近平在北京大学师生座谈会上的讲话时强调指出："学生在大学里学什么、能学到什么、学得怎么样，同大学人才培养体系密切相关。目前，我国大学……关键是要形成更高水平的人才培养体系……人才培养体系涉及学科体系、教学体系、教材体系、管理体系等，而贯通其中的是思想政治工作体系。"在"高教大计，本科为本"的时代要求下，重新审视和研究高师院校历史学教师教育本科专业课程设置、实施及其质量问题至关重要。值此教师教育大发展的新时代，加强高师院校历史教育类课程研究与建设，既是重要的时代任务，更是学科建设难得的重大机遇。

习近平总书记说得好："历史是最好的教科书，也是最好的清醒剂。""历史研究是一切社会学科的基础。""对历史文化特别是先人传承下来的价值理念和道德规范，要坚持古为今用、推陈出新，有鉴别地加以对待，有扬弃地予以继承，努力用中华民族创造的一切精神财富来以文化人、以文育人。"在中国特色社会主义建设的新时代，在高度重视教师教育、历史教育和传统文化教育的背景下，大力加强高师院校历史教育类课程研究与建设，既是我院学科建设积极适应国家教育发展战略的时代选择，更是我院学科发展的历史选择。为此，我们启动"陕西师范大学历史教育研究丛书"系列建设项目，是希望为我院"历史教育学"学科建设做些基础性工作积累，也是为了集中体现我院学科建设的新进展，更是对我院教师教育特色和成果的一个总结，同时还是对"历史教育学"方向教学人员的一种激励。

这次由徐赐成博士策划、光明日报出版社出版的四部著作，是我院近年来孕育孵化的历史教育学领域首批成果。我们有理由相信，在教育发展改革的新时代，我院的历史教师教育研究和教学工作、历史教育学学科建设将在此基础上继续健康发展，不断取得更多更大成果，为我国历史教育研究做出应有的贡献。

是为序。

何志龙

陕西师范大学长安校区文汇楼

2019 年 6 月 18 日

目　录
CONTENTS

做一名成功的教师

如何成为一名优秀的历史教师？这是一个分量很重的问题。这里提出做"成功教师"，其定位是从"合格教师"到"优秀教师"的关键环节，如果说优秀教师凤毛麟角，但成功教师是大多数历史教师能够做到的，是历史教师的常态表现。对于大多数教师来说，最为困难的阶段是如何从"成功"走向"优秀"。

一、优秀教师是有成功感的教师

美国琳达·达林－哈蒙德和琼·巴拉茨－斯诺顿的《优秀教师是怎样炼成的》一书中讲了很多提高教师教育水平的技术或技巧。仔细想想，掌握一些工作技巧当然是很重要的，但真正的好教师不仅有技巧，更重要的是有底蕴和思想。只有具备了丰厚的文化底蕴和教育思想，教师工作的技巧才会真正有价值。如魏书生、顾泠沅、钱梦龙、孙维刚等名师成长历程就给我们展示了成功教师的一些必修课和基本功。

首先要博览群书。在考试压力依然很大的情况下，教师读书问题是颇受社会关注的问题。很多人对教师不读书的现象非常不满，但也应该看到一些基本事实。一是教师是喜欢阅读的，至少大部分是喜欢的。二是要客观分析现实中教师不阅读的原因。首先是因为教师没有闲暇，中学教师基本上都是超负荷工作；其次是教师没有阅读的现实动力，中学的教研活动基本上是停留在教法和试题研究的层面；最后是教师没有阅读环境，就是没有倡导阅读的校园文化做支撑，这包括硬件和软件条件。但凡是成功教师的经验，无不强调阅读对于教师专业成长的重要意义。

其次要用心教书。怎样做才算用心？我觉得有两条：一是精通专业知识，二是精心教学设计。

精通专业知识是做优秀教师的前提和基础，也是教师上好课的基本保证。如果我们讲课时手里拿着教科书，眼睛盯着备课本，抬头看一眼学生就找不着地儿了，怎么能成为成功教师呢？研究教材首先要烂熟于心，背地里得下这种硬功夫。冰心曾经说过："人们只看到花的娇艳，却不知道每一朵花的根都泡在苦水里。"人与人之间本来没有什么差别，出生以后，除了后天的教育以外，大多都是一样的，为什么在一样的单位，一样的部门出现了差别呢？爱因斯坦说过这样一句名言："人与人的差别在于业余时间。"就是一个人怎样打发自己的业余时间将决定人与人的差别。只要用了足够的时间来学习和研究自己的专业，就能做到卓尔不群，口吐莲花。

精心教学设计是教师教学和专业提升的方法和途径。著名教育专家叶澜教授说过："一个教师写一辈子教案不可能成为名师，若写三年教学反思就有可能成为名师。"通过不断反思来改进教学设计，是最直接的提升方式。上海教科院经过研究著名特级教师于漪的教学得出结论，认为她的成功就在备课。于漪老师的备课是"一篇课文三次备课二次反思"。拿到一篇课文，先不看任何参考资料，完全基于自己的经验和理解进行备课。第二次备课时，于老师会找来所有和这篇课文有关的资料，仔细对照，并和其他教师的教案进行比较，"看哪些东西我想到了，人家也想到了；哪些东西我没有想到，但人家想到了；哪些东西我想到，人家没想到，我要到课堂上去用一用，是否我想的真有道理，如果有的话，这些可能会成为我以后的教学特色"。经过修改形成的第二稿教案，是她的第一次反思——关注个人已有经验的教学行为。按新教案上课后，根据上课情况修改教案，形成第三稿教案，这是她的第二次反思——关注学生获得的行为调整。于漪老师的第一次反思是经验式的、同伴互助式的，第二次反思是基于现实教学情境上的行动反思，就是现在的校本教研所强调的行动改进。这就是于漪老师成名的秘诀所在。

再次要永不服输。著名数学特级教师张思明工作中的第一节课是在学生的嘲笑声中下课的，整堂课他都在低着头念教案，一位女生在当天交给他的作业本封面上画了一幅漫画，一只老鼠拿着麦克风在课堂上讲话，下面写道："你是哪个庙里的和尚，会不会念经，敢来教我们？"这样的打击可能会击垮很多人，没有永不服输的精神是很难坚持下来的。张思明靠着这种永不服输的精神成为一名数学特级教师、北京大学附中的副校长。著名的德育特级教师张万祥现在是享受国务院特殊津贴的专家，然而在他工作的头15年，一直做着作家梦、记者梦，根本就不想当老师，大学毕业时他的愿望是"只要不当老师，干什么都行"。所以这15年他基本是应付差事。转机在1985年，这一年他收到了一位学生赠送给他的一首诗："恨只恨，你因人而异；恨只恨，你见风使舵；把不住真诚的航船，握不住公平的杠杆。我恨你，愿你在我的心底长眠，愿岁月的车轮将你碾碎……"这是一首学生和班主任势不两立的诗。这首诗深深刺痛了张万祥，他想，我连老师都干不好，还能当作家？从此，他从被动到主动，从不情愿到情愿，从应付到痴迷，从动摇到坚定，在漫长的过程中，张万祥不仅爱上了这一行，而且研究上了这一行。

最后是要心平气舒。教师的工作平凡而具体，教师的成功是对平凡而具体工作坚守的结果。教师工作的直接对象是学生，对待学生要心平气舒。中国近代教育家陶行知说过一句话："你要想当好先生，先要当好学生；你当好学生了，你就当好先生了。"这里的"当好学生"就是要研究学生，站在学生的立场上，想学生之所想，做学生之所需，如此才能真正做到对学生心平气和。在这方面，霍懋征老师是教师的表率。霍老师从教60年坚持四个"从没有"：从没有对学生发过一次火；从没有因为学生犯错把家长请到学校；从没有惩罚过或变相惩罚过一个学生；从没有让一个学生掉过队。教书育人的工作是建立在教师个体劳动基础上的集体劳动，因而，对待同事要心平气舒。魏书生提出保持心平气舒的方法是："多互助，少互斗。"教师不是圣人，也有名利之心，因此，对待荣誉也需要心平气舒。人人都有名利之心，但能名利双收的永远都是少数人。我们必须承认：只有真正做出成绩的人才可能实至名归，但不一定每一个做出成绩的人都能收获名利。我们必须坚信：教师最大的荣誉来自学生的真诚认可，并将永存于学生的心中，而不是任何物化的形式。

二、优秀教师是有特色的教师

从根本上说，课程改革的目标最终要体现为教育实践的变革。从实践层面看，教师是其中的关键因素，没有大批的有特色的教师，课程改革就可能会流于形式，很难取得教育实践改革的实效。因此，在课程改革的浪潮中，需要大批有特色的教师。

所谓特色教师，简单说就是在教育教学上具有个性特色的教师。但这种个性特色必须符合三个条件：一要有良好的教育实践效果，二要深受学生欢迎，三要符合教育教学基本规律。也就是说，教师的教学特色是要服务于教育教学实践的，是要有助于学生学习发展的，是教师教育教学成功的一种体现。教师的教学特色要符合自身，适合学生，利于教育。

学校的发展需要有特色的教师。教师是学校发展的主力军，而教师队伍教育力量的高低不取决于其规模和整齐划一程度，而是来自不同教师特色的交相辉映。试想，千人一面、千花一色、千篇一律对于教育而言，是多么苍白和无力。有位校长说过："一旦抹去教师的独特，学校就只剩下一个死板的、没有生命力的集体。"学校教育要为学生的终生发展负责，就必须依靠有特色的教师。比如，杭州市学军小学就注重培养"个性教师"。学军小学的公开课提出的标语是："说自己的话!"很多学校都以"公开课是集体智慧的结晶"而自豪，而学军小学校长认为："课是我上的，但课堂上没有一句话是属于我的。教案是自己写的，可指导老师过目时砍掉了一半，到教研组讨论时又被砍掉了一半，到上课时已经没有自己的话了。"教师的专业个性就在这种常规的集体备课中被扼杀了。所以他们认为必须打开锁链，让年轻教师走自己的路。集体备课只能启发教师成长，不能代替个人发展。

一所学校的教育合力是由不同特色教师的能力构成的。家庭中教育孩子，父亲说得不行的，可能母亲说了就好了；针对某个学生，这位老师讲的他听不进去，换一位老师再讲可能就行了；教学中，常用教学手段突破不了的问题，换个有特色的方式可能就变得很简单了。这是什么，这就是教育合力。一所学校的教学水平很大程度上就决定于学校有多少位有特色的老师。

在教师的专业发展方面，在集体培训的基础上，有没有优秀的特色教师就显得很重要。实践中我们体会到，要是在自己的身边、在本学科组内有一些很有特色的老师，将大大提高全组教师的成长速度。因为他们会成为我们学习的榜样、模仿的对象和奋斗的目标。

怎样成为一名有特色的教师呢？我认为成为特色教师有三大因素。

1. 决定性因素——成功意识。我们都渴望成功，我们每天都生活在这种渴望之中。比如，我们渴望在备课中有所发现、在教学实施中有所创造、在周而复始的教学轮回中有所收获。简单地说教师都想把课上得更好，正是这种对成功的渴望最终会把教师引向成功。

2. 必要性因素——名师引领。张文质说："好教师从来就不是靠培训造就的，更不是靠检查、评比、竞赛造就的，好的制度加上自我期许，才是好教师成长的必经之路。"名师的成长需要名师引领。2007 年 9 月 5 日晚，于丹在贵州卫视高端对话节目《论道》之《师说·师道》，与嘉宾主持龙永图就"师者何为"展开深度对话。在忆及对自己影响颇深的初中语文老师时，一向干练利落、快人快语的于丹数度哽咽、潸然泪下。她说："老师，就是那些用生命去提携学生前程的人。如果不是老师，可能我以后不会讲《论语》，不会讲《庄子》……"
这位老师的特色是专业的特色。

3. 现实性因素——学生需求。著名教育学家、台湾师范大学教授贾馥茗在
她的代表作《教育的本质》中写道："学生在两种人面前最愿意学习，一是感情
上亲近的人，一是很有特色能引起他兴趣的人。成功的教师就是具备这两种特
点的人。"可见，一个有特色的教师，才能让学生瞩目和向往，才会让学生感怀
和幸福。因为有特色的老师更能让学生佩服。现在，学生心中对好老师的要求
是"学识渊博，见解独到，教有特色"。作为教师，我们能给予学生什么？能让
学生记住什么？学生从我这里能得到什么？当具体的知识从学生的头脑中渐渐
淡去，能长久影响学生的是教师的教育特色。

这不能不是教师成长道路上的问题和动力。

三、优秀教师是幸福的教师

有人说教师的生命就像长长的句子，艰辛是定语，耐心是状语，热情是补
语；又有人说教师的生命像根号，一沓沓作业本为他的青春无数次地开平方。
其实这些都只说对了一小半，对于一名幸福的教师而言，教师的工作不仅是奉
献，而且是享受；教育不是机械重复，而是生动创造；教育不只是谋生的手段，
而是一种值得人珍惜的生活状态。幸福是一种放松、惬意、愉快的心理体验。
这样的状态是教师教书育人所必备的条件。

德国哲学家费尔巴哈说过："一切追求，至少一切健全的追求都是对于幸福
的追求。"教师在工作中会有各种不如意，如教育理想与教育现实的落差，精神
追求与物质追求的矛盾，内心需要与外在压力的冲突，等等。但教师的工作承
载着民族的未来和希望，教育关系到每个人的成长和幸福，教师应该也要有较
强的幸福感。

第一，我们要抱定课堂幸福。教师的幸福主要是课堂幸福，魏书生老师说
他平时少言寡语，但一到课堂上就文思泉涌、妙语连珠，他觉得课堂很幸福。
教师的学识、教育信念和价值主要在课堂中体现。因此，课堂值得投入爱和激
情去实践，没有教师对教育发自内心的爱，就不会有真正的教育，而充满了激
情和爱的课堂一定是幸福的课堂、创造的课堂，也一定是有效的课堂。

第二，我们要追寻魅力幸福。幸福有不同的层次和类型，物欲满足是一种
幸福，精神信仰是一种幸福，有所创造也是一种幸福。物欲满足的幸福是外在
产生的，后两种幸福则是内心生成的。教师的幸福只能是一种内生性幸福。教

师和学生是一个共同体，教师的幸福学生是最能体验和理解到的，幸福一定是有理由的，也一定是可以被理解的。因此，教师的幸福也是理解性幸福，是能被学生所接受的幸福。教师的幸福被学生所理解和接受的理由是：教师的幸福源于教师的魅力，而教师的魅力又源自创造。根据《现代汉语词典》的解释，"魅力"就是"吸引人的力量"，有魅力的教师就是对学生有吸引力量的教师。

第三，我们要唱响特长幸福。每个人的成长之路是不同的，但有一点一定是相同的，即长善救失、扬长补短。教师要善于发现自己的长处和价值，并善于把自己的特长培育成教学特色。大凡成功的教师都善于把自己的特长转化为教学特色。比如，你善于思考，就让你的课堂有思想的高度；你善于表达，就让学生领会语言的奥妙；你善于组织，就让课堂在活动中进行；你善于启发，就让课堂学习变成问题解决的过程。只要课堂有特色，对于学生就是有意义的。学生通过不同的课堂，感受不同的特色，获得不同的体验。教师在培养自己特长的过程中要防止两种倾向：一是不自信，觉得自己想做的有很多人都在做，自己没信心做了；二是太自信，觉得自己的特长很了不起，无人能比，咄咄逼人，最终成了一花独秀，结果难免要凋零。

第四，我们要注重简单幸福。魏书生说过，"大事做不来，小事赶快做"。这是一条成功的捷径。钱梦龙把近期能做的事看作近期目标，而把一时还不能做的事看作远景目标。所谓近期能做的事就是客观条件已经具备，只要主观努力就可以实现的事。比方说做一个受学生欢迎的学科教师就属于近期能做的事，也是经过主观努力可以做好的事；而去当一名特级教师、去当一个全国劳模就属于一个远景目标，这样的远景目标要靠不断地做好近期能做的事的积累。能把自己手头的每一件事做好，就是一种幸福的积累，感受到的就是不断增加的幸福。

第五，我们要珍惜特有幸福。教师如果能从日常工作中找到幸福感，那就具有了承受重压、忍受磨难的力量。不是经常听到这样一句话吗，"心情再不好，一上讲台就什么烦恼都忘了"。那么，如果教师本身就有幸福感呢，那精神不就更阳光了吗！这种阳光不就会照到教室以外了吗！学生不就沐浴在阳光下享受学习的幸福了吗！

教师，不可能很轻松，一个很轻松的教师，不可能成为优秀的教师，因为没有人可以随随便便成功；教师，不可能很富有，一个很富有的教师，不可能是一个高尚的教师，因为教书育人是如蜡烛和春蚕般奉献的事业；如果教师把轻松和富有作为幸福追求，那么肯定永远都不会幸福。

人生的幸福有很多，我们可以去追求，但做教师的幸福是我们所独有！

四、如何成就优秀教师

党的十八大报告提出了"办好人民满意的教育"战略要求，明确了立德树人、教育公平、内涵发展的努力方向，实际上是对教育如何应对世界形势变化和信息时代要求的积极回应。面对新形势新任务新要求，加强教师队伍建设，打造一支师德高尚、业务精湛、结构合理、充满活力的高素质专业化教师队伍，成为新时期全面建成小康社会的战略需要和教育和谐发展的关键所在。

近年来，党和国家高度重视教师教育和教师队伍建设。《国务院关于加强教师队伍建设的意见》（国发〔2012〕41号）要求"专任教师普遍具有良好的职业道德素养、先进的教育理念、扎实的专业知识基础和较强的教育教学能力"。2014年教师节前夕，习近平总书记在同北京师范大学师生代表座谈时进一步提出"有理想信念、有道德情操、有扎实学识、有仁爱之心"的"四有"好老师。2016年9月9日，习近平在北京市八一学校看望师生时说："广大教师要做学生锤炼品格的引路人，做学生学习知识的引路人，做学生创新思维的引路人，做学生奉献祖国的引路人。"正如习总书记所言："一个人遇到好老师是人生的幸运，一个学校拥有好老师是学校的光荣，一个民族源源不断涌现出一批又一批好老师则是民族的希望。"可见，一大批好老师的不断涌现，既是党和国家的期盼，也是办好人民满意教育的必然要求。

"实施素质教育，最根本的问题是要建设一支素质优良的教师队伍"，"有好的教师才有好的教育"。这些从教育发展实践中凝结出来的教育智慧和经验，正说明"好老师"是"一师难求"的稀缺资源。那么，好老师从哪里来？如何培养和塑造好老师呢？

我们不用去确定和穷尽有关"好老师"的定义和标准，因为它就是每个人的温暖体验和美好记忆。从对"好老师"的"温暖体验和美好记忆"出发，可以去反思"好老师"的稀缺问题。尽管"好老师"是当前社会的强烈需求，但好老师一直在不同的时代存在，并成为时代发展之光。从孔子到陶行知，从苏格拉底到罗素，他们都用不同的方式对"好老师"做出了自己的诠释。每当我们回顾自己的成长经历，都不禁为自己曾经遇到的"好老师""怦然心动"而倍感温暖。从对好老师的感性理解出发，可以思考"好老师"的由来问题。

好老师要有一种恬淡的生活追求。好老师不需要明星般的耀眼，也不一定需要太多的头衔，好教师给人的感觉就是整洁大方的服饰、安详温暖的表情、内敛积极的智慧和外圆内方的处事风格。好老师能在社会大潮中挺立,能在滚滚红尘中坚守。好老师是学生成长道路上的明灯,是社会大众为人处世的参照,是社会文化传承创新的细胞,是社会发展的轴线和良心。好老师是朴素的、恬淡的,却是温润的和充满力量的。我们弘扬师德精神、砥砺教师品质,就是要赞美和歌颂好老师恬淡的生活追求,真诚地颂扬好老师超越现实的人格力量。

好老师要有精湛的教学艺术。好老师恬淡的生活追求和坚定的为人处世标准,都来源于好老师所具有的强大的人生自信,而一个人的自信则源于并体现在对自己专业的专长之上。对于好老师而言,渊博的学识和精湛的教学艺术,就是他(她)最大的魅力、资本和自信。在每一个人成长的过程中,无不把这种好老师作为自己的榜样和偶像,进而成为一种催人向上的力量。因此,与其空谈好老师的标准,不如倾听自己的内心和反省自己的言行,然后将所思所想付诸行动,这是成就好老师的根本之道。

好老师要有一颗强大的责任心。爱和责任是教师的灵魂,没有爱就没有教育,没有责任就办不好教育。教育作为一门科学,需要用心;教育作为一门艺术,需要用情;教育作为一项服务社会未来的事业,需要责任心。好老师的责任心总是很具体、很琐碎,但很持久。好老师在学生心中就是不变的高山,不干的海洋。好老师的强大责任心就是一种长情的陪伴和永久的守望,就像一棵树,站出一种姿态,站成一种风景,站为一种精神!

无论是恬淡的生活追求、精湛的艺术还是强大责任心,主要不是靠外在的培训,而是要靠内在的修炼和修为。因此,好老师该如何成就?是需要每一位老师自己做出回答的问题。

第一章

历史教师基本素养锤炼

中学历史教师作为教育工作者，也是史学工作者。正如中医之望、闻、问、切，相声演员之说、学、逗、唱，中学历史教师也有一些必修课。德行便是为师的首要前提，知识便是材料与基石，史观便是构想与工具，史识便是悟性、识见与特色，史论便是教师的基本理论素养，史学便是全部的知识积累及其理解，史感便是将历史用之于教育实践生活的能力。这些应该是历史教师基本素养的构成要素，是我们修炼的方向。然依今日之情势，历史教师首先要从理想与现实的落差中自醒，在迷茫与诱惑的纠葛中自知，在学习与实践的脱节中自励自强，在思考与探索的碰撞中自觉自悟。人的幸福的根本在于能够自我理解，人的根本危机意识来自对自我生命意义的探求。好在一切皆出于自我，幸福也好，危机也罢，选择的权力在手，行动就有了自我需要，无非是多了良知的拷问。为此，主动、自觉地修炼教师的基本素养，是历史教师从成功走向优秀的实践之路。

第一节　遵循史德基本规范

《普通高中历史课程标准（实验）》（人民教育出版社，2003 年版）明确指出："历史教师是最重要的人力课程资源。"从课程实现的角度看，作为课程实施者的教师的作用举足轻重，教师对课程内容的呈现、学习过程的参与、思维灵感的分享、情感态度的表达等，无不对学生产生深刻长远的影响。课程改革赋予了教师课程实施权利和个性挥洒空间，使教师拥有了更广阔的舞台。基于教师的个体差异，客观上必然是"有一千名教师，就有一千个'课程标准'"。但是，权利和要求必须同步，有效享有权利的前提是教师的教育（施教）素养能作为实施权利的有效支撑。对历史教师，抑或对所有"讲""编""写""演"

"研"历史者而言，"史德"都应该是第一位的。

一、历史教师要有史德

重视"史德"是我国悠久的史学传统。先秦时期，孔子称赞晋太史董狐"书法不隐"。汉朝班彪、班固父子表彰司马迁"其文直，其事核，不虚美，不隐恶，故谓之实录"。南朝刘勰在《文心雕龙·史传》篇提出"素心"说："析理居正，唯素心乎!"唐朝刘知几在《史通》中有《直书》《曲笔》专篇，对直书予以表彰，对曲笔予以无情地鞭笞，爱憎分明，充满激情。明朝胡应麟有"公心"之论："才、学、识三长足尽史乎? 未也。有公心焉，有直笔焉，五者兼之，仲尼是也。"从书法不隐、实录到素心说、直书论、公心论，无不与史学家（历史研究者）的道德有关。清人章学诚在肯定刘氏理论的前提下，感觉意犹未尽，"虽刘氏之所谓才学识，犹未足以尽其理也"，于是在其名著《文史通义》中明确提出"史德"要求，立《史德》篇以专门论述史家之"史德"问题。

20 世纪 20 年代，梁启超在清华大学讲《中国历史研究法补编》，在刘知己"三长"论和章学诚"史德"论的基础上提出"史家的四长"，并把"史德"排在第一位，即"史德、史学、史识、史才"。"史德"之提出以及被置于最重要的地位，这是历史认识和史学家的自觉意识进一步发展的重要标志。何谓"史德"? 章学诚说"能具史识者，必具史德"，史德就是"著书者之心术"。梁启超认为史德就是"心术端正……乃是对于过去毫不偏私，善恶褒贬，务求公正"（《中国历史研究法补编》）。讲究"史德"其实是一种心智修养，即在治史时要不抱偏见，不做武断，不凭主观，不求速达。在治（"讲""编""写""演""研"）史的过程中，史德主要体现在两个方面：一是治史的动机，二是对待历史的态度。历史教师出于教育的动机讲授历史，教师的史德主要体现在对待历史的态度以及由此决定的教学方式方法上。

首先，对历史要怀敬畏之心和尊重之情。为什么要敬畏历史，正如阎崇年先生所言："因为历史包含着我们先人的成功经验和失败教训，这些经验和教训都值得我们很好地总结和汲取。"历史是过去的客观存在，人们只能根据相关史料和文物对历史作一管之窥，尊重历史老人既是对人的基本要求，也是治史的首要原则。在今天这个特别崇尚创新的时代，历史学科获得了长足的发展，但同时也出现一些浮躁、肤浅的风气，时下风行的"正说历史"和"戏说历史"

对于人们正确理解历史科学而言，都是不妥当的。① 2006 年曾有一个修改"中国龙"形象的论调热闹了一阵，一项重新建构和向世界展示中国国家形象品牌的研究课题已被列入上海市哲学社会科学规划（《新闻晨报》2006 年 12 月 4 日）。我看这也是没有"史德"的做法，因为"龙"作为中国的形象由来已久，是全球华人的基本文化认同，如果因为有西方人不理解，就应该解释才对，这体现的恰是世界文化的民族性和多样性。如果因为西方人认为"龙"是凶猛的象征，那倒应该让他们认识到"龙"在东方文化里的新形象；如果因为这可能让西方人联系到"中国威胁论"，那关键是看中国在历史和现实中是不是一种威胁。如果一定要按照西方文化的价值观来改造几千年的中华文化传统，不仅是没有"史德"的做法，也肯定是枉费心机，甚至是有不良动机。还有，近年来的影视剧不惜牺牲历史事实，一再传达"得权谋者得天下"的逻辑，在满足了"现实"的同时深深伤害了历史。

这样的一些不良风气也必然影响到了历史课堂，最突出的表现就是鼓励学生质疑，诸如"袁世凯很有政治才能，他在军事和政治斗争中都表现不俗"，"从现实发展来看，凡是近代被列强辟为通商口岸的城市，现在都相对发达。因此，不能把强迫开口通商算作不平等条款"。作为学生做此质疑或可理解，但作为教师却不能除了一味地对学生的"勇气"肯定后就鸣金收兵，一定要引导，要说理。鼓励质疑不是终点而是历史教育的起点。在听课中，经常会听到教师给学生谈自己对历史的一些个人看法和意见，但常常让人感觉是牵强附会，因为缺乏"证据"。在这种问题上，我觉得张舜徽先生的说法我们应该遵循："我以为假使没有坚强的证据，或为自己知识范围所限，与其妄加推测，不如存而不论，这才是客观的态度。"（张舜徽：《关于研究中国古代史的材料问题》，《新建设》1951 年第 3 期；收入《中国史论文集》，湖北人民出版社，1956 年。笔者转引自《中学历史教学》，2006 年第 10 期卷首）在试题创新方面，最典型的莫过于一道曾获普遍赞扬的试题："中央电视台拟拍一部电视连续剧《重庆谈判》，假如你是编剧，结合所学知识，展开合理的想象，请为毛泽东设计一段到达重庆机场时的讲话稿。"我认为，如果作为记者，可以根据自己的理解进行报道，而作为重庆谈判主要角色毛泽东的讲话已经成为客观史实，是不能任意发挥的，尽管我们提倡要深入历史人物的内心进行历史感悟。鼓励质疑、创新试

---

① 正如他们之间所争论的那样，没有人能保证自己讲的都是真实的历史，"戏说"更是公开宣称自己的不真实。

题、分享思想智慧，都是历史教学所需要的，但历史教学不需要肤浅的反感、任意的涂抹和简单的附会。中学历史教学不论是作为历史科学还是公民教育学科，都应该培养学生的"证据"意识、严谨的态度和基本的尊重。在历史教学中，既要鼓励学生质疑，更要鼓励学生"小心地求证"，而不致使"质疑"异化为"叛逆"；既要启发学生多角度认识历史，更要对历史有基本的尊重；既要敢于标新立异，更要对公认的历史结论有基本的认同。总之，以史实说话，不主观臆断，就是对历史最大的敬畏和尊重。

其次，要尽量去展示历史的真实。尽管没有人可以再现真实的历史，但总有我们所公认的史实，并且要引导学生去探求历史的真实。历史作为一门科学，必然是不断发展和日益精准的，对历史的认识也是不断深化的，对历史结论的修正不仅是应该的，更是历史发展的必然和要求。我们不能因为"无法再现历史真实"和"对历史的认识是一个不断修正的过程"而淡化历史学的科学性，甚至陷入怀疑论。历史就是历史，它既不是一堆故纸，也不是"任人打扮的小姑娘"，人只能在遵循规则的前提下，实现历史与现实的有效"对话"。

课程改革过程中的"一标多本"的历史教科书，采用了不少史学研究的新成果，① 一方面这是尊重历史真实的做法，另一方面也要求教师在教学中进行真实的展示和解释。如关于奥斯威辛集中营遇难人数，《普通高中历史课程标准（实验）解读》的表述为："1940—1945 年间，约有四五百万犹太人、波兰人、吉卜赛人、苏军战俘和各国进步分子在这里遭遇杀害。"人教版《20 世纪的战争与和平》说："1940—1945 年，有四百万人在这里被杀害。"岳麓版《20 世纪的战争与和平》认为："战争期间，仅在奥斯威辛集中营一地就有 350 万犹太人被迫害致死。"岳麓版《世界文化遗产荟萃》则认为："在奥斯威辛集中营存在

---

① 仅以岳麓版《普通高中课程标准实验教科书·历史》必修 I 为例：关于近代西方代议制度的探讨中，没有了传统的贴阶级标签式的评价；关于"五四运动"的意义和影响，除了强调爱国主义是主旋律外，也突出了追求民主与科学的意义和解放思想、勇于进步的精神，同时淡化了关于"新民主主义革命的曙光"的提法，去掉了"彻底"两字，只是"一次伟大的反帝反封建的爱国运动"；对"马克思主义"定位，不再强调它的唯一正确性，而是一种"新的"社会主义；对《共产党宣言》的内容做了更全面的介绍，不只强调无产阶级专政和阶级斗争理论，也强调了马、恩的民主、自由的观念，首次介绍了马克思、恩格斯对未来社会的期望"代替那存在着阶级对立的资产阶级社会的，将是这样一个联合体，在那里，每个人的自由发展是一切人自由发展的条件"，有助于扭转长期以来对马克思主义和《共产党宣言》的片面看法；对洋务运动和李鸿章，主要从正面肯定了其对近代化的启动作用和为民族自强所做的努力；等等。

的短短的四年多的时间里，就有 150 万人惨遭杀害。"客观地讲，具体的数字到底是多少恐怕已经很难精准了，那如何处理这些"不同"数字，如何让学生面对以后可能看到的其他的结论，就是一个尊重历史真实的问题。教学中，一方面要让学生认识到在奥斯威辛集中营确实有几百万人被屠杀，是德国法西斯分子的灭绝人性的罪行，另一方面也要让学生知道由于这个特殊问题在当时特殊的环境下，精确的具体数字难以保存下来，现在有学者正在研究。再如罗马《十二表法》，岳麓版和人教版教科书都写为"《十二铜表法》"，成书于 20 世纪 20 年代的陈衡哲的《西洋史》也是这样写的，我相信不少老师在教学中都将其解释为"刻在铜板上的法律"。对这种不够准确的提法，我们缺少追问意识。（详见陈文海：《关于古代罗马文明与罗马法》，《中学历史教学》2006 年第 6 期）如何面对真实的历史，至少不能望文生义、照本宣科了。

最后，要充分展现历史的魅力。尊重历史是为了更好地"以史为鉴"，对历史怀有敬畏之心和尊重之情并不是说将历史奉若神明，不顾现实的发展，固守"尚古"而沦为保守派。新文化运动中的知名史学家陈衡哲在其著作《西洋史》中写道："历史不是叫我们哭的，也不是叫我们笑的，乃是要求我们明白他的。……历史家的态度，是要求了解一切过去的和现在的现象的。比如他一方面不妨批评和责咎十字军的混乱乌合；一方面却应该明白那时群众的心理，给他们以相当的同情。这便是研究历史的正当的态度。"① 这既是指对历史的尊重态度，也是指如何正确认识历史。只有"神入"历史之中，才能真正懂得历史；只有懂历史才能感受历史的魅力，进而教好历史。

如何在教学中展现历史的魅力是一个很大的课题，概括起来就是要体现出历史知识的趣味性、逻辑性和教育性，没有趣味的课堂是苦涩无味的，没有逻辑的课堂是混乱无序的，没有教育的课堂虚脱无神的。比如，学习岳麓版历史必修 I《雅典城邦的民主政治》一课时，不少教学设计以"民主政治"为中心，一味强调"民主"，给学生一种雅典"天生"就是民主的印象。如果我们整体把握教材就会发现教材的编写思路——"雅典民主政治是雅典志士仁人在平民支持下，经历 200 多年颠簸曲折、不断创新的产物。""雅典民主政治的基本特点是人民主权与轮番而治。""雅典民主政治与现代民主不同，它仅仅是对公民群体而言，而非公民，例如外邦移民、奴隶和他国公民，都没有享受民主的权利。""雅典民主不是现代意义以上的民主，而是男性公民的民主。"而且，雅典

---

① 陈衡哲. 西洋史［M］. 沈阳：辽宁教育出版社，1998：10.

民主政治在希腊全境并不是普遍现象，"在古希腊，雅典的民主政治与斯巴达的寡头政治是旗鼓相当的两大势力"①。把握了这条主线才能全面理解雅典的"民主政治"，从而确立起本节课知识的逻辑结构，每一方面再辅之以具体的史实细节，才能落实本节课的教育要求。

史德问题从根本上说是个实事求是的问题。治（"讲""编""写""演""研"）史者最根本的一条就是要实事求是，尊重历史，反对主观主义，反对形而上学，更反对不负责任地随意编造历史和剪裁篡改历史。在此基础上要反映时代的经济和政治的要求，并尽可能广泛占有材料以展示历史的真实，展现历史的魅力。中学历史教学承担着对人一生唯一的一次历史普及教育的重任，接受基本史德教育是非常重要的，因此，历史教师的史德是历史教育的前提和基础。若"德"不正，才、学、识再高也难以唤醒历史。正所谓"素行为人所羞，文辞何足取重？"（《文史通义·史德》）。

二、以科学的态度对待历史

历史教学实践必须面对的根本性问题是：到底为什么而教？要教授学生什么？怎样教？把这些问题的答案归结起来应该是：引导学生以科学的态度对待历史。因为，我们每天都要面对"历史"，我们每时每刻都处在"历史"的包围中，我们能否认识、理解、处理好我们所面临的种种问题，都取决于我们能否以科学的态度对待历史。

例如，中国加入 WTO，是中国和世界历史发展的需要；北京申办奥运成功是中国社会改革开放发展的历史和奥运会历史发展的选择；"台独"倾向，"东突"事件，西藏分裂势力，日本首相参拜靖国神社等则是以篡改、否认、歪曲历史的态度对待历史。由此可见，以科学的态度对待历史并不仅仅是历史学家和历史教育工作者的事情，它实际上是一个民族、国家的文化内涵和人文素质中最重要的一种因子，缺了这种态度，既是可悲的，更是危险的。

科学的态度从哪里来呢？传授、培养、引导当然是不可或缺的，但最重要的途径确是自身的"感悟"和"体悟"。如果自认为自己还能以科学的态度对待历史，那么请问这种态度仅仅是从历史书上看来的，还是从历史教师那里学来的？我想更多的是自己一次次地受到各种"历史"现象、历史问题的强烈冲击，再加上自己的历史知识、素养积淀，两者产生共鸣，逐渐内化、体悟而形

---

①　陈文海. 关于古希腊的民主政治［J］. 中学历史教学，2006（4－5）.

成。如果是这样的话，我们——历史教育工作者应该怎样做呢？

以科学的态度对待历史，这是全体国民所应具备的一种文化心理素质。如何来提升全体国民的历史素养，我们自然就会聚焦到真正面向全体国民的规范历史教育——基础教育中的历史教学。作为基础教育中的历史教育工作者，肩上的责任难道还轻吗？还会对自己所从事的历史教学工作妄自菲薄吗？还需要把自己的主要精力用来应付"主科、副科"论调吗？难道一切不利于历史教学的论调不是都与我们自身的努力不够有关吗？

我无意自责我们的历史教学，我只想叩请诸位同行集中我们大家的精力来提升我们的历史教学。我相信：一名校长就是一所学校，一名主编就是一种期刊的风格，那么一名教师就应该是一门学科的魅力。

过去，我们面对高考、会考或者学业水平考试的压力，重知识传授轻能力培养。而现在是知识和能力并重。如果我们来反思和放眼一下，就全国的历史教学来讲，主动地注重能力培养是不是还是"星星之火"？现在的形势是，不再比高考升学率，而是比升入名牌高校的升学率，是可喜还是可忧？可以说，历史教学的压力更大了，我们还能坐等吗？

"知识就是力量"，这是几个世纪前培根对宗教束缚下的灵魂的呼喊。今天，这句话仍是至理名言，但我们必须清楚地认识到，"知识"既包括其基本构成要素，更应包括运用这些知识的思维方法和道德情感。在历史教学中，把一些历史思维方法和历史理论生硬地传授给学生，看似"史论结合"了，但学生不一定买账。能使学生对这些知识主动接受的唯一方法就是使学生领会到、感受到这些知识是有价值的、有意义的。因此，我们应采取一些学生喜闻乐见的方法方式去教授，使历史教学轻松起来，灵活一些，真正使我们的历史教育成为一种"不与现实割裂，不与大众割裂的活生生的历史教育"，这就是历史教学中的科学态度，有了这种态度，我们教学、作文、研究的风格都会有新的起色，我们的历史教学就有了新的生命力，我们的历史教育就能够起到引导未来的国民以科学的态度对待历史的重大作用。

我们必须以科学的态度对待历史，历史教育者必须以培养学生科学的历史态度为己任，历史教育工作者自己必须以科学的态度对待历史，历史教师首先必须以科学的态度、灵活的教学风格来对待历史教学。

三、历史教育要注重"诚信教育"

人们常说"环境塑造人"。从这个角度看，教育活动就是强化环境对于人的影响和"塑造",能否在历史教育中培育人的诚信,首先要看历史教育本身诚信含量的高低,而历史教育自身的诚信含量,又取决于历史教育所生存的环境。历史教育的生存环境主要由社会、学校和历史教师群体构成的,历史教育中的"诚信教育"主要由历史教师承担,"诚信教育"效果的优劣却主要看受教育者在社会活动中的表现。

历史教育生存的社会环境目前是诚信不足的,这可以从《公民道德建设实施纲要》的颁布得到反证,自"明礼诚信"提出后,"商业诚信""企业诚信""政府诚信""学术诚信""教育诚信"等被一一提到媒体上来讨论,可见人们对诚信的渴望以及对不诚信社会的难以忍受。讨论是好事情,却难免使人觉得"社会诚信"的缺失。讨论归讨论,说惯了谎的人并不会因"讨论"而马上"言行一致""一诺千金"。于是有识之士有先见的指出:"诚信教育"要从娃娃抓起。这样的见解当然是符合逻辑的:教育出一代诚信的人,再由他们去创造一个诚信的社会。

就目前来看,对社会公众进行历史教育最根本的途径依然是学校教育,学校教育的诚信也必然影响着历史教育的诚信,而学校教育中对历史教育诚信的负面影响是有目共睹的:比如部分初中没有专职的历史教师;缩减历史课课时;初中毕业历史成绩弄虚作假;非中考科目教师不被邀请参加学生毕业典礼;公开课"彩排";停课搞"投机"以应付上级检查并获奖;纵容或组织学生作弊;教育者言传而不能身教等不一而足。如果无视教育中的不诚信而侈谈历史教育的诚信教育就显得有点刻舟求剑的味道。

在历史教育中进行诚信教育靠的是历史教师,历史教师的教育行为对诚信教育具有最直接的影响力。如果说历史教育的生存环境并不理想,历史教育的诚信含量和诚信教育只有把希望寄托在历史教师身上。

(一)讲述史实要饱含真感情

常常听一些老师在讲述历史事件时把自己置身于事外,全然没有自己的感受和理解,更谈不上有感情的投入,听起来索然无味,更谈不上教育效果。讲述一个历史事件,尤其是中国近现代的历史事件,那是在叙述自己的历史,感动不了自己就不可能感动学生,如果课后还硬要设计问题让学生谈感想就是在做虚假教育。比如对于义和团运动,相当多的老师不是从特定的时代出发,对其深刻的关切、同情和理性的分析,而是在不自觉中把义和团讲述成了一群跳梁小丑:组织落后、思想愚昧、手段残忍、方法可笑等,并把这些都归因为农民阶级的局限性。最后却又要让学生接受"义和团运动是一场伟大的反帝爱国运动"的结论。这在理论上讲得通，在感情上却有点强人所难，也就没能做到"情感、态度和价值观"的一致性、连贯性。历史结论如果不能让人信服而是然的接受，就不是一种诚信的教育。

（二）讲述史论要以史为据、以史服人

记得刚入大学时，一位教授告诫我们说：大学学习就是"要把在中学阶段所接受的历史结论全部推倒重建。"虽然言过其实，但其强调的症结——重史论轻史实的偏向却是事实。尽管自20世纪90年代中期起，中学历史教学和高考不断强化史论结合，但要实现教学实践的彻底转变却需要长期的努力。人们习惯于传授已有的结论，许多人从不相信自己会得出什么结论，在教学中仅作课本结论的宣讲者是理所应当，也是势所必然。这样教学的结果就是把历史教成一门纯记忆性的学科，就会使学生产生"学习历史有什么用？"的疑惑。仍以义和团运动为例，在分析"扶清灭洋"口号的局限性时，常听有老师说："'灭洋'，能够动员广大群众参加反帝斗争，却带有笼统的排外色彩，这是农民阶级局限性的体现。"但同属于农民阶级的太平天国运动为什么就能提出与西方国家自由通商，交流文化，平等往来，但不准外国干涉中国内政的合理主张呢？不对此做实事求是的分析也不是诚信的态度。

（三）课堂创新要实事求是

随着教育改革的深入，教师在课堂教学中越来越注重开拓学生思路、培养学生的质疑和创新精神，但由于理念和经验上的不足，致使课堂教学创新中普遍存在虚假现象。历史课堂教学创新中的常见"伪"现象主要有：第一，创新立论悖于史实。第二，问题设计假大空。例如把"李鸿章是爱国者还是卖国贼"这样的问题堂而皇之地放在课堂上组织讨论是很难有什么实际结论和好的教育效果的。第三，课堂氛围掺杂虚假。激起学生创新意识需要宽松的课堂气氛，于是有些老师对于学生在课堂上出现的错误观点、故意狡辩甚至起哄不予以纠正、说服和恰当制止，而是一味地鼓励和褒奖。这种廉价的表扬，教师连自己真实的感受都不敢表达，能不让学生感到虚假吗？

（四）教师素质至关重要

上述种种现象，从根源上说都与教师素质有关，正本务须清源，治标必须治本。教师的专业功底、学术视野、教学技能、课程意识、师德修养都关系到历史教育中的"诚信教育"。诚信的历史教育需要主观努力，非诚信的历史教育一定不是主观故意，而是专业水平有限所致，因此，历史教师的专业发展与历史教育质量息息相关。

在中国，有一个源远流长的"狼来了"诚信教育故事，这个故事有一个前提：大人们都是诚信的。而现在的情况是，面对一群不诚信的大人，孩子只有说谎才能得救。因此，这个故事应该改版：有一天，一个放羊的小孩碰见了一只狼，他惊慌地喊："救命啊，狼来了！"大人们说："来了，来了"，可不见一个人来。小孩又喊"救命啊，狼来了！"大人们回答："来了，来了"，仍不见一个人来。最后小孩不得不喊："快来啊，这里有一堆黄金！"于是小孩得救了。这则故事的教育寓意是：用不诚信的方法搞诚信教育，只能产生更大的不诚信。所以，我们要牢记：首先要做到"教育诚信"，然后才谈得上"诚信教育"。

四、培养学生知荣明耻之心

康德曾说过："有两样东西，我们越经常越持久地加以思考，它们就愈使心灵充满始终新鲜不断增长的景仰和敬畏：在我之上的星空和居我心中的道德法则。"道德良心伴随着人类生存的每一天。有学者指出，人类和动物的区别不仅仅是直立行走和制造工具，还在于人类有着道德良心。作为国家、民族更应发挥道德的规范和教化作用。

在中国古代思想道德传统中，荣辱观是其重要组成部分，也是人们进行道德约束和道德评判的重要手段和标准。我国古代的思想家历来十分重视荣辱观念，并提供了一些基本的参照。"无羞恶之心，非人也""不知荣辱乃不能成人""道之以政，齐之以刑，民免而无耻。道之以德，齐之以礼，有耻且格""宁可穷而有志，不可富而失节""宁可毁人，不可毁誉""人不可以无耻""人唯知所贵，然后知所耻"等知荣明耻的道德格言，成为人们修养身性的道德座右铭，在提高人们的道德修养和道德素质，维护社会道德秩序和社会稳定方面，发挥着积极的作用。

2006年3月4日，胡锦涛在政协民盟民进联组会上提出要"坚持以热爱祖国为荣、以危害祖国为耻，以服务人民为荣、以背离人民为耻，以崇尚科学为荣、以愚昧无知为耻，以辛勤劳动为荣、以好逸恶劳为耻，以团结互助为荣、以损人利己为耻，以诚实守信为荣、以见利忘义为耻，以遵纪守法为荣、以违法乱纪为耻，以艰苦奋斗为荣、以骄奢淫逸为耻"的荣辱观。这是对中华民族传统美德与时代精神的精辟概括，它明确提出了在社会主义市场经济形势下应该倡导的道德观念和行为准则，为普通社会公民提供了一个容易识别的具体标准。

知荣明耻，既是维护道德的防线，也是一种精神动力和民族凝聚力。欧阳修认为，廉耻是"立人之大节"。清代思想家龚自珍说："士皆知耻，则国家永无耻矣；士不知耻，为国之大耻。"① 顾炎武说："故士大夫之无耻，是为国耻。"② 在中华人民共和国成立不久，毛泽东和他的一个亲属谈话时说："治国就是治吏，礼义廉耻，国之四维，四维不张，国将不国，如果臣下一个个都寡廉鲜耻，贪污无度，胡作非为，而国永远没有办法治理他们，那么天下一定大乱，老百姓一定要当李自成。"③

不仅如此，民族耻辱感还往往是一个民族走向强盛的基本动力之一。历史上的无数志士仁人能够在国难当头时以身报国，就是具有强烈的民族耻辱感的表现。越王勾践不忘耻辱，卧薪尝胆；岳飞"靖康耻，犹未雪，臣子恨，何时灭！驾长车踏破贺兰山缺"；革命先烈秋瑾"忍看图画移颜色，肯使江山付劫灰"，"拼将十万头颅血，须把乾坤力挽回"；等等。这就是孔子讲的"知耻近乎勇"。

知耻之心，需要通过各种社会活动尤其是教育来培育和不断强化，学校必须将知荣明耻教育作为教育的重要内容。我国历来十分重视知耻教育。"寡人闻古之贤君，不患其众之不足也，而患其志行之少耻也。"《礼记·学记》中有"建国君民，教学为先"的说法。这就是说，建立一个政权和领导一国的老百姓，教育是至关重要的。古人认为，"耻者，治教之大端。""教人，使人必先知耻；无耻，则无所不为。既知耻，又须养护其知耻之心，督责之使有所畏，荣耀之使有所慕。督责荣耀，皆非所以为教也。"这是说，教人知耻，并养护其知耻之心，奖惩并用是最佳的教育方法。

2006 年 3 月 13 日，教育部部长周济提出"要把社会主义荣辱观引入教材、引入课堂、引入学生头脑，在课堂教学的主阵地、主渠道教育中突显社会主义荣辱观教育"④。这既是对学校教育的工作要求，也是树立社会主义荣辱观的需要，更是学校教育的使命。邓小平在 1989 年春天就讲过，十年改革最大的失误是教育，主要指的就是对青少年思想教育方面的失误，而忽视对青少年的荣辱廉耻教育是其中的一个重要方面。

在当前形势下，我们必须清醒地认识到，社会主义荣辱观教育不仅要进入

① 龚自珍. 龚自珍全集·明良论·二 [M]. 北京：中华书局，1959：31.

② （清）顾炎武. 日知录·廉耻 [M]. 北京：北方妇女儿童出版社，2001：67.

③ 毛泽东、邓小平、江泽民同志论廉政 [J]. 党的建设，2000（10）.

④ 周济. 社会主义荣辱观要引入课堂 [J]. 中国农村教育，2006（5）.

学校教育，更要形成强大的社会教育合力。"教"，在《说文解字》上被解释为"上所施，下所效"。孔子曾经多次强调："政者，正也。子帅以正，孰敢不正？""其身正，不令而行；其身不正，虽令不从。"《论语》有"君子之德风，小人之德草，草上之风必偃"的说法，意思是领导者的德行像风，社会大众的德行如草，风向哪边吹，草就往哪边倒。实践证明，"上行则下效"，"上有克让之风，下有不争之俗"，"上清而无欲，则下正而民朴"，"上重义则义克利，上重利则利克义"，"大臣不廉，小臣必污；小臣不廉，风俗必败"。可见，只有使家庭教育、学校教育、社会教育等共同构成一个完整体系，才能促成健康向上、知荣明耻社会风气的形成。进行社会主义荣辱观教育需要社会多方面、多部门的共同关注和行动。

历史教育如果不能作用于人之为人的基本荣辱廉耻，不能服务于人性完善和人格健全，历史教育的价值就难以得到承认和尊重。因此，历史教师的史德素养不是一种原则性的存在，而是一种教育力量的外化。

第二节　充分发挥史观价值

人们在掌握了系统、扎实的历史知识之后，就需要借助一些理论对知识进行意义建构，把纷繁复杂、零散的历史知识穿成线、连成面、结成体，从而使趣味性的知识变为教育性的知识，使具体的史实焕发深邃的光芒，使人们能够从中感知并感受历史的价值和魅力。用来对史实进行意义建构的理论和观点就是史观，史观对史学工作者而言是至关重要的。

章学诚《文史通义·史德》云："史所贵者，义也；而所具者，事也；所凭者，文也。"具备"义、事、文"方可称为"史学"。"义"指历史观点，"事"指历史事实，"文"则是表达的文笔。在章氏看来三者以"义"为主，而"事"与"文"不过是求"义"的根据和技巧而已。20世纪20年代，李大钊在北京大学为学生讲授《史学思想史》，其中第一讲就是《史观》。他把史观看作是做人的必需，"故历史观者，实为人生的准据，欲得一正确的人生观，必先得一正确的历史观"[①]。什么是"史观"？李大钊说，史观就是关于历史的法则性解释

---

① 北京大学图书馆，北京李大钊研究会. 李大钊史事综录 [M]. 北京：北京大学出版社，1989：208.

或概念。在人们认识历史的过程中，史观具有重要的作用。史学家冯天瑜则把史观作为治学的基本方法和要求，他说："接触每一史学论题，都自觉地树立一种理论上的追求，在考察先辈对此论题已有的理论成就基础上，试图求得深入一层的诠解。"①

人们是在一定的历史观指导下研究历史的，中学历史教育也不例外。中学历史教师须具备一定的历史观首先是教学的需要，也是历史教学的重要使命之一。"历史学科与其他科目最大不同的地方，是有史观上的差异。特别是中国近现代史方面，因为政治立场不同，大家对史事的取舍及看法差异很大。"② "课程标准设计的模块和专题也反映了一定的历史观，也就是文明史观。"③ 三个必修模块分别反映的是政治文明、物质文明和精神文明的相关内容，这就要求教师必须学会从文明史的角度理解课程内容，解读教科书。

文明史就是人类文明的发展历史，文明史观就是把人类社会发展的历史看作是人类文明的发展史，人类创造、积累文明的过程及其所获得的成果是历史发展的基本内容，重点则放在对人类文明优秀成果的认识上。文明史观认为，一切文明都是整个人类文明的组成部分，并相互交织、渗透和转化，共同推动着人类文明从低级走向高级。人类文明的发展过程是多元的、多维的、多线的，各种文明是平等的、交错的、共进的，对待不同文明的态度应该是平等的、开放的、兼收并蓄的。因此，一切文明均应得到承认和尊重。

除此之外，课程改革标准下的历史教科书也反映了现代化史观、整体史观等。现代化史观认为，人类社会发展的历史就是由农业文明向工业文明演进的历史，其内容包括政治上的法制化、民主化，经济上的工业化、智能化，思想文化上的科学化、大众化等。现行高中历史三个必修模块基本都是按照现代化的发展趋势编排单元知识体系的，整体史观认为人类社会发展的历史就是人类社会横向、整体发展的历史，强调友好交往在人类历史发展进程中的作用。现行历史课程教科书试图将中国与世界联系起来，帮助学生深入地理解中国崛起与世界发展的关系。高中历史课程教科书也很好地体现了整体史观，如岳麓版历史必修Ⅰ第三单元的主题是"近代西方资本主义政体的建立"，紧接着第四单元安排了"内忧外患与中华民族的奋起"，主题是探讨被卷入资本主义世界体系

① 冯天瑜.地老天荒识是非 ［M］//张艳国.史学家自述 ［M］.武汉：武汉出版社，1994：89.
② 郑润培.澳门中学历史课程的现况和发展 ［J］.中学历史教学，2006（8）.
③ 郑润培.澳门中学历史课程的现况和发展 ［J］.中学历史教学，2006（8）.

中的中华民族的历史命运；第五单元主题是"马克思主义的产生、发展与中国新民主主义革命"，直接让学生感受国际共产主义运动与中国革命的关系。这样安排就落实了历史课程标准中提出的"开阔视野，了解中国和世界的发展大势，增强历史洞察力和历史使命感""学会从不同角度认识历史发展中全局与局部的关系……中国与世界的内在联系"的整体史观要求。

当然，马克思主义史观依然在历史课程教科书中闪烁着最明亮的光芒，尽管"五种社会形态说"被弃置不用并尽力回避，但阶级分析法、辩证唯物主义的基本观点在具体分析历史问题时依然显示着其独有魅力。

不同的史观作为解读历史的不同的方法，本身是一个发展演进、永无止境的过程，它是由人们对自我、世界、人类社会和人类生存空间认识的水平决定的。不同的方法会得到不同的认识和结果，作为方法只有更好没有最好，人们只能选择当下所认为的最好的方法，但即使是当下最好的方法也一定有其不足，因为从发展的角度看，不可能有认识历史的放之四海而皆准的好方法。如果有某种方法宣称自己是空前绝后唯一正确的方法，那也只能是走向死亡的代名词。

文明史观是目前流行的史观，从时代的要求看，文明史观比较适合中学历史教育的目标。现行高中历史课程教科书根据文明史观的需要，在浩如烟海的历史事实中筛选出一些能够说明人类文明的传承、能够揭示历史上的文明是如何演进到现代文明的史实，作为课程的主体内容。而对"那些虽然在历史上曾经非常重要，但是与现代文明没有多少联系或者联系不太密切的历史事实可以不纳入文明史的视野当中"①。使学生掌握一种史观固然非常重要，但历史教育不仅仅是掌握一种史观。尽管在文明史观之下，"并不排斥其他能够正确认识历史、能够实现中学历史教育目标的历史观"②，但教科书作为最重要的课程资源之一，所呈现的"过于狭义的文明内容，不利于公民形成正确的文明观"。③ 非但如此，现行高中历史课程教科书为了体现政治文明、物质文明和精神文明的模块特点，有时反而有人为割断历史的缺憾。如关于法国革命史，"人教版在必修Ⅰ中提到艰难的法兰西共和国之路和法兰西第三共和国宪法，却把《人权宣言》放在选修Ⅱ第三单元'向封建专制统治宣战的檄文'中，在第五单元另开

---

① 北京师范大学考试测量研究中心. 高中历史考试测量新坐标 ［M］. 上海：东方出版中心，2006：3.

② 杨宁一，程昱. 文明史观与中学历史教育 ［J］. 中学历史教学参考，2006 (11).

③ 赵亚夫. 为什么历史教育要有个全球视野 ［J］. 中学历史教学参考，2006 (11).

一个'法国民主力量与专制势力的斗争'。如此人为割断历史，使学生们在学完后对法国历史的印象仍是混乱不堪"①。其实，类似情况还有很多，对英国资产阶级革命、洋务运动、商鞅变法、当今世界发展趋势等内容的安排同样如此。这种安排造成的历史知识内容的割裂给教学和学习都带来了难题，特别不利于学生对历史事件形成整体的印象，做出整体的评价，既不能进行知识建构，就难以形成独立的认识。因此，用什么史观来编写历史教科书本身就需要更强大、上位的史观为指导。从这个角度讲，文明史观的不足恰是对历史教师的要求，这个要求说明中学历史教师的教学任务远比运用好一种史观更重要。

马克思创立的唯物史观是科学的历史观，在世界范围内产生了极大影响，即使现在，西方众多史学家仍然对唯物史观给予很高的评价。唯物史观理论体系的完整性，它对人类社会运动规律进行科学揭示的深刻性，它关于人的本质的理论等等，到目前为止，还没有任何其他理论能够超过、代替它。著名史学家周一良、何兹全，晚年总结治史经验，得出要更加坚定地坚持和发展唯物史观的论断。把有文字记载的历史说成是一部阶级斗争史，认为除自然科学与技术以外的一切社会现象都有其阶级性的观点，固然犯了绝对化的错误，但马克思主义用生产力和生产关系、经济基础和上层建筑的矛盾运动来说明社会的发展阶段、发展规律，确是一种很有价值的科学理论。认为所有国家和地区都必然要经历五种社会形态固然犯了教条主义和削足适履的毛病，但本着尊重历史真实的原则，在确实存在奴隶制或者封建制的地区，这些概念仍然是适用的，从人类发展的整体历史看，五种社会形态的确算得上是一种对历史的解释。所以，在中学历史课程教科书中，唯物史观仍是重要的叙述方式之一。

由此说来，现行历史课程教科书是以文明史观为主要框架的，但在单元主题设计和具体事件述评上，不同程度地运用了现代化史观、整体史观、唯物史观等。作为教科书的使用者和开发者，在史观上就不能非此即彼、厚此薄彼，从教学相长和教育生成的层面上说，就不应该局限于课本的知识体系，必要的时候也可以把"那些虽然在历史上曾经非常重要，但是与现代文明没有多少联系或者联系不太密切的历史事实"适当介绍给学生，甚至可以尝试用另一种史观进行解释。如果受教育者只学会对他人思想的认同，就不可能形成完整的品性和健全的大脑。那样的话，读史就不能使人明智。

中学历史教师在实施课程改革实践中，首先要在唯物史观的指导下，领悟

---

① 郭伟. 对高中历史课程改革的几点质疑［J］. 中学历史教学，2006（10）.

文明史观的特点和要求，并根据文明史观的特点和要求统整教科书内容，在三个必修模块之间构建起新的教材知识体系，整合单元与单元主题之间的逻辑关系，从文明史观的角度理解重要历史阶段和历史事件。现在，文明史的学科和教学体系还处在摸索建立时期，摆在中学历史教师面前的主要任务有两个。一是不要抵触文明史观。在激情被不断消磨的情况下，很多教师已经远离了学术，在热烈的争鸣中冷静到出世的状态。但身为教师，我们不能总是等待或简单的照本宣科，在日复一日的重复中老去。二是"从文明史观的角度对课程标准和教材涉及的历史现象重新审视，摆脱以往的一些理论思维模式，按照文明史观去理解教材，由此把握学科的主干知识，同时对一些重要的历史事件、历史人物重新给予评价和认识"①。

　　深入学习、准确领会主要史观的核心观点及其运用要领，并在教学中灵活运用，是中学历史教师的史观要求。以文明史观为主导的历史课程教科书也综合运用了现代史观、整体史观和唯物史观等，那么，弄清这些史观的主要内容，把握它们在分析具体历史问题时的不同视角和方法，学会运用这些史观去分析具体历史问题，对于历史教学而言尤为必要。如鸦片战争，以前强调的是受压迫人民的反抗列强侵略，后来转换为强调落后就要挨打，现在也从文明碰撞的角度去认识，而在分析鸦片战争的影响时又必须运用辩证的观点。这就要求我们在教学实践中能具体问题具体分析，不能教条，更不能把对历史的认识当作是一成不变的。当然，运用不同史观分析同一历史问题时，会得出不同甚至相反的结论，这个我们在教学中遇到的实际问题常常是我们感到为难和困惑的问题。比如，教学实践中"关于鸦片战争应有'维护商业'的性质"所引发的讨论，正是这类问题的一个典型。在这类问题上，更多老师采取的是照"本"宣科的比较安全的办法。

　　教师作为一个生命的个体参与到学生学习的过程中，就不仅仅是实施课程的工具，而必须体现出生命对于生命的意义，正所谓"用激情点燃激情，用智慧启迪智慧，用思想涵养思想，用行动唤起行动"。史观既属于人生观，除了共性之外，亦有其个性。教学中教师的个人史观亦有展示的必要和价值，尽管中学历史教师无法完全按照自己的理解来"品"历史，但做学生如何正确运用史观来分析历史问题的示范，既属必要也是必需。因此，教师要善于运用主要史观来阐释历史问题，也应有自己所持的历史观，当然，教师所持的史观可能就

---

　　① 杨宁一，程昱．文明史观与中学历史教育 [J]．中学历史教学参考，2006（11）．

是主要史观中的一种。

苏霍姆林斯基说，"学生的脑力劳动是教师脑力劳动的一面镜子"。把学生培养成什么样的人，往往不取决于教师命令学生做什么，而在于教师本身是什么样的人。教师的要义是以自己生活的广度、学习的深度和思考的高度，带领学生学会生活、学会学习、学会思考。因此，教师不能做史观的奴隶，而要有自己的史观。

第三节　提升史识思维能力

常听人说，历史不外乎由时间、地点、人物等简单要素所构成，不需要动什么脑筋，死记硬背即可，哪怕是数学、语文基础不行，也能做好史学研究。其实不然。"知识渊博，见解独到"是对一名优秀历史教师特点的精要概括，也是学生的期望和要求。由此可知，历史教师不仅要有丰富的"史学"，还要在工作、学习和生活实践中不断丰富"史识"。史识，就是识见、义理和判断力，就是观察、分析问题、解决问题和总结表述等能力，就是对历史问题的真知灼见，具体表现为在一定的"史观"的指导下，通过分析大量可靠的史实，得出科学的结论。用今天的话来说，"史识"就是要做到见微知著，洞察根本，透过现象，发现本质，言人之所未言，知人之所未知，启示当今，预测未来。史识的最高追求是看是否具有预见性。历史上最伟大的历史学家莫不如此。比如托克维尔、埃德蒙·柏克、阿克顿勋爵，等等。太史公之"究天人之际，通古今之变，成一家之言"，班孟之"昭明好恶"，"光扬大汉"，就是他们对"史识"的追求和认识。

关于史识，梁启超先生在《史家的四长》中有一段精彩表述："史识是历史家的观察力。做一个史家须要何种观察力？这种观察力如何养成？观察要敏锐，即所谓'读书得间'。旁人所不能观察的，我可以观察出来。凡科学上的重大发明，都由于善于观察。譬如苹果落地是一件很普通的事情，牛顿善于观察，就发明万有引力。开水壶盖冲脱是一件很普通的事情，瓦特善于观察，就发明蒸汽机关。在自然科学，求试验的结果；在历史方面，求关联的事实。但凡稍有帮助的资料，一点都不放松。"这虽然是对历史家的要求，但对普通人的读书学习未尝不是很好的建议。也许，作为历史教师的要求没有必要那么高，但对"史识"的追求确实工作学习的"须要"。正如一位同仁所言："作为中学历史教师，也许一辈子都成不了历史学家，但确应该一辈子都像历史学家那样去工作。"

确实，如果我们一辈子的历史教学都是"观点搬运"和"知识贩卖"，那我们的教学生命将是多么的单薄和单调！同时，教学中处处充满着对教师"史识"的要求，如"解读教材""用教材教而不是教教材"；"诱导学生思维""培养学生创新思维"；"整合运用知识""从不同角度理解知识"等。再如《普通高中历史课程标准（实验)》的具体要求："学会运用马克思主义科学的历史观分析问题、解决问题；学习从历史的角度去了解和思考人与人、人与社会、人与自然的关系，进而关注中华民族以及全人类的历史命运。""通过必修课……培养从不同视角发现、分析和解决问题的能力；培养健康和高尚的情感，弘扬民族精神，进一步提高人文素养。"要落实上述教学要求，就体现出教师"史识"的重要作用，单靠"照本宣科""人云亦云"是不可能对学生"形成正确的世界观、人生观和价值观"有帮助的。

教学中，中学历史教师的"史识"主要表现为对历史资料的理解、对历史现象的辨识、对历史规律的觉悟和对历史与现实联系的认识等方面。首先应该是在教学中能够于平淡之中见神奇，平常之中看风景。放眼基础教育实践及其相关研究成果，可以发现，好的学科教师首先是有好的学科教育观，具体就历史学科而言，但凡优秀的教师，都有着独特的思维方式方法，他们教学的优秀主要表现为在平常之中总能给人不平常的感觉，并常常能激起学生的思想共鸣，使学生在课堂上不敢走神，生怕一不留神就会漏掉一个精彩片段。比如广东省佛山市顺德一中的历史特级教师全仁经在讲授岳麓版历史必修 II 第 10 课《鸦片战争后的中国社会经济》时，巧妙讲解"什么是'洋货'？'洋货'有什么优点？""'洋货'只能靠'特权'才能涌入吗？""哪些属于特权？开口通商是特权吗？""'洋货'的涌入有没有必然性？""'传统经济结构'是什么结构？其'瓦解'的表现是什么？怎样看待它的'瓦解'？"等一连串的问题，紧紧抓住了教材的本质和学生的思维兴奋点，深刻揭示出历史发展的实质，让学生听得津津有味。从学科教育的角度看，这不仅是问题设计的技巧问题，首先应该是认识问题的技巧，没有认识问题的独特视角，就不会有设计问题的操作技巧。再如，2003 年人教大纲版《中国近代现代史》下册《抗日民族统一战线初步形成》一节中，为了说明中国共产党在抗日民族统一战线形成过程中发挥的积极作用，有老师就抓住《八一宣言》提出的"停止内战，一致抗日"的主张，红军针对张学良东北军提出的"中国人不打中国人""打回老家去"等口号，结合当时国共两党力量悬殊的实际状况，分析这些主张和口号的策略性与价值，使学生豁然开朗并连连称赞。

其次，要能读出文本和材料隐含的知识，即所谓的"隐性知识"。钱穆先生在《中国史学名著》中说："史书最重要的要能看出当时这许多史事背后的实情和意向。"既然是"隐性知识"，就需要挖掘，就是因人而异的。同一节课不同老师上出的味道是不同的，课堂容量也可能有很大差别，原因之一就是对文本的挖掘程度不同，而这种不同又取决于教师"识见"和判断。

还有，要善于发挥历史材料的光彩和育人价值。记住历史知识不是历史教育，历史教育来自对历史事实的感受。例如，《蒙娜丽莎》这幅世界名画，作为文艺复兴的杰作和代表，它的教育意义不在于去探究蒙娜丽莎的原型是谁，而在于它对美的表达和传递，使人们发现人生本来就是美好的，是值得珍惜和需要创造的，这就是"人的发现"。进而揭示达·芬奇是怎么制造出这一"永恒的微笑"的—人体解剖和人体比例知识的运用——对人的重视和认识。还有教师进一步引导出新问题—"《蒙娜丽莎》真的是在笑吗?""长期以来，人们称达·芬奇的这幅作品为'蒙娜丽莎的微笑'，但研究显示，达·芬奇在蒙娜丽莎左侧面颊巧妙地利用了光线的变化，使人产生了错觉，当欣赏这幅作品的时候，由于每个人关注画面的点不同，欣赏作品的位置不同，由此看到的蒙娜丽莎的面部表情也就有所不同了。当你深情注视蒙娜丽莎的眼睛时，她在向你微笑，而如果你看到的是她的面颊，那蒙娜丽莎就会忧愁地看着你。"[①] 这样的"蒙娜丽莎"教学，留给学生的印象可能会是终生的。这样的教学考验的是教师对知识的选择与取舍，而选择与取舍是由教师对知识的认识决定的。

尽管历史教师的"史识"不一定是为了解释重大历史命题或探究历史奥秘，但在教学中确实非常重要，而且我们还常常要回答学生的"老师你对这个问题有什么看法"之类的问题。因此，我们不能不重视，不能不提高。如何重视，我们只有抓住我们的工作本身。

读书是根本之途。史观的运用、历史思维能力的提高、史识的孕育，无不以历史事实为基础。"如果没有足够的历史事实，再好的理论也无用武之地。掌握了足够的历史事实，即使理论薄弱一些，只要勤于思考，也会获得有益的认识。"从前蒋廷黻任清华历史系主任时感慨，历史系有老师能将《汉书》的版本源流、各版本异文得失说得头头是道，却不能就汉代历史作高屋建瓴的讲解。

---

① 陆静. 感悟有生命的历史［J］. 中学历史教学参考，2006（12）.

就是这个原因。"史实掌握得越少思维越死,史识掌握多了,思维自然会活起来,也准确得多。"① 大多数历史教师都经过系统的历史知识学习,掌握了相对丰富的历史知识,读书的目的除了增长知识和见识外,应该以历史思维训练为主。从这意义上讲,历史教师应该多读历史随笔、专题研究等思维含量较高、思维冲击力较强的文章和著作。过去,强调读书要有独立见解,现在,在形成独立见解之前更强调独立判断。因为,现在历史著作者的身份走向大众化、多元化,作者的史观也呈现出多元化。在这种"多元化"的时代,读书首先要判断,要从当前众多的"历史著作"中淘金。

思维训练是应有之义。"史识"是艰苦的历史思维的成果,"史识"水平是可以通过训练提高的,这种训练就是要在教学实践中进行。但这种训练在我们的历史课堂中没有受到足够的重视,包括课程改革背景下的课堂教学。现在的历史课堂教学有一种娱乐化的趋势,当然,这是由"娱乐化"的社会造成的,每天充斥我们耳鼓和眼眸的不都是"娱乐化"的东西吗?!难怪前《文汇报》党委书记、总编辑马达认为"现在真正关心精神领域的报纸副刊并不多,很多过于注重小知识和小趣味,精神品格苍白无力"②。这正是当前社会现实的写照。"娱乐化"幸福的是人的感官并不是精神,当然不是真正的健康。北宋后期,都城汴京流传着两句话:"黄髫小儿,但习歌舞,斑白之老,不识干戈。"这种"娱乐化"的流行时尚导致整个民族精神的弱化和娇化,最终酿成民族悲剧。因此,历史课堂如果不能"照进思维的光芒",不进行历史思维的训练而去追求课堂娱乐化,就是偏离轨道,就是没有"史识"。教育要寓教于乐,但教育不是娱乐。江苏省洋思中学原校长蔡林森认为"课堂要像打仗一样紧张",就是对课堂思维训练的强调。"没有思维难度的课堂,就无法实现受教育者内心精神的主动生长,更无益于独立思考能力的培养。"③

人生是"史识"之源。史学的价值和史识的重要都是针对人生的需要而言的,即"读史使人明智"。历史是过去的现实,现实的人理解历史的媒质是在现实中获得的人生经验。一位商人朋友说:"一位老师如果只囿于自己狭小的工作圈子,而对现实社会的发展没有认识,就不可能给学生有效的教育,也就不能算是一位优秀的老师。"萧功秦教授认为:"人文科学,尤其是那些人文性特别

① 北京师范大学考试测量研究中心. 高中历史考试测量新坐标 [M]. 上海:东方出版中心,2006:90.
② 中国教育报,2006-11-11(4).
③ 李帆. 教育:让思考力生长 [J]. 人民教育,2006(23).

强的学科,学者的个人经验至关重要。"文章还列举了很多实例来说明这个观点,颇具启发。① 文章引用法国年鉴派大师的名言说:"历史学家最重要的才能,就是对活生生的事物(Living things)的理解能力。"这就是说,培养史识需要那种"寂然凝思,思接千载"的历史穿透力,这种力量是在生活中逐步积淀起来的。所以有人认为,教师经验是一种重要的课程资源。② 无论是人生经验还是教学经验,对丰富和提升人的学识的意义都是重大的,我们应该重视研究自己,理解自身,特别是应该重视生活反思、工作反思、学习反思和教学反思。如果我们善于做这些反思,就不仅能成为一名成功的教师,抑或成为学者型教师,由此最终注定会成为一名教师身份的独立学者。

史识体现的是教师的特色和风采,反映的是教师的功底和思维,决定着教学的立意和境界。史识的修炼是漫长的、艰苦的,也是必需的。只要不妄自菲薄,只要在史识上心有所骛,史识水平一定会伴随历史教育实践持续提高的。

第四节 提高史学理论素养

中学历史课程改革在教材改革、教学改革、评价改革等的背后,最本质的改革是史学理论的多样化、史观的多元化、价值取向的人本化趋势。历史课程改革的旨趣是对培养现代公民、创新人才的时代要求的落实和能动反应。这里想借"史论"这一概念谈谈历史哲学、史学理论及其与历史教学的关系。

最早使用"历史哲学"一词的是法国哲学家伏尔泰,1765 年他出版了《历史哲学》一书。在伏尔泰看来,"历史哲学"就是寻求在整体上理解历史、理解支配历史的那些原则及其可能隐含着的意义。伏尔泰认为,历史研究不应该只是堆积历史事实,它应该达到一种哲学的或理论的理解高度。我国近代史学大师梁启超先生在其《新史学》一文中,也强调了历史哲学在史学研究中的重要意义,他指出:"历史者,叙述人群进化之现象而求得其公理公例者也。凡学问必有客观、主观二界:客观者,谓所研究之事物也;主观者,谓能研究此事物之心灵也。和合二观,然后学问出焉。史学之客体,则过去、现在之事实是也;其主体,则作史、读史者心识中所怀之哲理是也。有客观而无主观,则其史有

---

① 萧功秦. 人生经验与历史学者的悟性 [J]. 历史教学,2006(6).
② 陆安. 教师经验:历史课不能忽视的课程资源 [J]. 历史教学,2006(11).

魄无魂，谓之非史焉可也。是故善为史者，必研究人群进化之现象，而求其公理公例之所在，于是有所谓历史哲学者出焉。""历史与历史哲学虽殊科，要之，苟无哲学之理想者，必不能为良史。"①

概括地说，历史哲学就是关于史学的性质、任务和研究范围的界定，是对各种历史知识形态本质特征的揭示。历史哲学研究的是历史研究和历史教育的根本性问题，是从事历史研究和历史教育工作的上位概念。

历史学到底应该研究什么，不同的人在不同的时期会有不同的回答，比如我国在革命年代主要研究革命史/阶级斗争史，改革开放以来对现代化的研究兴盛起来。何兆武先生在《历史理性的重建》中提出历史学要研究、反思人性的轨迹，揭示了历史学的根本性任务。历史学应该展示人性的复杂（崇高、美丽、阴暗、多变……），揭示人类与个体的丰富意义世界。朱孝远先生在《史学的意蕴》中根据自己的生命体验也主张要反映人性的美好、欲求。人性是比阶级性更全面、比现代化更本质、比文明发展更深刻的规定和范畴。从根本上说，历史学要回答"我是谁，从何而来，将走向何处"这个终极问题，它也许没有一个明确的答案，但这正是历史学的魅力和价值所在。

明确了历史学的研究任务就有了历史教育的方向，正如任鹏杰、张艳云先生之言："历史教育在本质上说，其实就是一种引导学生领悟生活的艺术。这一艺术的'北斗星'，毫无疑问的是人性之真善美。"② 看来，对历史学有个哲学上的认识，对历史知识做些哲学思考，才能体现出历史教育的价值和历史教学的魅力。

历史学的价值有其确定性和终极性，但探究历史学价值的途径和视角却一定是多样的，诸如马克思主义唯物史观、全球史观（整体史观）、文明史观、现代化史观等。这些不同的史学理论是认识历史和解释历史的不同方法和手段，它们在功能上各有所长，已在历史教育中广泛运用。历史教师应该加强对这些理论的学习和实践。

历史唯物主义是马克思和恩格斯创立的，1892 年恩格斯在《社会主义从空想到科学的发展》一书英文版导言中用"历史唯物主义"这个名词来表述这一科学的社会历史观。历史唯物主义的核心观点是：历史发展是有其特定规律的，

---

① 梁启超. 新史学·史学之界说 [M] //李华兴，等. 梁启超选集. 上海：上海人民出版社，1984：286.

② 任鹏杰，张艳云. 喜忧自知，热切期盼——新年向读者诉心声 [J]. 中学历史教学参考，2008（1-2）.

即生产力决定生产关系，生产关系对生产力有反作用，生产关系一定要适应生产力的发展。伴随着生产力的发展，人类社会从原始社会，奴隶社会，封建社会，资本主义社会，社会主义社会，最终走向共产主义社会。历史唯物主义者认为人类已经经历了前三个阶段，目前正处于第四阶段。

历史教学中常用的辩证唯物主义和历史唯物主义的基本观点主要有：（1）生产力决定生产关系，生产关系对生产力有促进或阻碍作用；（2）经济基础决定上层建筑；（3）社会存在决定社会意识，社会意识反映社会存在；（4）生产力是人类社会发展的根本动力；（5）必然性和偶然性的关系；（6）主要矛盾和次要矛盾的关系；（7）阶级的观点和阶级分析法；（8）人民群众创造历史及个人（英雄人物）的作用；（9）现象和本质的关系；（10）辩证（一分为二、片面和全面）的观点；（11）矛盾的观点；（12）发展的观点。

这些观点在历史学科中有其独特的价值，在历史教学中也有广泛的应用。例如，社会生产力和生产关系的矛盾运动可以帮助我们理解社会的发展：当现存的生产关系不能适应生产力发展而成为生产力桎梏的时候，社会变革就发生了。依据这个标准，我们就可以比较客观地判断一个人和一个变革的时代；历史运动发展是不以人们的意志为转移的客观过程，但只有通过人的有目的的自觉活动才能发现。据此，我们从事历史教学与研究必须重视研究人的活动和人本身的价值，重视人在历史过程中的地位；社会存在（生产方式、生活方式、社会关系）决定着社会意识，社会意识对社会存在有积极的或消极的反作用。所以，我们研究历史活动者的思想、观点、立场，不能局限于历史活动者本身，必须深入到历史活动者的社会存在中去寻找其产生的原因和答案；人民群众是社会生产的主要承担者，研究历史应该研究人民群众的活动，包括研究人民群众与自身环境、与自然环境斗争的过程。正确评价人民群众与个别历史人物在历史上的作用，是唯物史观的基本要求；阶级分析是观察和研究阶级社会中的历史现象的基本线索和方法，但是不能一味地强调阶级分析，在历史研究中，应当将历史主义与阶级分析有机地结合起来。

唯物史观是认识历史的基本方法之一，正确认识和把握唯物史观对于历史教学意义甚大。《普通高中历史课程标准（实验）》强调，"用历史唯物主义观点阐释人类历史发展进程和规律，进一步培养和提高学生的历史意识、文化素质和人文素养，促进学生全面发展"。教学中要在正确理解唯物史观的基础上正确应用，切忌贴标签式的教学。

自从20世纪60年代麦克卢汉首次把世界唤作"地球村"起，全球史观逐步形成，即从全球文明的角度出发，以"文明"作为历史研究的单位，来考察人类社会的发展进程。其出发点是要突破19世纪以来国别史和西方中心论传统，从文明比较的角度理解世界历史发展，以便寻找某种参照，对地球村中健康的共同文化的培育产生积极的影响。它主张适当淡化世界史中政治方面的内容，而把全人类的文化、社会生活的演进作为史学考察的重点，同时赋予过去长期被忽视的、被认为是"没有历史的"非西方民族以平等的历史地位，突出文化多元共存的合理性以及人类各区域文明之间交往互动的历史推动意义。"全球史观"的基本特征是：将人类社会的历史作为一个整体来看待。正如西方史学家斯塔夫里阿诺斯在他的《全球通史》中所说的那样，它的"主要特点就在于：研究的是全球，而不是某一个国家或地区的历史；关注的是整个人类，而不是局限于西方人或非西方人。"

全球史观的基本理论包括：①从全局即从全球的角度来认识人类社会发展的进程。②人类社会的发展进程是从分散发展到整体发展的过程。③纵向发展和横向发展是历史发展的两个相互关联、彼此影响的基本方面。④生产力的发展和人类社会交往的发展历程是历史发展的两根主轴。同时，"全球史观"还认为，宏观的历史不等于地区史和国别史的简单组合，而是重在阐述不同地区和国家之间历史的联系与影响。"全球史观"冲破了西方以兰克为代表的西欧中心论的传统史学框架，从世界历史的整体发展和统一性考察历史。其研究的视野不仅包括欧洲史，而且还覆盖了二次大战后崛起的亚非拉广大地区。我国著名史学家吴于廑教授通过深入研究，构建起"从分散到整体"的世界史体系。他强调说："世界历史是历史学的一门重要分支学科，内容为对人类历史自原始、孤立、分散的人群发展为全世界成一密切联系整体的过程进行系统探讨和阐述。"他的观点在我国史学界产生了重要影响，反映出人们对全面了解人类历史的共同要求。① 吴在于廑在参与编著的《世界史》（高等教育出版社）一书中，也透露出了他的全球史观的思想。

首都师范大学刘新成教授在其《全球史观与近代早期世界史的编纂》的学术讲演中总结了全球史的五点学术特征，即抛弃西方传统的以国家为单位的分析模式；在世界史进程中，不以某一国家的进步代替全球的发展；社会交流的意义日益受到重视；从学术发生学的角度批评欧洲中心论；对历史发生的必然性提出了挑战。同时，全球史也存在有待完善之处，如忽视了各个社会内部的

① 车华玲."全球史观"与中学历史教材的编写［J］.历史教学，2006（6）.

发展动力；把跨文化互动作为全球史发展的根本动力，但文化和跨文化的概念还不够清晰等。①

对中学生来讲，就是要准确把握人类社会横向发展的历史进程，在这一进程中重视、强调交往在人类历史发展进程中的作用。重点把握两点。一是人类历史发展过程是从分散向整体发展转变的过程。这一转变开始于 15 世纪末 16 世纪初的新航路的开辟，到 19 世纪末 20 世纪初资本主义世界体系的形成标志其基本完成。二是生产力的发展和世界各地区交往的发展是人类历史发展的两条主线，建立在生产力发展基础上的世界各地区交往的发展是推动人类社会从分散走向整体发展的决定因素。

整体史观和全球史观的含义基本相同，但在立意侧重点上略有差异：全球史观是在批判"欧洲中心论"的基础上建立起来的，倡导采用跨学科的研究方法。整体史观是在批判地继承马克思主义、年鉴学派和耗散结构论的基础上建构的。整体史观强调两个方面：一是时空的整体性。在空间上，现代世界体系是由中心、半边缘和边缘三个经济区域构成的世界经济或是由民族国家构成的国际体系；在时间上，现代世界体系的动态性表现为长期趋势和周期节奏。二是知识的整体性。以一体化学科方法替代跨学科以建构历史社会科学，消除自然科学和人文学科之间的紧张以及社会科学内部不同学科之间的时空向度分歧和特殊论与规则之间的二元对立。②

文明史观认为，人类历史从本质上说是人类文明发展的历史，人类文明的发展及其人类自身的文明化是人类历史发展的基本线索。人类创造、积累文明的过程及其所获得的成果是历史的基本内容。人类文明有物质文明、精神文明和政治文明构成，三者在相互作用、协调互补中共同发展。物质文明史包括物质生产文明史、物质交流文明史、物质生活文明史等；精神文明史包括科技文明史、学术思想文明史、文学意识文明史和宗教文明史等；政治文明史包括政治观念文明史、政治制度文明史、政治组织文明史、政治行为文明史和政治技术文明史等。按照不同的发展阶段，文明史可分为史前文明、古代文明、近代文明和现代文明等。不同的方面按不同的划分标准又可分为不同的阶段，如物质文明史又可分为采集渔猎时代、农业时代、工业时代和知识经济时代几个阶

---

① 刘新成. 全球史观与近代早期世界史的编纂 [J]. 世界历史，2006（1）.

② 杨晓慧. 面向新世纪的史学理论研究——第 12 届全国史学理论研讨会综述 [J]. 史学理论研究，2006（1）.

段。一切文明都是整个人类文明的组成部分，他们相互交织、渗透和转化，共同推动人类文明由低级走向高级，所有文明均是人类文明发展的重要组成部分，均应得到承认和尊重。

法国年鉴学派第二代掌门人——费尔南·布罗代尔是文明史观的代表人物之一，他提出了著名的三时段论。长时段，是以世纪为基本单位的"缓慢流逝和变动的历史"运动，社会结构、文化结构、经济结构、政治结构等的变迁属于这一时段，自然生态环境的演进、人与自然的关系的变动等也属于这一时段。中时段，是"一种具有缓慢节奏的历史"，是关于一个社会、一个群体或一个团体的历史，常常表现为社会的、经济的、人口的、文化的变化发展。短时段，是传统意义上的历史，是指某一特定时间和空间的历史事件或历史个人，这种历史常常表现为跌宕起伏，如战争、政治变幻、外交等各种事件，这是历史中的人最直接感受或最容易去认知的历史，也是历史中的人常常为之歌唱和泣血的历史。他认为"总体历史"可以分为若干系统，其中有四个系统（经济、社会、政治、文化）是最值得研究的。这种历史观不仅意味着要克服片面性，而且也要克服对历史的平面观点。

从文明史观的角度观察和分析历史学科体系、内容及其结构，中学历史教学并不是等待或者简单地照本宣科，目前可以直接着手进行的是，从文明史观的角度对课程标准与教材涉及的历史现象重新审视，摆脱以往的一些理论思维模式，按照文明史观去理解教材，由此把握学科的主干知识，同时对一些重要的历史事件、历史人物给予重新评价和认识。

现代化史观就是把现代化作为研究的对象和内容，把现代化作为一个全球性的转变过程，即从传统农业社会向现代工业社会大转变的过程，进行整体性研究。从文明演进的角度讲，现代化是以商品经济为特征的工业文明取代以自然经济为特征的农业文明的结果，它主要表现为经济领域的工业化和市场化、政治领域的民主化和法制化、思想领域的理性化和科学化。其主要观点一是现代化首先从西欧开始，随之通过殖民化弥散到美洲、澳洲、亚洲和非洲广大地区。所以现代化在历史上又被称为欧化、西化或工业化。二是现代化不仅仅是生产方式的转变或工艺技术的进步，它也是一个民族在其历史变迁过程中接受文明结构的现代史观：政治上的法制化、民主化进程；经济上的工业化进程；思想文化上的科学化、大众化进程。其中政治民主化、经济工业化是核心。三是现代化范式认为1500年以来的人类历史是从农业社会向工业社会演进的历史，是包括经济、社会、政治、文化诸层面在内的全方位转型。

史学大师罗荣渠是国内现代化史学理论的奠基者和扛鼎之人，他从 20 世纪 80 年代初始，即用"现代化理论"的思想重述国史和世界史，此后，在史学界乃至整个知识界产生了重大影响。其重大意义有二：一是在学术上，这一范式从学理层面基本打破了当时以宏大叙事、革命史学史一统天下的局面，事实上亦打破了"以阶级斗争为纲"的阶级斗争史观，使得史学研究回归常态。在叙述方式上，以"现代化叙事"制衡了"革命史叙事"；在史学观念上，"现代化史观"打破了"阶级斗争史观"的独尊地位，使中国史学终于挣脱史观学派的宰制，与暌违已久的世界主流重新"接轨"，并再度"走向世界"。二是在政治上，他基本上颠覆和清算了"以阶级斗争为纲"思想的流弊，使得"现代化"的观念进入主流意识形态的叙述框架，从而为三十年来的改革开放提供了有效的思想资源和参照系统。正因如此一来，史学研究中，于农民战争史、政治运动史之外，社会史、经济史、财税史、社区史、公共政策史、思想文化史和医疗史等"非主流"的史学部门（专史）迅速崛起，日成显学，极大地改善了史坛格局。①

此外，比较史学、计量史学、口述史学、心理史学等史学方法和理论，在历史教学中也有其独特价值。具体内容可参考庞卓恒先生的《史学概论》（高等教育出版社）。

教学中我们经常说要做到"史论结合""以论带史"，这里的"论"在很大程度上被理解为"历史结论"。很多时候，教学是把历史结论当作知识点或考点让学生记忆，高明一点的是用所学知识证明、解读教材课文中的历史结论。实施课程改革以来，越来越多的老师认为要帮助学生自己得出结论，甚至是得出自己的结论，为此，有些版本的教材还尽可能多叙事少出现结论，给学生留出思考的空间。可谓是煞费苦心，难能可贵。但比这些更重要的是教学中要帮助学生认识得出历史结论的过程，明白历史结论是如何得出的，最根本的要求则是让学生学会掌握观察认识社会、理解历史的方法——史学理论。尽管中学生没有精力也没有必要系统学习史学理论，但作为历史教师却不能因此而轻视史学理论，否则，就会出现"方法设计的泛化、笼统化（目标的无效）"② 等情况。那样的话，我们的历史教学根本就无法跳出"人云亦云"樊篱，根本就不

---

① 刘超．联大与"文革"后的华语世界——"西南联大与晚近中国"系列之三 [J]．历史学家茶座，2007（4）．

② 陈光裕．"过程与方法"教学目标理解与设计指导 [J]．历史教学，2007（12）．

可能上出教师的个性和智慧。

第五节 丰实历史专业积淀

这里所论的"史学"是特指历史教师的学养。掌握系统的、渊博的、扎实的学科知识，积累丰富的历史教学资源，是一名优秀历史教师的基本要求和学生的基本需求。

"学高为师"，在具备师德之后，学养丰厚就成为教师之为教师的第一要素。当今时代，知识产生和更新的速度空前，获取知识的途径多样，学生在某些问题或某个领域的知识有可能超过老师，这正意味着教师学养的重要性和提高学养的紧迫性。作为历史教师，没有充足的知识积累，就不可能使课堂闪耀思想的光芒，就无法引导学生感受历史的魅力，就难以温润教学机制，教学灵感也就只能是无源之水。学养是教师教育能力的基础，学养是教师水平的决定因素，这是无须着墨论证的共识。

课程的深化实施对教师的专业知识体系的挑战是具体而严峻的。模块知识体系的重新建构、模块之间的有机整合、主题内容的组织和主题的实现等，考验着教师专业知识的系统性和灵活性；如何把"宗法制""内外朝""将兵法""贵族制""元首制"等知识讲得深入浅出，让学生感觉亲切，考验着教师学科知识的广博性和准确性；怎样把握和处理"罗马法的主要内容"、法国1875年宪法、德意志第一帝国宪法、资产阶级代议制的建立和发展这类专题知识，如何把历史必修Ⅲ中"西方人文精神的起源及其发展"所涉及的"古代希腊智者学派和苏格拉底等人对人的价值的阐述"这类专深知识讲到位，考验着教师学术功底和知识的专业性与深刻性。随着课程改革的实施和不断深化，使过去依靠"两本书主义"就可搞教学的时代一去不复返了。

"照本宣科"受到颠覆式挑战。一方面，"读课本式"历史教学已经没有市场，只会"读课本"的历史教师已不为今天的学生所容忍，只有教材知识的历史教师已很难在今天的讲台上立足，这是不争的事实。另一方面，要真正做到照"本"宣科，即准确有效地实现教材的教育要求，没有广博的学识就难以准确解读教科书知识，就无法领会教科书的教育意图，实现其教育要求也就无从谈起。如讲魏源《海国图志》的影响，仅介绍"这是我国第一部世界历史地理著作"并没有实现其教育目标，而应该讲述魏源通过《海国图志》打开帝国视野，把中国看作世界的一部分，将其位置、大小直观地展示在人们面前，让中国人用新的视角去认识世界，打破了传统士大夫的中国中心观，动摇了天朝上国的妄自尊大，对中华民族的自我认识起到了思想启蒙作用；《海国图志》提出的"师夷长技以制夷"的思想，启动了向西方学习这个近代以来的重大课题，为中国早期近代化提供了可贵的思想标准，对洋务派和维新派都产生过重大影响；《海国图志》提出和介绍了许多开启民智的思想—如上帝是规范万物运行的规律，历史是由低级向高级演化的，主张正常的对外贸易，敏锐地觉察到了英国君主立宪制的好处等，推动了中国近代思想发展；① 《海国图志》还为同时代的日本提供了救国之方。其时，日本著名的维新思想家佐久间象山在谈到《海国图志》"师夷长技以制夷"的新颖正确观点后，十分感慨地说："呜呼，我与魏源真可谓海外同志矣！"另一位维新思想家横井小楠，也是在读了《海国图志》后，受到重大启发，遂与日本其他维新思想家一起，共同提出了日本"开国论"的思想。他们一致认为要做到"师夷长技以制夷"，不仅要发展本国的工业，开展对外贸易，更重要的是推行民主制度，推翻封建统治。1868 年 1 月，日本维新派在《海国图志》所倡导的改革开放思想的指引下，发动了对幕府的战争。由于维新派根据"师夷长技以制夷"的思想准备了大量西洋新式武器，最终取得对幕府战争的胜利，推动了日本的维新改革，使日本一跃成为东亚第一强国。至此，学生能更充分认识《海国图志》的历史作用，抑或生发出许多历史感悟来。

再如介绍"铁血宰相"俾斯麦的铁血政策时，可以补充其在四年大学期间，曾与同学决斗过 27 次，以加深对其个性的了解，进而理解个人特点与历史需要之间的关系。

史学，是指史学家历史知识的广博，掌握资料的丰富，考证史料的严谨。学无止境，历史教学对教师学养的要求也是无止境的。就教学的必需来说，历史教师应该从四个层面来丰富学识。首先，要有比较完备的通史知识。梁启超说，"我们应该在全部学问中划出史学来，又在史学中划出一部分来，用特别兴趣及相当预备，专门去研究它。专门以外的东西，尽可以有许多不知。"但中学历史教育属于基础教育、公民教育，同时也是史学普及教育，中学历史教师首先必须具备通史知识体系。在无力通读二十四史的情况下，范文澜、翦伯赞、斯塔夫理阿诺斯等人的经典通史著作是应该研读的。其次，要学习有关典章制

---

① 郭富斌，张艳. 让思想光芒照耀历史课堂［J］. 中学历史教学参考，2006（5）.

度、重要历史事件、相关文史专题以及经济史等方面的专门著作，阅读一些比较权威的人物传记和述评，及时了解最新出版的历史类书籍。如阴法鲁、许树安主编的《中国古代文化史》，荷兰史学家彼得·李伯庚的《欧洲文化史》（上、下卷），美国史学家雅克·巴尔赞的《从黎明到衰落——西方文化生活五百年》，林中泽主编的《宗教史概论》，英国首相、史学家温斯顿·丘吉尔的《第二次世界大战回忆录》，英国史学家霍布斯·鲍姆的《极端的年代》，美籍华人史学家周策纵的《五四运动史》，等等。再次，要积累一定的地方史知识。时代性、基础性、多样性和选择性是中学历史课程改革遵循的重要原则，除了要选择公民教育所需要的共同基础知识外，尊重学生的知识基础也是"基础性"的应有之义。在历史教学中，如果能把地方史的一些内容适时穿插进去，无疑会提高学习效果，丰富课程资源。比如，鸦片战争、洋务运动、戊戌变法、辛亥革命等重要历史时期，本地区所涌现的重要代表人物，目前尚存的重要遗迹等，就可以适当融入课程教学。最后，历史教师应该有一点自己的研究专长，也就是所谓的研究方向。"教师也是研究者"，这是新时代的教学理念的强音。学有所长不仅是实施课程教学的要求，更重要的是这也是一名教师在个人从教生涯中的幸福之所在，这也是教有所获的一种。总之，历史教师的知识必须广博，对教材知识体系烂熟于心，对名人轶事掌故如数家珍，对重要历史观点信手拈来。这样的历史教师一定是优秀的，一定会受到学生的爱戴和追随，一定能使课程改革的目标得以实现。

无止境的学问需要无止境的努力，知识的丰富程度完全取决于个人的追求。坦率地讲，现在教师的学习环境并不好，一方面是因为诱惑太多，另一方面是因为对学习的重视都是停留在各种讲话中，因此，学习就成了教师自己的事情了。根据实际了解，教师对学习的态度一般有两种——"无事则嗤外人利器为奇技淫巧，以为不必学；有事则惊外人之利器为变怪神奇，以为不能学。"所以，历史教师的"史学"问题，首先要解决的是主观认识问题。在有了学习需要和做好学习准备后，以下几方面是可以参考的。

第一，有计划地阅读经典著作。俄国19世纪哲学家、美学家车尔尼雪夫斯基有一本小说叫《怎么办》，在当时影响很大，因为小说中写了几位那个时代的新人物，其中最杰出的一位名叫拉赫美托夫。这位拉赫美托夫读书有一个习惯，就是只读经典著作，例如文学就读果戈理，物理学就读牛顿。他说，其他一些著作，我只要翻一下，就知道它们是果戈理的模仿，或是牛顿的模仿，有的还是很拙劣的模仿。正因为他读的是经典著作，所以在同样的时间里，他的收获比别人大，他的进步比别人快。在时间精力有限的情况下，读经典可谓是一条学习的捷径。身为历史教师，不读一读史学经典，不读一读史学大师及其作品，可谓是一种遗憾，如果觉得时间确实很紧，可以考虑一个终生的读书计划，并争取做点读经典的读书笔记，倘能坚持，终有所成。

第二，广泛涉猎各类书报刊物。教学所需要的素材类别多样，经典史学著作并不能完全满足教学的需要，很多素材需要教师通过日常阅读收集整理。在广泛阅读中，坚持做读书卡片，或分主题，或按人物进行归类整理，日积月累，终年不辍，年复一年，必致宏富。例如，在平时阅读报章杂志时，无论是理论战线、史学研究、考古文物、世界风貌、文学艺术乃至自然科学，只要是新观点、新成果、新发现或是资料、图片，都可以随时摘记或剪辑保存，这样久而久之，自能收到"水滴石穿""集腋成裘"之效，不但丰富了自己的知识，开阔了视野，而且应用于教学上，就会增强讲课的生动丰富性，大大提高教学质量。从这个意义上说，"耳勤""眼勤""口勤""手勤"，应该是历史教师的重要修养。

需要指出的是，搜集资料，要有明确的目的，更要有适合自己的一套整理、保存和使用资料的科学方法。平时看到的有用资料，能做出笔记、摘要，固然很好，但是，如果不可能，只把题目、作者、刊物卷期，记在卡片上，也是一种方法。还有，剪报和剪贴图片也是可以经常做的。把这些日常收集起来的材料，或按时期，或按专题，或依工作需要（中学课本的章节内容顺序），或依教学法问题，分门别类地加以整理，使用时就会既方便省时，又能够准确可靠。这样积累材料，不单纯是为了备课、教课，丰富和充实教学内容，还可以引导自己对于某些问题的进一步探索与思考，或者逐渐从中形成独到见解，成为推进教学理论、撰写历史教学论文的基础。积累资料，贵在坚持不懈。只要自觉、自悟并能坚持，在收集、整理、研究、使用资料的过程中，还可以培养起严谨治学的良好学风。

第三，要有问题探究意识。随着阅读整理过程的深入，自己对某些问题的看法也会随之深化和更新，这时，就需要生成一种问题意识，随之就有了求解需要。我们要善于将这种问题探究意识慢慢地由被动转变为主动，这种转变是教师成长的重要标志。历史学家荣孟源在谈到中学历史教师的提高时，曾提出过一点意见，颇有启发。他认为，一位中学历史教师在自己的业务进修中，要善于借助工具书，把词的读法、讲法等弄准确，会查找人物、地名、职官及典籍，这看似小事，实则关系治学严谨的重要问题。此外历史教师要读一点史学名著，掌握必要的原始史料，这对于深入理解教科书，课堂上给教科书以必要的补充，实在是不可缺少的方面。

历史涵盖了古今中外人类社会发展的整个过程和人类活动的各个领域。历史学科的特点决定了历史教师必须具备系统的、渊博的、扎实的历史知识，而这需要长期的学习、积累才能形成。因此，历史教师不仅要经常钻研大学教材和相关课程内容，以便"温故而知新"，还要经常了解史学研究的新信息和新成果，要站到历史学科和史学专著的高度来研究教材，做到"会当凌绝顶，一览众山小"，而不能把自己的认知水平停留在与教科书相同的浅层次上。只有这样，才能在教学过程中做到居高临下、旁征博引、厚积薄发和深入浅出，使课本知识简约化、系统化和整体化。苏霍姆林斯基指出：教师"要作自己教学科目的主人，让教学大纲和教科书成为你最基本的知识，如同字母表对于已掌握修辞学奥妙的人一样。"只有把知识的百分之一用于课堂讲授就够了的教师，才能够适应教学的需要。教材的"繁、难、偏"对学生来讲是加重负担，对教师来说可以看作是一种要求。要注意经常不断地进行知识更新，经常翻阅历史新著，及时了解新的科研信息和成果，不断接受新知识、新观点，吸取新信息、新营养。

此外，教育本身就是一门科学，历史教师要组织好课堂教学活动，搞好历史教育，就离不开对学生心理活动的了解，掌握学生的个性差异及其特点。这就要求历史教师具备一定的心理学知识，从而减少教学工作中的盲目性，提高教学效果和工作效益。许多教师常常忽视这一点，课堂教学往往是言者滔滔，听者瞠目，虽满腹才华，但不了解学生的心理状态和接受能力，就像登山向导只顾自己健步如飞，不注意所带领的队伍，结果造成曲高和寡，起不到引路、引导的作用。

《学记》有曰："虽有佳肴，弗食不知其旨也；虽有至道，弗学不知其善也。是故学然后知不足，教然后知困，知不足，然后能自反也；知困，然后能自强也。故曰：教学相长也。"教固然是教师的本分工作，但如果没有不断学习、反思，那么这种教肯定不会是高效的，肯定是乏味和枯燥的，这种教肯定缺少一种力量和厚重。教师只有不断读书和学习，才会使自己迈出故步自封的境地；才会使自己不重复昨日的教案；才会使自己看到与别人的差距，与时代要求的差距。如此，才能迎头追赶。

第六节 培养历史感知悟性

对于"历史感",我们还很难找到一个权威的定义,但它却真实地弥漫在我们的历史学习和历史教育的全过程中。正如空气之于人类,如果要问"空气"的具体定义,大多数人都可能说不清楚,但所有人须臾不可离开它。即便如此,当我们来讨论历史教师的"史感"这个话题时,还必须先对"史感"做些探讨。

一、在历史教学中培育史感

在关于"史感"的有限的文献中,我们可以看到以下几种解释。雷戈认为:"历史感是比美感更加深刻和内在的人类的本能感受,是将个体生命的历史与历史—现实的本体总过程直接无碍地结合起来而产生的深刻感受。"[①] 朱季康认为:"历史感是一种在传统历史知识及历史文化积累的基础上,适应人文科学发展规律要求的对历史大局及细枝末节都有体现的自我个体感知力与洞察力的结合。"[②] 李振宏先生认为:"历史感是一个历史时代的整个社会风貌、心理习俗、意识形态、生存条件等汇成的时代气息,传送到史家头脑中的一个综合信息。它不是一种什么具体的意念,而是一种综合的、模糊的、但似乎又能触摸得到的东西,是历史学家从广泛的历史资料中获得的一种特有的意境。"[③] 莫宏雨在文献综述的基础上对"史感"做了分析和总结,认为"历史感"首先是一种对于"时间"的生存感受——在特定历史时间中生活过的感受;"历史感"是一种对记忆的感受;历史感包括历史时空感,历史敬畏感,历史眷恋感,历史认同感,历史使命感。[④] 最简明扼要的定义为:"历史感是将个人生命与历史结合起来,去把握历史,感受历史。"[⑤]

以上对"史感"的探讨各有不同的角度,如果从概念定义角度看,我更倾

---

① 雷戈. 论历史感与历史学 [J]. 学术月刊,1998 (6).
② 朱季康."历史感"与本科历史学专业教育 [J]. 高教论坛,2009 (9).
③ 李振宏. 历史学的理论与方法 [M]. 开封:河南大学出版社,1989:203.
④ 莫宏雨. 试论中学生的历史感的培养 [J]. 历史教学问题,2007 (5).
⑤ 郑线兴. 叶轮历史感——与雷戈先生商榷 [J]. 学术月刊,1999 (3).

向于把"史感"定义在思想文化范畴，即历史学习的主体在历史知识和历史文化积累的基础上，运用历史思维和历史想象力，对历史和现实的贯通和整合能力。作为中学历史教师，很多人认为他们应该以传授历史基本知识和基本结论为主要任务，"史感"这样高水平的能力要求对于初学者来说，不是最重要的。但随着课程改革的深入开展，历史学科"有效教学"问题日渐成为历史教师关注的焦点和热点问题。在此基础上，"史感"是历史教师深刻理解教学内容、科学设计教学流程、精彩讲解主干知识、深化学生历史理解、启迪开发学生思维的关键，由此，"史感"也是有效历史教学的必需。因此，历史教师须有"史感"。

许纪霖先生说过，"陈旭麓先生就是'无法之法'，他的研究你很难说有什么方法，但他的感悟能力非常好，也就是我一直所说的'史感'"。许先生强调指出，"最优秀的史学家一定要有史感，就像出色的音乐家一定要有乐感一样"①。如果说史学家的"史感"更多地表现为"感悟力"的话，历史教师的"史感"则不仅要有"感悟力"，更要有"表现力"和"传导力"。结合自身的历史教育实践中，我认为历史教师"史感"可以具体地表现以下几方面。

历史教师"史感"的"表现力"，就是要通过各种历史教育教学手段和过程，充分而准确地向学生展现教师学习、理解、研究历史的方法和成果，为学生提供历史学习和历史理解的范例。历史教师"史感"的"表现力"的实质就是历史教学所蕴含的教育力。从这个角度上说，历史教师的"史感"应有这样几个特点。

历史感是人对历史的一种敬畏。站在历史长河边，人们一定能通过一朵朵浪花觉察到人类社会的沧海桑田：罗马把地中海变成了它的内湖，然后强大的罗马帝国却又分崩离析；秦国可以兼并六国，而秦朝却为农民所瓦解；所罗门王建立的以色列已经于数千年前破灭，但它的子民后裔直到今天仍然可以回聚到那片他们的旧土上；多数人在世俗权利的争夺中油干灯枯，可总有人如孔子、苏格拉底、李贽等，能透过现实，探索人类的生存之道。对于历史，无论如何我们都不能妄下结论，更不能主观臆说。我们必须对历史怀有深深的敬畏。如此，我们才能认真对待、研究，进而理解历史。

历史感是人对历史的一种眷念。历史的魅力在于历史中珍藏着人类的梦想

---

① 许纪霖，郑志峰. 著名学者许纪霖教授访谈录 [J]. 历史教学，2005（5）.

和追梦的足迹，尤其是当我们从纷繁复杂的历史知识中有所发现时，这种魅力就变得不可抗拒。当我们认识到古希腊公民和城邦间的那种不可分离的关系，当我们理解到近代英国的贵族和资产阶级前赴后继地限制过国王的权利并最终建立起君主立宪制，当我们感受到梭伦、商鞅等改革家能突破观念的束缚和利益的诱惑并对其他阶层有所让步时，我们一定有一种钦羡的感觉。历史的这种价值常常让我们深深眷念。

历史感是人对历史的一种认同。历史的重要价值之一是民族认同和价值认同，民族认同和价值认同统一于历史认同。人们在对历史的学习和研究中，明白了自己精神里流淌的历史血型，通过历史我们知道了"我是谁"和"我为什么是我"。因此，历史感就是一个民族对族群共同记忆的感受。

历史感是对人对历史意境的理解。能否理解历史意境是史学研究水平高低的重要标志，对于孔子，有人通过他思想中的"礼"，得出孔子要恢复周礼，思想守旧的结论，却不知孔子是在寻找解决"争霸"的方法，当很多人醉心于"争霸"时，他已经在思考怎样从现实走向未来。缺少历史意境的历史理解注定是肤浅的，甚至可能得出历史的偏见。由此我们可以说"历史感"就是感受历史的"现场感"。

历史教师"史感"的"传导力"，就是指通过教学活动，学生和教师在历史的理解、眷念和认同等方面相互促进和提升的效力。也就是说，历史感是人人皆可以有的，人的历史感是可以相互影响的。具体说来，历史感具有普遍性、亲历性、渐近性、民族性等特点。

历史感的普遍性主要体现在两个方面：一是无论是普通人还是史学家，每个人都有历史感，不同人在历史感上只有强弱之分或厚重浅薄之别，不存在有无的问题；二是人的历史感不仅表现在人的言行举止方面，更主要体现在人的作品中，包括历史上留下来的实物古迹或存留于现时的文化艺术作品，就如同人们说翦伯赞的《内蒙访古》是优秀的历史散文，就是指在他的优美文字中渗透了浓重的历史感。从这个角度上说，历史感对一个人或一个民族来说是非常重要的，"历史感是一个现代知识分子应该具备的基本品格"。"一个没有历史感的知识分子叫'愤青'，一个有历史感的知识分子才是理性的知识分子"。[1] 有了一批又一批的具有历史感的知识分子，社会发展才会有清晰和正确的方向。

---

[1]　冀建中. 历史感是一个知识分子的基本品格 [J]. 民主与科学, 2009（3）.

历史感的亲历性指的是历史感的获得必须是通过主体自身对历史客体进行能动感受，因为历史感跟人的情感有关，没有情感上的共鸣和升华，是难以形成强烈的历史感的。教学实践中，必须通过教师的教学活动，引起学生对具体历史内容的浓厚兴趣和情感投入，帮助学生"神入"历史，从而对历史产生深层理解。

历史感的渐近性是指获得和形成历史感是一个渐进的过程，甚至需要专门的思维训练。"历史客体于我们而言，在时间上和空间上都有一个由近及远的过程。一般情况下，我们对最近时间内或最近地区范围内发生的事更感兴趣，我们对久、远的历史的兴趣和感受会逐渐淡薄，而如果我们对久、远的历史依然有着相当的兴趣和感受，那就是我们的或强或弱的历史感。"作为历史教师，要在学生有限的历史学习时间里，对学生历史感的形成和培养有所规划和计划。

历史感的民族性是指它的形成要受到民族、文化、宗教、意识形态等影响，尽管历史感有可能并应该超越这些束缚，但无论如何都会打上民族的烙印。教学中教师要在重视本民族的历史文化习俗的基础上，重点强调具有普世意义的历史感。

在历史教学中培养学生的"历史感"，教师最基本的要求是讲出"历史的现实感"和"现实的历史感"。著名历史教育专家赵恒烈先生曾说过："历史是已经消失了的现实，现实是正在活动着的历史。历史与现实在相互碰撞中，彼此呼应、回荡。讲历史要立足过去，面对现实，展望未来，为明天开拓道路和指示方向。要纵横古今，从现实的视角审视过去，发觉历史中的优秀遗产。一边是对历史的客观洞察，一边是对现实的着意呼应，在两者的结合和教会中，使学生产生深沉的历史感和鲜活的时代感。"这是对教学中培养"历史感"的最好表达。

历史的"现实感"重在深刻关照现实。正如赵恒烈先生所说的，历史教学要"立足历史，呼应现实"①，也就说要通过历史学习正确的理解现实，而不是将二者做简单的类比，更不能轻易做出优劣高下的结论。要通过现实认识历史的价值，通过历史分析现实的发展趋势。比如在学习《英国的制度创新》（岳麓版）这节课的过程中，首先要在分析课本的基本知识的基础上，整合课程内容，

---

① 赵恒烈. 立足历史 呼应现实［M］//赵恒烈历史教育选集，北京：北京人民教育出版社，2005：29.

所谓"制度创新"就是指英国从君主专制转变为君主立宪，这就是本课的核心内容，而从"君主"入手进行分析，则是君主的权力逐步受到法律的约束的过程，教学设计的中心就变成了英国如何通过"制度创新"达到"约束君主"的目的。按照这个思路整合教材，课文就变成了三个相互递进的部分："从《大宪章》到《权利法案》"主要介绍立法权逐步从国王手里转移到议会；"责任内阁制的形成"主要讲述行政权逐步从国王手里转移到内阁；而政党制度的发展则把国王对首相的提名权变成了政党竞争。这样，英国通过几百年的渐进制度创新，完成了从君主专制到君主立宪的完美转型。可见，英国的民主政治也是在漫长的历史发展中，英国的不同等级和阶级，通过前赴后继的努力才实现的。这样的分析和讲述不仅突出了英国历史上制度创新的步骤、策略和主线，更渗透了强烈的现实关照意识。

现实的"历史感"重在深入分析现实。钱钟书曾说："鉴古足佐明今，而察今亦裨识古"。历史与现实是贯通互动的，人们只有通过历史才能深入分析现实，而同时也促进了对历史的深入理解。因为过去已成为历史，但历史并没有完全过去，历史上出现过的一些事物常常延伸和潜藏在现实之中。比如厦门大学教育研究院院长刘海峰就用这种方法分析过当代高考问题："当代高考长久实行后所衍生的问题，如出偏题、怪题的问题，与八股文后来走向穷途末路如出一辙。特别是标准化考试中的选择题，在教材和考试大纲相对稳定的情况下，既要有干扰选择项目，又要保证试题常出常新，于是难免会出现一些偏题甚至怪题，这在语文科考试中尤为明显。"① 这样的分析就能使人以平和的心态对待现实，从而有助于我们适应进而改造现实。正如马基雅维利曾经说的那样："假如说学习古代史可以激发开明的头脑进行仿效，那么，了解近代这些事（指 15 世纪意大利各城邦的那些君主、武士及共和国领导者的活动——引者注）却可以使我们懂得应当避免和反对什么。"这表明马基雅维利已经明智地觉察到历史对于现实的指导意义。② 因此，认识、分析现实考验的是历史的洞察力。

历史教师如何通过自己的"史感"去培养学生的"史感"，最经常的做法有这样几种：

首先是展现阅读的魅力。阅读带来的不仅是知识，深入而广泛的阅读带来

---

① 刘海峰 . 知今有助于通古［N］. 中国教育报，2010 － 02 － 22.
② ［意］尼科洛·马基雅维里 . 佛罗伦萨史［M］. 北京：商务印书馆，1982：233.

的是思考力的提升，而这种纵横古今的历史思维力，就是历史感的重要表现。丰富的知识和深刻的思维是构成有效课堂的柱石。

其次是展示讲解的精彩。周辅成回忆许思园先生时说："许先生讲李白、讲杜甫如此精彩，如此神往，实际上作者显然是以杜甫、李白两种不同的性格，同是自己心灵的两面的表现，既矛盾，又调和……"① 在精彩的讲解中往往伴随着教师对历史的解释和意义建构。"历史学家的任务在于它们独特的个性上，依据它们自身的关系来重构事件和情势；其解释权适用于一揽子独特的背景。对于不同时空的历史情势进行比较不会有任何收获——确实还会失去很多东西，因为，结果只能是模糊每种请示的本质特征。"② 也有人这样说，"工程师关心的是建造具体的桥梁，建筑师关心的是设计具体的房屋。与工程师和建筑师一样，历史学家关心的是重建过去的历史情境。"③ 而这些都需要历史教师通过精彩讲述来实现，这也是讲述是否精彩的标准。

最后是关注生活现实。培养中学生的历史感，需要教师努力引导学生观察和理解今天的现实社会。如贝奈戴托·克罗齐所说的"一切真历史都是当代史"，马克思也认为，"历史是活生生的历史"，"史学家必须与全部生活之源泉——现在保持不断的接触"，才能培养对于真实追求的历史感。法国年鉴学派创始人之一马克·布洛克曾明确指出："历史感的培养并非总是局限于历史本身，当今的知识、现实的生活往往以一定的方式更直接地帮助人们了解历史。"因此，我们要敢于并善于引导学生探讨与教材内容有关的当今社会的热点问题，如反腐倡廉问题、台湾问题等，历史研究的主要社会功能就在于为解决这些热点问题提供借鉴，做到"古为今用"，所以从历史的角度对一些当今社会的热点问题进行探讨是培养学生历史感的好方法。

二、有史感的教育是对历史最好的纪念

教育，是人和动物的重要区别。因为只有人才会对人的发展和社会的未来寄予更加美好的希冀并付诸行动，而不仅仅是生活生存经验的传递和传授。关于教育，起初的说法是，"以善先人者为之教"（《荀子·修身篇》），即能用善引导他人就是教育，这里的善显然是指群体和集体的规定和要求，其必然指向

---

① 王家范. 许思园：一个被湮没的现代学人 [J]. 史林，1997 (3).
② ［英］约翰·托什. 史学导论 [M]. 吴英，译. 北京：北京大学出版社，2007：218.
③ ［英］帕特里克·加登纳. 历史解释的性质 [M]. 江怡，译. 北京：文津出版社，2005：42.

更加美好的共同未来。就教育的方式和目的而言，则是"教也者，长善而救其失者也"，即帮助学生发挥长处而纠正学生在学习中的偏差，可见教育是一种帮助个体实现自我完善的过程。因此，教育是通过社会个体的完善过程来实现群体和谐发展的社会活动，而群体的社会活动经验——历史，就必然地成为个体完善——教育发展过程的重要内容、素材和营养。

历史作为教育发展的基础、背景和人类生活天然构成，是人类一切活动的力量之源。尽管"历史"的概念十分含混晦涩难以把握，但其中蕴藏的人类以往遗存下来的教育财富，是人类共同的拥有、共造的产品和共享的宝藏。一般而言，历史包含三个层次：一是指过去发生的事实，是客观的、无法还原和重新经历的；二是人们对过去发生的事实的记载，这是主观的、需要鉴别和考证的；三是人们对历史记载的解读，是对主观记载和客观事实之间关系的再认和思考。人类正是在对历史的感知、认识和研究的过程中，不断丰富着人类教育的内容和人类自身的发展过程。因此，教育发展的状况和水平，与人们对历史的认知是直接相关的，这里包括对教育目的、手段、内容等选择和定位。也就是说，历史和历史研究非经历教育则不能发挥作用，教育不依托历史的认知和研究则容易偏离方向甚或走向非教育。

学校是一种社会生活的形式，也是一种重要的社会组织，是社会教育的主要承载者。好学校的内核是好教育，北京师范大学心理学院教授卢咏莉说，"好学校应具备以下特征：安全、尊重、激励的支持性人际关系，开放、多元、整合的课程结构，有效能的教师发展机制，和协商、反思、个性化的评价体系。"但是，好学校、好教育的前提和基础是好的教师和好的课程内容。好教师应该有信仰——"教育者须对于教育有信仰心，如宗教徒对于他的上帝一样；教育者须有健全的人格，尤须有深广的爱；教育者必须能牺牲自己，任劳任怨。……我斥责那些以教育为手段的人！我劝勉那班以教育为功利的人！我愿我们都努力，努力做到那以教育为信仰的人！！"（朱自清：《教育的信仰》）所谓教育的信仰，自然是基于人类发展的共同价值观的，而这种共同价值观则必然要源出于历史的发展过程及人们的历史认识水平。好的学校就是好的教育，而好的教育就是符合历史发展的教育，是符合人类共同价值观要求的教育，是用文化传承和丰富人类精神品格的教育。好的学校自然也是与社会发展主动相适应的社会单元。

正是在这种意义上，学校的发展与历史的发展之间存在着深度的文化律动关系。一所名校不仅要有自己的历史、要重视自身发展的历史，更要看重学校历史发展与社会历史之间存在着怎样的关系，由此，就能鉴定出学校历史的价值以及学校的办学水平和层次。

从这个角度来审视，陕西省西安中学的 110 年校庆则具有深刻的历史内涵和教育价值。1905 年，在全国"废八股，兴学堂"的清末新政中，西安第一所新学——"西安府中学堂"——陕西省西安中学的前身在西安庙后街创建。此后，学校在历次革命和社会活动中深入社会实践并不断实现跨越式发展。五四运动中，西安中学选派学生代表进京请愿，大声疾呼"吾陕西学生，素称爱国，高举义旗，焉能后人！振臂而起，誓作北京学生之后盾；登高号呼，唤喊国民之忠忱"。抗日战争期间，在"九·一八"事变、"一二·九运动""西安事变""七七事变"前后，西安中学的师生们都积极投身到火热的革命斗争中，参加集会游行，声援北平学生运动，参加"西安事变"活动，支持抗日行动。在新时期的办学实践中，西安中学始终坚持"科研兴校"，在教学实践中形成了五个鲜明的特点：拓展课堂教学空间，引导学生自主探究；营造民主和谐氛围，激励学生质疑创新；强化多元学科综合，培养学生应用知识能力；重视选题研究过程，提升学生实践感悟能力；丰富情感态度体验，优化学生综合素质。学校因此被省教育厅确定为高中课程改革样本校。在陕西省开展的创新人才培养计划——"春笋计划"中，作为基地学校积极加强与高校的联系与合作，为更好地发挥学校的优势提供了有利条件。正是把学校自身发展与社会发展紧密结合，才无愧于"三秦教育领域的一颗明珠"的桂冠。

正当全人类隆重纪念世界反法西斯战争胜利 70 周年之际，我们来反思和审视一所学校的发展，这两件事虽然范围和内容有很大差别，但其本质都是对历史的反思、对未来的憧憬、对发展的希冀，最终都是要通过教育发展而实现更好的教育与和谐社会的建构。因此，发展教育、发展好的教育是对历史最好的纪念。

三、历史教育必须传承真善美

人对历史的重视是一种本能，因为人对"我从哪里来"总是怀有强烈的好奇心；人对历史教育的重视是一种自觉，因为人总是要面对现实、面向未来。然而，有历史不一定有历史教育，因为历史常常"是任人打扮的小姑娘"，被限制了历史的发言权；有历史教育也不一定就能正确地面向未来，因为历史教育总要被赋予众多的"服务"功能，以至于其对人生成长的"服务"常常处于从属的地位。我们认为，历史教育必须传承真善美！

（一）历史教育的历史态度：求真

历史是过去的客观存在，人们只能根据相关史料和文物对历史作一管之窥。尊重历史是历史教育的基本要求，也是治史的首要原则。历史的态度就是立足历史来理解历史，不主观臆断，不以今注史，不以偏概全。在今天这个特别崇尚创新的时代，历史学科获得了长足的发展，但同时也出现一些浮躁、肤浅的风气，时下风行的"正说历史"和"戏说历史"对于人们正确理解历史而言，都是不妥当的。

历史的态度就是理性的态度，不以偏狭为深刻。在一些历史课堂和讲座中，诸如"袁世凯很有政治才能，他在军事和政治斗争中都表现不俗"，"从现实发展来看，凡是近代被列强辟为通商口岸的城市，现在都相对发达。因此，不能把强迫开口通商算作不平等条款"，"希特勒有很高的绘画天赋，可惜未得到肯定和鼓励，才导致他的畸形人生"。如果这是学生的质疑，作为教师却不能一味地对学生的"勇气"肯定后就鸣金收兵，而是要探讨、说理和引导。鼓励质疑不是终点而恰恰是历史教育的起点。在这种问题上，中国现代著名历史学家、文献学家张舜徽先生的说法我们应该遵循："我以为假使没有坚强的证据，或为自己知识范围所限，与其妄加推测，不如存而不论，这才是客观的态度。"

历史的态度就是客观的态度，不以主观为主导。历史学是基于客观历史的人们主观研究的产物，没有客观态度的历史研究和历史教育必然会远离客观的历史，最终会陷入历史虚无主义的深渊。历史教育的灵魂来自它的独立思考，历史教育的精神来自它的积极情感，但这一切都离不开它们的载体——历史的本身，客观历史的真实。《普通高中历史课程标准》也强调："学习历史唯物主义的基本观点和方法，努力做到论从史出、史论结合。"历史教学必须杜绝主观臆断！

（二）历史教育的人文追求：从善

历史教育的人文性首先表现为历史的可解释性。对历史怀有敬畏之心和尊重之情并不是说将历史奉若神明，不顾现实的发展，固守"尚古"而沦为保守派，尊重历史是为了更好的"以史为鉴"。毛泽东曾经指出，对历史问题不要过分惧怕，既要慎重谨慎，又不要畏畏缩缩，杞人忧天。并讲述杞人忧天的故事来强调正确认识历史是理所当然的，不要因为尊重历史而束缚了思想。新文化运动中的知名史学家陈衡哲也曾说过，"历史不是叫我们哭的，也不是叫我们笑的，乃是要求我们明白他的"。这既是指对历史的尊重态度，也是指如何正确认识历史。只有深入历史之中，才能真正懂得历史；只有懂得历史才能感受历史的魅力。

历史教育的人文性还表现为历史对人格和人性的完善。历史几乎包括了人的思想、行为等各个方面。人类历史的发展进程是人类力量的体现。但更体现着人的生命观、价值观、自然观。是人类物质与精神追求的统一，是人类实践中自由创造力量和智慧的体现，是合目的性（善）与合规律性（真）的统一，是追求社会发展规律的"真"和追求社会道德功利的"善"的辩证统一。只有当人类在实践中掌握了客观规律（真），并运用于实践，才能实现人类的功利目的（善），即只有符合历史发展趋势，符合社会发展规律，符合人们的需要、目的、利益，才是历史发展的和谐，才是人类真正的追求。

（三）历史教育的社会梦想：唯美

意大利著名史学家克罗齐曾说："一切历史都是当代史。"从历史教育的角度看，这就意味着要深刻关注现实。司马迁之所以能够成就具有深远影响的历史巨著《史记》，就在于他首先是极具思想性的社会人，对现实有着深切的体察和忧虑。修昔底德之所以能写出不朽名著《伯罗奔尼撒战争史》，也正在于他立志要"擎起历史的火炬，引导人类在摸索中的脚步"，决心通过正确总结历史，来创造正确预见未来的重要途径。

历史是一个过程，现实社会是历史的延续，文化作为历史的存在方式，塑造了群体的社会心理。体现了被社会群体所共同遵循或认同的价值观念和行为模式；而历史知识的思辨性又能够为人们提供一种过去的体验，由此可以延伸人们对社会、文化和环境变化的思考。提高对传统文化的鉴别能力。德国前总统罗曼·赫尔佐克说得好："一个民族如果没有对其历史的彻底了解。它就不可能永远存在下去。"历史教育的启发性和现实性能够为人们提供宽阔的视野，提高人们对人类社会发展过程及其规律的理解力，培养人们对现代文化的透视力，诠释现实社会的文化风俗、道德观念和美好梦想的本质。

总之，历史教育必须传承真善美！

四、历史教育当以振兴民族精神为己任

历史教育与民族精神的培育是相互促进的一体两面。"历史教育，作为历史知识世代传承和人类集体记忆延续光大的主要载体，它比其他学科的教育更重视从总体上理解人类社会的客观进程，而另一方面，对人类社会发展趋势的把握也在很大程度上决定着历史教育的理念及其目标和功能的向度。"历史教育是在"传承历史知识""延续集体记忆"的过程中"把握人类社会发展规律""理解人类社会的客观进程"，即历史教育的重要功能是促进民族精神的养成。

"历史课程是人文社会科学中的一门基础课程，对学生的全面发展和终身发展有着重要的意义。"作为历史教育载体的历史课程，无论是从其灵魂和精髓，还是从其基础和要求看，都必须将其教育目标具体化为历史基础知识（陈述性知识）教学、历史学习能力（程序性知识）教学和情感态度价值观的培育。历史教育目标及其任务的具体化、细化的进程性、操作性特点，在历史教育中发挥着重要的指导作用。历史教育作为教育活动必然具有的育人功能，尤其是"于人的社会化方面，既包括提升个人在情感、态度、道德方面的修养，也包括提升个人与群体的政治社会化的标准。"历史教育的这种社会化功能，又主要表现为"存续和传播文化的功能""反思和借鉴的功能"和"见证和预见的功能"，于社会个体而言，这种功能主要表现为"德育功能""智育功能"和"美育功能"。要而言之，历史教育之民族教育精神培育功能是重要而具体的，也是广泛而深刻的。

现代学校的历史教育作为一种通识教育，主要培养学生对古今中外社会自然融会贯通推陈出新的旨趣。司马迁的"究天人之际，通古今之变，成一家之言"是其最早的经典表述，始于唐成于宋元的对通史精神的追求，对学校和社会各层面的历史教育——不仅是书斋中的学者，也包括一批熟悉市井生活的话本小说家和勾栏艺人——产生了重要影响。虽然经学时代的教育视儒家经典为主课，学历史只是为了诠释经学的教条，但其本质还是在"存续和传播"文化传统，这也是民族精神的来源；近代学校的历史教育发展与民族危机的不断深化关系密切，知识界对于历史的无知，平时也许不会引起多大的关注，但政局动荡，朝代鼎革，尤其是民族危亡迫在眉睫，如果没有对民族历史的集体记忆，就等于没有了民族的精神长城。辛亥革命前，各派都关注学堂的历史课，民史君史之争反映朝野历史教育目标的截然对立。政治主张原有分歧的立宪派和革命派却在发动史学革命，以历史教育鼓舞民众这一点上取得了共识。民国初年的历史教育步履维艰，没有好的教师也缺少好的课本，但始终有着不断探索的人，如吕思勉、顾颉刚、何炳松、梁启超、杨贤江、金仲华、吴晗、周予同等。至抗战前夕，历史学家和历史教育工作者纷纷主张以历史教育振兴民族精神，认为历史课就是要歌颂勇将忠臣，要启迪民族意识。新中国成立后，历史教育在借鉴苏联经验、经受政治考验之后，至20世纪80年代后期走上重建和规范之路，在新世纪课程改革中，重新确立起价值理性的人文素质教育地位。这正说明，历史教育发展历程就是民族精神的培育和强化的过程。

第二章

历史教学素养修炼

中学历史教学承担着传承文化、培育公民的重要任务，具体讲就是要通过具体历史知识的学习，形成师生的历史共感，达成历史共识，习得符合社会共识的历史思维方法，进而将其运用到现实生活中，这样就实现了通过文化传承培育现代公民的任务。但在实践中怎样实现这一过程，确是非常复杂的问题，需要教师综合运用专业知识、教育能力、人格魅力和教育技术。因此，教师教学技能，抑或教学基本功就不是某种竞技项目的训练，而应该是各项技能的综合运用。也就是说，每一位教师都应当是全能者。

教学活动总是在现实社会发展中进行的，总是以现实生活为舞台和归宿的，因此，无论是教学内容、手段、技术、方式、方法、策略，甚至包括具体的教育理念和教学思想，都应该随着教育发展的需要与时俱进。可以说，每当教育遇到了新问题，必然在上述各方面表现出来，从这个角度上讲，没有哪一种工作更像教学工作这样，每天都是新的。

作为教学对象和合作者的学生，总是一批又一批走进我们的教育视野，同时也一次比一次强烈地提醒我们要不断更新自我、超越自我、完善自我。因此，历史教师的教育技能需要在实践中融炼、更新，教师就用这种不断成长的方式来服务于学生的成长。

第一节 理解教师教学基本功

教师基本功是指教师从事教育教学工作所必须具备的基本技能。在实施课程教学中，教师面临着许多无法回避的挑战，必须做出适应性调整，首当其冲的挑战就是教师的教学基本功。随着时代的发展和新课改的推进，传统意义上的教学基本功被赋予了新的内涵：解读教材的基本功、运用现代信息技术的基本功、课程开发与课程实施的基本功、考试命题与试卷分析基本功、心理健康教育指导基本功、教学评价基本功和教育科研基本功等。

《基础教育课程改革纲要（试行）》提出了改变传统的过于注重知识传承，强调学生主动的知识建构；增强课程的整合性和选择性并实施三级课程管理模式；教师要处理好传授知识与培养能力的关系，注重培养学生的独立性和自主性等改革目标。基础教育课程改革既赋予了教师具体的权利、义务，也对教师的素质和能力提出了要求，而且，教师的素质和能力直接关系到教师课改权利、义务的具体落实，直接关系到课改的成功与否。面对课程改革的不断发展，不论是新教师，还是老教师，都需要重新思考，我们所拥有的知识和能力结构，包括所练就的教学基本功是否能够适应课程发展的需要。在课程实施过程中，教师面临着许多无法回避的挑战，必须做出适应性调整，首当其冲的挑战就是教师的教学基本功。在课程改革走向核心素养的背景之下，我们不得不重新思考何谓教学基本功？新时代新型教师需要什么样的新的教学基本功？

一、何谓教学基本功

在《现代汉语词典》中，"基本功"的含义是："从事某种工作所必须掌握的基本的知识和技能。"正如中医强调"望、闻、问、切"，相声演员要求"说、学、逗、唱"等专业基本功一样，"教学基本功"也应有自己的特定内涵和专业表述。但在有关文献中，很少有人对"教学基本功"做出完整的定义或进行过相关的定义分析。

首都师范大学徐玉珍教授认为："所谓教学基本功即指教师完成教学工作所必需的条件性的技能和技巧。"①"教学基本功"的"条件性"说明教学基本功是教师完成教学工作的必要条件，是每位教师从事教学工作都必须具备的。也就是说，一个教师要是不具备这些条件，教学工作将无法完成，但有了这些条件，教学工作未必成功。

教师基本功是指教师从事教学教育工作所必须具备的基本技能。从内容来划分，教师基本功可分为基础基本功和专业基本功两大方面。

基础基本功是指教学的一般基本功，即关于备课、上课、批改作业、考试、辅导及其他教学的基本功（包括读、讲、听、写、导）的基本功，是各专业教

---

① 徐玉珍. 从基础教育课程改革需要出发重新思考教师教学基本功 ［J］. 课程·教材·教法，2004（2）.

师都应该具备的。在传统的教育观念中，教师的基础基本功的外在表现一般为能说一口准确、流利的普通话，能写一手规范漂亮的粉笔字、钢笔字和毛笔字，通常简称为"三字一话"。也有的把班主任工作列入基础基本功的内容。

专业基本功指的是学科教学的基本功，即掌握和运用学科的特色语言、学科的教学方法、学科的教学技能（包括语言、演示、提示、板书、概念讲解、教仪教态、学法指导、多媒体技术运用）的能力。专业基本功依据专业方向不同而差异甚远。数学教师强调的是以数学的思想，用数学的观点、方法、语言来析题、解题，能徒手画一个标准圆等；语文教师则要求在讲课中落实到字词句篇，能写颇有文采的"下水文"等；英语教师则要具备敏锐的英语听力，说一口纯正的英语口语，还要会熟练的英文书写等；体育教师专业基本功则包括口令、哨声、手势、划场地、教学示范等。

教师的教学基本功贯穿于整个教学过程，是教师素质的重要外在表现，更是实现课堂教学目标，提高课堂教学效果的重要保证，同时也是教师树立威信，赢得学生尊敬的必要手段。不管是基础基本功，还是专业基本功，都是一个教师教好书、上好课的起码要求。大凡一个优秀教师，除了雄厚的知识功底外，一般都有过硬的教学基本功，有很强的实践操作能力。

事实上，就教师个体而言，在教学基本功上普遍存在着"七多七少"现象，即：注重专业基本功的多，着力基础基本功的少；单项特长的多，全能冒尖的少；能动口的多，会动手的少；自由化的多，规范化的少；利用资料的多，融会贯通的少；钻研教材的多，研究问题的少；满足于具备一定专业基础的多，追求有相当专业造诣的少。可以这么说，在当前中小学教师中，不具备专业思维能力，不会写规范字和板书设计，不会作教学科研的"三不主义"者绝不是个少数。①

二、教师传统教学基本功的嬗变

事物都处在不断发展的过程中，在信息技术时代，教师的传统教学基本功已经悄悄地发生了向新时代的过渡。

（一）"三字一话"基本功的内涵在更新

多少年来，"三字一话"一直被认为是教师教学的首要基本功。但随着信息

---

① 林增明. 试论教师基本功的现状和对策 [M] //现代教育理论与实践. 成都：四川教育出版社，1998：12.

技术的普及，粉笔、黑板面临着被"计算机＋投影"完全取代的趋势。与粉笔字相关的教师板书设计基本功有些部分可能会迁移到 PowerPoint 等"版面"设计及课件的制作中。与此同时，钢笔字的用途和使用范围也在逐渐缩小。比如，E－mail 逐渐代替了传统的信件，鼠标和键盘逐渐取代了笔和墨。借助于网络教学平台，教师可以在网上批改作业、写评语、向学生家长发布信息和公告。可见，钢笔字作为教师教学的基本功之一也同样地受到了历史的挑战。与钢笔字、粉笔字相比，毛笔字离我们的现实生活更加遥远，教师除了在专门的书法课上需要展示自己的毛笔字之外，在一般的课堂教学中很少有机会书写毛笔字。如今，毛笔字与其说作为教师教学的一项基本功，还不如说作为一种具有历史文化意义的中国传统书法艺术。而普通话是中国国民的一种基本素质，更是中小学教师的必要条件。因此，无论是现在还是将来，教师的普通话都必须达到基本标准。

但在目前，课程改革并不排斥经过实践检验的行之有效的传统手段。例如必要的板书、漂亮的粉笔字，依然是课程教学中不可或缺的基本功，这些基本功也教师人格魅力的一种重要表现和教学辅助手段，更是帮助学生更好地掌握知识的必要途径。我们虽不能要求每位教师人人都像书法家那样，但至少教师写在黑板上的字要工工整整、漂漂亮亮；写在学生作业本上的字要规规矩矩、端端正正。很难想象一个写不出一手好字的教师或者说一个自己写字不认真、马虎潦草的教师，还能要求自己的学生写出多么美观的汉字来。板书更多的是思想之间的交流，是有感情的交流，这比没有思想、没有感情的人机交流更能达到教育教学的效果。教师板书，不仅仅是让学生更好地理解书本知识，知道字的写法，老师的板书工整、漂亮，也透露出一个信息，不管做什么事都要认真。这些身教有很好的教育效果。

同时，计算机教学的"版面设计"毕竟不是传统意义上的板书设计，它需要现代技术手段及相应的技术支持。因此，不论是新教师还是老教师，都需要在课件制作及多媒体教学方面练就一套新的基本功。

（二）教师语言表达基本功被赋予了新的含义

语言表达也是一个中国国民应该具备的基本素质，对中小学教师来说，无论是传统时代的教学，还是信息时代对教学提出的新要求，都是必须具备的教学基本功。语言表达基本功包括口头表达基本功和书面表达基本功两个方面。但在课程改革及信息技术革命不断深化且整合力度不断加大的背景之下，教师在这两方面的基本功被赋予了新的含义和内容。

　　自教育产生以来，口语表达在教师的教学中就一直扮演着极其重要的角色。不论是最初的"口传身授"，还是后来的课堂讲授，都离不开教师的"语言表达"。在课程改革提倡的教学方式之下，教师的口语表达依然重要，但教师口语表达的效用已远远超越了以课堂教授为中心的朗读、讲述、发布指令等。学生主动建构的学习要求教师不仅自己善于表达，还要善于鼓励、引导学生自己表达；要求教师主宰的课堂给学生留有说话或表达的余地。国外一位哲学家曾不无讽刺地说过，世界上最难的一件事就是让教师"闭嘴"。新的物质环境下，课程改革所提倡建构性学习就是要求教师不但自己要把书"讲"清楚明白，而且要"少说多做"，组织各种活动，有针对性地帮助每个学生把他们的所学所思说明白，讲清楚；不仅自己要"能言善辩"，而且要给学生"能言善辩"的机会，使学生也"能言善辩"。教师不仅要善于说话，还要善于不说话。

　　在以现代信息技术及网络为背景的教学环境中，对教师书面表达基本功提出了更高的要求，需要教师将一部分的教学口语转化为超文本的"书面语"，如网上课堂、电子教案及网上讨论等。其实，不论是文本的工作计划、各类信函及常用应用文的写作，还是超文本的网上公告、电邮及聊天室口语化的文字，所需要的基本上是写作的基本功。这样的基本功不仅教师需要掌握，任何一个接受过九年义务教育的中国公民都应掌握。因此，对教师书面表达技能的要求并不具有教师专业的特殊性，而是每个人都应该具备的。

　　（三）对教师教学基础基本功需要重新认识

　　教师教学基础基本功是教师之为教师的基本资格，一般包括：备课、上课、批改作业、评定成绩等。因此，教师的教学基本功也就是完成上述各工作环节所需要的基本技能。在当前课程改革所提出的建构教学及课程整合的要求之下，虽然仍需要备课、上课、批改作业、评定成绩这些工作环节，但其工作重点、内容及方式都有了新的要求。

　　首先看备课。备课就是教师课前对教什么、怎么教的教学设计，备课有助于教师厘清教学内容和目标，建立课堂教学的自信。在课程改革实践中，最紧迫、最现实的问题是每个教师要能上好每一节课，在每一节课中帮助学生获得成长。这就要求教师课前必须要有充分的准备和精心的设计。课程实施要求教师综合运用多种教学方式，而教学的多样性、变动性要求教师不单是一个执行者，更是一个决策者，教师要能够创造出特有的课堂气氛和学习环境，建立开放民主的课堂环境，设计教学活动，通过教学表达自己的教育理念，这更需要教师的精心设计和准备，并且勇于开拓、大胆创新，成为真正意义上的"专业人员"。同时，教师要加强间接备课，从而提高直接备课的效率。

备课的物化形式是教案及其辅助材料。教学实践中的教案应该是一种致力于调动学生主动学习精神的手段。教案体现的应该是如何设置问题情境、如何组织学生的合作和探究。因此，教学设计的基本功是必须随着课改的深入不断转化并强化的。教学法的核心是教"学法"，关键是培养学生自主学习的能力。因此，教师的传统教案应该逐步改革为指导学生自主学习的自助式"学案"。教案的设计要吸收新的教育教学理念，增加教学反思、作业设计等环节，通过教学过程具体推进，使教案成为一种教育教学案例，这也是新形势下课程改革所要求的一项最重要的基本功。

其次看上课，上课是教师教学基本功的集中体现。传统课堂教学在很大程度上是落实教案，上课的基本环节一般是：导入、讲授、提问、布置作业，教师上课的功夫也主要表现在对这四个环节的把握和过渡上。但是，在课程改革和教学实践中，不仅要看教师教学设计的落实与否，更要看落实的效果。因此，教师需要更多地关注学生的学习状态和课堂生活质量。教师要能选择有效的教学方法刺激学生集中注意力，调动学生的学习积极性；教师要善于调整教学方式，用声情并茂的形象讲解而带来的情趣，事理充实的严密论证而产生的理趣，诙谐幽默的生动阐释而形成的谐趣，激发兴趣，启迪思维，使师生之间的感情得以充分的交流，使课堂气氛处在教师预定的控制之中；教师上课时要以最佳情绪状态进入"角色"，以饱满的、愉快的、积极的情绪投入教学，用激情感染学生，等等。这些都需要教师有扎实全面的教学基本功。目前，教师们都在积极尝试各种新的教学方法，如探究教学、合作学习、体验学习、网络学习等，这对教师课堂教学基本功的要求就更高了。如探究教学一般遵循的教学环节和步骤包括：提出学习任务、准备相关知识和材料、组织学生选题、合作或独立探究、探究结果报告和评价。教师完成上述活动就不能仅仅是给学生上课，它包括诸多比上课复杂得多的活动。教师需要创设探究的环境、诱发并引导学生探究、为学生提供信息资源及其他条件的支持、引导学生提出假设并得出结论、组织学生报告并研讨结果等。

最后看批改作业和学生成绩评定。在课程标准指导下的教学中，对学生的评价强调培养目标和评价内容的多元化，不仅包括基础知识和基本技能，还包括情感、态度与价值观、学习过程与学习方法。因此，依据教育教学目标，对学生进行多方面的评价是促进学生全面发展的必然要求。树立"为了每一个学生发展"的理念，对学生进行发展性评价，了解学生发展的需求，重视被评价者的差异，关注学生在学习过程中的进步和变化，及时给予评价和反馈，帮助学生认识自我，强调通过反馈促进学生改进，促进学生在原有基础上的提高。这需要教师把作业与学生成绩评定结合起来，把学生成绩评定与学生的日常学习结合起来；要求教师在关注学生的考试成绩等学习结果的评价的同时，要投入更多的时间和精力关注学生日常的学习活动和学习过程，关注学生之间的差异性的成长和发展。因此，教师必须练就与评价体系改革相适应的学生评价基本功，必须掌握一些不同于结果评价的过程评价的方法和技能，甚或也是一种师德素养。

三、新形势下教师需要新的教学基本功

随着课程改革的深入，教师教学基本功被赋予了许多新的内涵。新形势需要教师练就新的教学基本功。

（一）解读教材的基本功

"中小学教师，其专业能力的最根本之处在于，他阅读教材的时候能自觉地从学生学的角度、教师教的角度以及训练的价值角度、人文熏陶的角度、难度的把握角度、坡度的设置角度，去审视教材，从而筛选出最具科学性、艺术性和价值观的教学要素来。这种能力必须成为教师的基本功，它是教师区别于其他人的重要标志。"[①] 的确，教师解读教材的能力是教师上好课的第一要务，而且，教师必须从教育和学习的角度来解读教材。教育教学的真正目的是要让今天之所学为解决日后可能遇到的问题奠定基础，储备势能。学习的目的全在于运用，荀子曰："知而不行，虽敦必困。"19 世纪德国著名教育家第斯多惠认为："教养不在于知识的数量，而在于充分地理解、娴熟地运用你所知道的一切。"

教师通过对教材的解读，帮助学生建立起课文与课文之间，学科与学科之间，甚至是今天的学习和未来的生活之间存在着的普遍的内在联系。从而使学生体会到学习的意义，为教学过程的顺畅展开奠定丰实的基础。

（二）运用现代信息技术的基本功

信息化是当今世界经济和社会发展的大趋势，以网络技术和多媒体技术为

---

① 管建刚．更新"三大件"［N］．中国教师报，2005－03－21.

核心的信息技术已成为拓展人类学习能力的创造性工具。信息技术与其他课程教学的整合，正成为当前我国信息技术教育乃至整个教育信息化进程中的一个热点问题，也是改变传统教学方式方法的重要标志。信息技术在教学中的作用越来越明显，也越来越得到老师们的关注和重视，大家明晰地体会到它对教育的作用虽然不是决定性的，但是至关重要的，是教育的支持系统中一个独特的构成要件，它对有效地提高教育教学效益，改变师生的学习交流方式，拓展获取知识的渠道，具有革命性的作用，在优化学生学习的兴趣、情感、态度等方面也具有强大的推动和促进作用。在信息化的社会中，教师必须具备较高的信息素养，即信息的获取、分析、加工、利用、交流、创新的能力。教师首先必须要有高度的信息敏感力，能在大量信息中进行选择，在最短时间内找到能为自己所用的资料，提高自己的理论文化素养和专业知识水平，以适应课程改革实践对教师综合素质的高要求。同时，教师要能熟练运用多媒体设备、网络技术以及课件制作等基本技能，利用信息技术手段为课堂教学服务。

（三）课程开发与课程实施的基本功

课程开发是指教师在教学中尽可能地自然地联系生活和社会实际，使学生学习知识的过程同时也是理解应用知识的过程。这就要求教师要关注现实生活，关注社会，努力寻找教材内容和现实生活和社会实际的结合点。如何联系、联系哪些生活和社会实际，应该成为教师备课的不可缺少的步骤。同时，教师要善于引导学生通过多种途径收集信息，以更好地实现课程标准所规定的教育目标，更有效地促进学生的发展。教材是实现课程标准所确定的质量指标的主要凭借，但既定的教材总会有这样或那样的缺憾，这就需要教师的驾驭和取舍。要寻求教材以外的各种"材料"，例如平时阅读积累的，从报纸、广播、电视等媒体中获得的，从互联网上搜集的，用教材和各种非教材"材料"的整合，来丰富学生的学习过程，使学生收集、处理和利用信息的能力、分析和解决问题的能力得到增强。另外，教师还要善于把课堂教学中的"互动和交流"引向纵深发展，使课堂上有思维的碰撞和交锋，在"碰撞和交锋"中产生新的问题，力求使学生有所发现，有所创新。

课程最终是要通过教师具体的教育教学活动转化成实际课程，教师既要重视学科课程，又要重视活动课程；既要重视显性课程，又要重视隐性课程；既要重视预成性课程，又要重视生成性课程；既要重视国家课程，又要重视地方和学校课程，而对后者，应该给以特别的和足够的关注，应该在教育实践中不断反思、总结。教师不应该只做既定课程的单纯执行者，而应该积极地投身于课程改革中，成为课程改革的参与者、开发者，创造性地实施课程和教学。对于学科课程的教学实践，教师应根据各种具体情况加以"微调"，对教材进行必要的加工、重组，应善于挖掘，善于扩充，善于超越。要关注其他学科，关注现实生活，使课程资源变得丰富鲜活起来。这些，是现代教师应该具有的意识和能力。

（四）考试命题与试卷分析基本功

从现实发展状况而言，不论是"应试教育"、素质教育还是"新基础教育"，考试都是一种重要的教育检测手段。在一定历史时段里，我们无法回避升学，回避考试，考试还是学校和各级教育行政部门的重要任务之一。教师应该想方设法提高考试的实效性，科学应用考试结果，正确发挥考试的功能。能否编制出一套具有针对性和实效性的试卷，是对教师教学的最低要求和基本能力要求。考试结束后，对试卷编制、学生学习状况等做出正确评判，从而给教学以具体指导，也是教师的重要教学基本功。

（五）心理健康教育指导基本功

对青少年学生进行心理健康教育指导是新时期教育的任务之一，也是一名合格教师的必备素质。有目的有计划地对学生实施心理健康教育，促进学生心理素质的发展，提高学生的心理机能等作为全面施行素质教育的有机组成部分，应该成为每个教师的自觉意识及行动。

一位心理素质良好的教师，会通过自身的言行为学生塑造一个借以模仿的完美形象，使学生的心理在其潜移默化的影响下向健康的方向发展，能在学生中间创造一种和谐与温馨的气氛，使学生如沐春风，轻松愉快，获得教化。另外，具有对学生进行心理素质教育的意识，会对学生心理素质的提高具有高度的工作责任感和自觉性，就可能采取多途径，讲究教育方式方法，以及通过自己的学科教学培养学生良好心理品质，保证学生心理素质的提高，在教育教学中全面育人。这就要求教师掌握相应的心理健康教育方面的知识，正确认识学生成长中的心理障碍，学会处理一些心理问题，科学引导学生的心理发展。

（六）教学评价基本功

教育评价是教育实践的指挥棒，没有有效、科学的教育评价，就很难沿着素质教育的轨道推进。课程改革中提出的发展性的学生学习与教师教学评价的思想，需要教师在学生评价方面，除了掌握传统上以考试为主要评价手段的量化的、终结性的评价方法和技能之外，更需要学习新的质性的、形成性评价的方法与技能。在课堂教学的综合评定上，不仅要关注学生学习什么内容，还应关注学生学到了什么；不仅要关注学生得到什么样的知识结论，也要关注学生参与活动的过程；不仅要观察学生表现的优劣，还应留意学生学习欲望、情感、态度、价值是否得到提升；不仅要有选拔和竞争，更要关注学生的自我认识、修正与发展。这不仅是转变观念的问题，是否具备这样的技能也是教育教学实践至关重要的必备条件。

从操作上来看，教师的课堂即时评价能力直接关系到教学效果。优秀教师从来就是激励成功的大师，课程改革要求教师成为这样的激励大师。激励是一门艺术，也是课程实践和教育思想的具体体现。体态、动作、表情、语言，无声的、有声的，都可以激励学生。当下的教育实践中，课堂上常常会听到干瘪空洞的评价语言："你真有天赋""你非常聪明"等。甚至有的整堂课在"棒、棒、棒！你真棒"这样毫无内涵的评价语声中淹没。从中，可以看出教师身上存在着一些问题：一是语言贫乏，二是思想苍白，三是文化缺失。这方面的基本功从教师队伍的整体上看都是十分欠缺的。

（七）教育科研基本功

教育科研基本功，这是教师更高、更深、更具有内力的素质基本功。联合国教科文组织在一份报告中曾指出："在今天，从教师在教育体系中的作用看，教师与研究人员的职责趋向一致。"这意味着今天乃至于未来的教学，需要具有科研素质的学者型教师，传统的经验型"教书匠"将逐渐退出教学舞台。这是现代教育发展的必然趋势，也是素质教育对教师的强烈呼唤。因此，重视教科研，练就教育科研基本功，它是提高教师素质的一个有效途径，是推进素质教育这盘棋中的重要一着。同时，课程改革提出许多新的教育思想和目标，需要通过教师的教育实践来检验，课程改革在实施过程中还会出现许多新的问题，也会产生一些矛盾，需要教师对其中的一些问题展开研究，形成认识。总之，课程改革需要教师成为一个研究者。教师如何进行科学研究，也是对教师教学基本功的一个挑战。

在课程改革的具体实施过程中，人们逐渐认识到，教师是课程改革成败的关键，"一切教育改革最终将发生在课堂"。因此，教师素质对教育而言至关重要。越是重视教育质量，教师素质问题就越重要；越重视教师素质，教师的教学基本功作为教师素质的重要内涵就越受重视。由于时代的变迁及基础教育课程改革的需要，我们不得不重新思考教师的教学基本功，从时代和发展的高度来重新定义教师教学基本功，使教师在教育教学的实践中磨炼、升华出新时代教师所需要的教学基本功，并不断赋予其新的内涵。当然，教师的教学基本功不是一蹴而就的，而必须是经过实践的打磨和主动的反思才能得来，但对教学基本功的认识和定位的更新是首要的。

第二节　熟练运用史法技能

"史法"一词，至少有三层意思。一是"按照一定体例编撰史书的传统。这就是《礼记·经解》所说：'属辞比事，《春秋》教也。'属辞，指遣词用字，褒贬书法。比事则指按一定体例编排历史事件。《春秋》记载虽简略，却树立了编年体史书的记事方法，如杜预所总结的：'以事系日，以日系月，以月系时，以时系年。'"。① 修史的体例和传统也就是修史的法则，是为文和撰史者都应该遵循的，历史教学亦当以此为范。韩愈在《答元侍御书》中说："谨详足下所论载，校之史法，若济者，固当得附书。"清代纪昀在《阅微草堂笔记·如是我闻一》里写道："全书皆体例谨严，具有史法。"鲁迅《呐喊·阿Q正传》："即使说是'未庄人也'，也仍然有乖史法的。"二是分析、阐释历史事物的具体方法。如通过归纳史实得出结论的归纳法，通过推演史实说明问题的演绎法，将历史事物放在当时的历史条件下，全面、辩证地分析它的发展变化的历史分析法，对阶级社会中的人和事进行定性分析的常用方法即阶级分析法，确定历史事物之间异同关系的方法，要求同中求异、异中求同的比较分析法等。将上述方法具体化，还可以衍生出人物事件评价法、观点材料论证法等。三是历史教学法，即"以历史教学全过程为研究对象的教育科学，是以教学原理为指导，根据历史学科特点和学生年龄特征研究历史教学一般规律的科学"。

对中学历史教师而言，掌握"分析、阐释历史事物的具体方法"和历史教学法是非常重要的。从现实情况来看，对前者的探讨相对于后者来说，还算是比较受重视的，对历史教学法的探讨相对来说是少且低效，从根本上说是在思想上没有重视。在师范教育中，常常是把实践性很强的"教学法"上成理论课，有"师"无"范"，那些教学法概念在学习者的心中只是一个个抽象的名词，

---

① 陈其泰.《春秋》与史学传统［N］. 光明日报，2001－04－17.

工作后一切都得从头开始。在实践中，许多历史教师错误地认为熟悉教材就是一切，而忽视历史教学方法的研究，因而在备课时只片面注意挖掘教材的深度、难度，不辞检索之劳，遍稽典籍，广征博引，但教学效果却并不理想。其原因就像一个不懂烹调技术的人面对着山珍海味，是做不出佳肴美味的。

历史是一门学问，教授历史是又一门学问。讲同样的史实，用同样的史料，不同的教师来讲，效果往往迥异，无论是知识的传授效果，概念、规律阐述的清晰度，还是思想感染、教育的程度，都会有很大差别。究其原因，在很大程度上，归结于教授过程得不得法。教师想教授得法，就要在进修和提高中学习与研究历史教学法。具体说，要注意考虑三方面的问题：一是钻研历史教科书，领会它的编写原则、叙述方法、重点难点、目的要求，从而考虑怎样才能讲得科学而生动，使学生易于接受，能够理解；二是怎样把教育学中的教学原则、教学规律、教学环节和教学方法等一般原理，应用于历史课的具体实践；三是在历史教学中，怎样传授历史基本知识，发展学生的智力和培养能力，进行"人"的教育。

方法主要通过实践获得，但对方法的认识和研究也是十分必要的。在长期的历史教学实践发展中，一批又一批的历史教师探索总结了大量的、富有特色的教学方法，但这些方法并不一定适合每一位历史教师个体，就是说，当一位教师与具体的某种教学方法结合时，都应该是给予具体教学内容和对象的教学实践创新。

一、熟悉并掌握中学历史课堂教学的常用教学方法

目前，中学历史课堂里较为常用的教学方法主要有讲授法、谈话法、讨论法、读书指导法、演示法、研究法、纲要图示法等。这些经常被老师们挂在嘴边、写进教学设计的名词，并不一定是老师能实际理解掌握并灵活运用的教学方法，很多时候是"耳熟却并不能详"，若要梳理对它们的认识，却有"久违了"的感觉。

讲授法是教师通过语言系统连贯地向学生传授知识的方法。它通过循序渐进的叙述、描绘、解释、推论来传递信息、传授知识、阐明概念、论证规律、定律、公式，引导学生分析和认识问题，并促进学生的智力与品德的发展。由于语言是传递经验和交流思想的主要工具，故讲授是教学的一种主要方法，其他教学方法的运用，都需要配合一定的讲授。根据讲授的内容和对象的不同，讲授法一般又分为讲述法、讲解法和讲演法三种。讲述法是向学生描绘学习的

对象、介绍学习的材料、叙述历史事物发展变化的过程，侧重讲过程，根据讲述的程度又可分为叙述、描述和概述等；讲解法是教师向学生对概念、原理、规律、公式等进行解释、论证，侧重讲概念和结论；讲演法是通过教师对事实全面系统的描述、提纲挈领的分析论证，归纳、概括科学结论，侧重展示得出结论的方法路径和思维过程。当然，有时候特别是在学习自然科学时，还借助直观教具、演示实验等手段，使抽象、围观现象具体化和形象化。

使用讲授法的要求可能很多，但在历史教学中有三点是一定要给予足够注意的。一是对讲授的内容要做到了然于心、理解全面准确、认识具体到位。备课中，要根据历史教育、"课程标准"学习要求和教科书的具体内容，科学取舍、整合、建构讲授内容，明确为什么学、学什么、为什么教、教什么、怎么教，这些是决定课堂教学效果的决定性因素。二是准确把握讲授的重点、难点以及学习思考的切入点。讲授时要做到条理清楚、层次分明、重点突出、逻辑严密。简言之，就是要明确教授的程序，先讲什么，后讲什么，遵循学生理解问题的认识规律和习惯，注意从已知到未知，从感性到理性，有分析有综合，做到观点与材料的有机统一。三是教授要有趣味性、有吸引力。一方面讲授的内容中要有典型的史料和引人入胜的细节，历史教学不是空洞的分析，而是从众多的"历史现场"中领略其内在思想韵味，领会分析论证归纳概括的方法；一方面讲授者的语言要具体生动、有感染力，让学生乐于接受。

谈话法也叫问答法。它是教师根据学生已有的知识和经验，按一定的教学要求，运用一系列精心设计的问题，要求学生回答，并通过问答的形式来引导学生获取和巩固知识的方法。谈话法特别有助于激发学生的思维，调动学习的积极性，培养学生独立思考和语言表达能力。与讲授法相比，谈话法的主要特点是师生之间在双向的信息交流过程中，能根据反馈信息及时调整教与学的活动，一定程度上满足了学生与教师平等交流的愿望，提高了教与学的效果。

谈话法对教师的要求很高，也主要表现三个方面。首先是提问题。提什么问题？怎么提？这是上课前要充分研究和准备的。要尽可能做到所提的问题是学习本课内容所必需的、是能引起学生兴趣的、是学生通过努力可以解决的。此外，学生在学习中可能会遇到什么问题，在哪些方面可能会出现超出教师备课范围的问题，如何应对解决学生课堂中生成的疑难问题等。其次，问题引导要有方法和耐心。同一问题对于不同学生来讲难度是不同的，对待回答某一问题有困难的学生，教师既要有足够的耐心，更要有帮助学生"取得成功"的智慧。第三是及时科学有效的评价，这是谈话法教学成功不可或缺的要素。既要避免廉价的表扬和恼羞成怒的责难，又要保证评价的激励效果，唯一的诀窍就是出于真心，道法自然。

讨论法是学生在教师指导下，为解决某个问题或就教材中的主要问题进行探讨、辨明是非真伪以获取知识的方法。一般是在集体或小组（4～8人）中相互交流、相互启发、相互学习。讨论法的主要特点是学习形式主要以学生活动为主，参加活动的每一个学生都有表达自己见解的机会，处于主动学习的地位，容易激发学生的积极性，能有效调动学生多感官学习，学生学习投入的程度高；学习中相互启发、取长补短，有利于学习的深入和深化；能增强学生的合作意识。同时，讨论学习中学生思维和知识一般处于零散的、跳跃性的状态，思维和知识都缺乏系统性，其中也可能有不当或错误的理解和认识，这就必须发挥教师的"主要引导"作用。讨论法的教学要求主要也有三点：讨论的问题必须是有吸引力，有钻研和讨论的价值；教师要有效引导讨论的过程，使讨论能不断深入，并能使学生充分发言、普遍发言；再就是要做好讨论总结，使学生获得正确的观点和系统的知识，纠正片面、错误的认识，帮助学生澄清模糊的认知。

读书指导法是教师指导学生通过阅读教科书、参考书以获取知识或巩固知识的方法。从学习能力角度说，这是培养学生基本学习能力的必要方法。学生学习知识固然有赖于教师和同伴，但从根本上说，必须要靠自己去阅读、领会、消化、巩固和迁移内化，特别是从中习得的读书阅读方法和能力，是终生受用的。读书指导法可分为两个层面：一是课内的讲读指导，师生双方通过诵读和讲解教科书内容，借以传授和学习知识。通过师生共同阅读，学生能感悟教师的阅读思考技巧，教师能对学生的读书给予及时的指导，教学效率较高；二是通过学生的预习、自学和复习而进行的课外阅读指导，教师进行宏观调控，学生开展自主学习、温习知识和能力。读书指导法要求教师善读书、常读书、勤思考。

演示法是指教师或通过直观教具、或通过典型的问题解剖分析，使学生通过观察与思考获得知识、掌握学习方法的教学方法。直观教具演示法要求教师做到准备充分、演示规范、信息明显、讲演结合；典型问题演示法要求教师能通过符合认识序列和思维逻辑的讲解分析，建构解决同一类问题的模型，展示思维流程和思考路线，同时注重对学生的方法训练。

研究法是学生在教师的指导下，像专业人员一样，遵照科学的规范和方法，研究和解决学习中的问题。研究法的特点是由学生完成比较复杂的课题或独立作业，能使学生在研究和解决问题的过程中受到极大的锻炼和提高，逐步掌握研究问题的方法和形成创造性地分析问题和解决问题的能力。研究法在研究性学习中已得到较为广泛的普及，要做的是进一步的完善和提高。

纲要图示法是一种由字母、字词、数字和其他信号组成的教学辅助工具。它把学生所需掌握的知识提纲挈领、简明扼要地用各种信号组成图形表示出来。其优点是形象、直观，能激发学生学习兴趣；能化繁为简，变抽象为形象，便于理解记忆；能简捷地向学生展现完整的知识结构，便于学生知识建构；有利于培养学生思维能力，开发学生智能。

二、认真学习研究在实践中形成的比较成功的教学方法的组合和教学模式

在任何教学过程中，教师都不会是只采用一种教学方法，而是根据一定的教学指导思想与习惯的经验模式，将若干种方法组合起来运用，即运用教学方法组合。由于教师的教学指导思想和特点不同，在教学实践中形成了类型多样的教学方法组合，概括起来主要"有四大流派：第一种传统讲述派，其特征是以课堂讲述为中心，在讲述中带有很强的逻辑推理和知识的纵横联系，运用丰富广博的历史知识，激发学生的学习动机；第二种情感交流派，其特征是教学中注重师生间的情感交流，通过交流形成和谐的教学气氛，激发学生的学习动机，重视非智力因素的利用和培养，如'快乐教育'等；第三种是纲要图表派，其特征是按照历史知识的内在逻辑，运用简明的文字、数字、符号，设计各种大量的富有科学性、趣味性、逻辑性的生动形象的图表，建构知识体系。如著名历史教师李秉国就是纲要图表派的代表人物；第四种是教具制作派，其特征是运用亲手制作的各种大量教具，力求生动形象的再现已逝去的历史对象，创造活生生的历史情境，以帮助学生掌握历史概念，受到历史教育。沈阳铁路局锦州铁路三中历史教师岳志忠是这一派的典型代表，十几年来他亲自制作了数千件历史教具，创建了我国改革开放以后第一个历史教学专用教室。"①

下面简要介绍几种重要的教学模式。

1. 历史问题（探讨）教学。历史问题（探讨）教学是指教师在教学过程中组织学生围绕教师或学生自己提出的问题，进行有一定深度、广度的探索、讨论，让他们在独立思考、教师引导、互相启发或争辩中掌握历史知识，提高学

---

① 白月桥. 历史教学问题探讨 [M]. 北京：教育科学出版社，2001：67.

习能力。① 它是以形成问题、分析问题、解决问题为中心展开的教学，问题教学贯穿于教学过程的始终。历史问题教学从学生感兴趣的重要的问题入手，把学习变成问题解决的过程，有利于培养学生学习历史的浓厚兴趣，有利于促使学生掌握学、问、思、辩、行等有序的良好的读书治史方法并形成习惯，有利于提高学生阅读、理解、识记、运用的读书治史能力。②

2. "读""讲""问"三结合教学法。"读""讲""问"三结合教学法是将传统的阅读、讲授和问答三种教学方法有机地结合起来，根据历史学科的特点，努力创设问题情境，引导学生积极参与教学过程，以"讲"为主，"读""问"相辅，使学生在有限的教学时间内掌握知识、培养能力、提高思想认识水平的教学方法。它兼有各种传统教学的优点，又能克服各自的弱点，注重"启发"，讲求实效。这种教学方法有两大突出优点：其一，有利于教师根据学生的个性差异进行因材施教，三种教学方法满足了不同学习习惯和方法偏好的学生的需求，能最大限度地让学生投入课堂学习；其二，有利于教师及时排除影响学生学习效率的心理因素，它比较有效地使学生的主体地位和教师的主导作用结合起来。这也是目前老师们使用比较广泛的历史课堂教学方法之一。

3. 历史情境创意教学法。历史情境创意教学法是教师根据某一章节教学目标、内容及其特点，创设模拟历史场景或情境，让学生在如临其境的感觉中，进行历史的体验和思维，激发求知欲和情感，培养各种学习能力，促进学生智力的发展。这是当前课程改革中备受青睐也常有争议的一种历史课堂教学方法，但其受到学生欢迎、受到教师重视却是不争的事实。从促进学习和理解历史来说，这是一种极有价值的教学方法。随着各种历史资料的日益丰富和多媒体技术的发展，特别是广大历史教师教学理念的发展和教学能力的增强，历史情境创意教学法有着广阔的探索和发展空间，它有可能成为历史教学根本性变革的切入点。

此外还有"四字三段教学法""四段教学法""六课型单元教学法""讨论教学法"等，也都有很多借鉴价值，都可以在历史教学实践中运用和创新。

历史教师的"史法"是一个说起来容易做起来特别难的基本功，需要在终身的教育教学实践中不断实践、反思、体会、积累才能有所得。我只是提出这个问题，对这一重要问题的讨论，以引起我们共同关注，以求相互勉励，不断成长。

---

① 朱光明. 中学历史课堂教学方法研究［M］. 上海：上海教育出版社，1998：102.
② 全仁经. 历史问题教学研究［M］. 广州：广东海燕电子音像出版社，2001：278.

第三节　灵活运用历史教学技能

　　教学活动是一项专业技能。教学技能是保证课堂教学成功不可或缺的因素。掌握并运用好基本的教学技能对于教师素质的发展、教学质量的提高以及学生综合素质的培养，具有重要意义。课堂教学技能是指教师在课堂教学过程中，依据教学理论、运用学科专业知识及教学相关的知识和经验来促进学生学习，完成教学任务，实现教育目标的能力或一系列行为方式。质而言之，课堂教学技能就是指教师在课堂上的活动方式。①

　　掌握一定的教学技能是成为一名教师的基本条件，是实施有效教学的基本保证，是形成独特教学风格和教学艺术的基本要求。作为一名历史教师，不断修炼自己的教学技能自然也是十分必要的。我姑且把历史教师的教学技能简称为"史技"，其主要内容应该包括这样几个方面：教学表达技能、启发引导技能、组织调控技能、阐释分析技能、研究写作技能、命题评鉴技能。

　　教学表达技能是最常用、最基本的技能之一，主要包括语言表达技能、板书表达技能和体态表达技能。

　　教学语言是课堂教学过程中师生之间、学生间信息传递、交流沟通的主要工具，掌握语言技巧，讲究语言艺术会增强课堂教学的效果。语言技巧主要指发音准确、吐字清晰、抑扬顿挫、情感合理、语速适当、音量适度、语势顺畅、词义贴切、修辞得当、逻辑准确。这是作为教师的语言基本素养，是在长期的工作生活经历中不断修炼的结果。虽非短期所能奏效，但只要有意识地训练自己，语言修养就会得到提高。有老师总结教学经验说："高一和高二年级的历史教学多用疑问句，高三复习课堂要多用肯定句。"指的就是教师语言表达的作用。很多优秀的教师都表现出了较高的语言素养。全国著名语文特级教师于漪在一次执教公开课中教授"骂"字时，学生说"这是骂人的骂"，另一学生说"不对，应该是不骂人的骂"。面对小学生，于漪老师说："同学们说的都对。'骂'既是骂人的骂，也是不骂人的骂。但我们主张不骂人。"简练的语言表达深刻的内涵，又不致使课堂教学纠缠于细枝末节。

　　板书表达技能是课堂教学过程中传播教学信息、揭示教学内容的有效手段

---

　　① 赵克礼. 历史教学论［M］. 西安：陕西师范大学出版社，2005：213.

之一。优秀的课堂板书可以起到优化教学内容、强化信息记忆、增加教学趣味等作用。随着多媒体技术的日渐普及，板书的功能有所削弱。一方面是因为多媒体的投影幕布占据了大半个黑板的位置，另一方面是 Powerpoint 等代替了黑板的部分功能。但即便如此，板书的作用还是客观存在，有些还是无法替代的。教师教学中更应该注意板书设计，发挥其应有的功用。

体态表达是指说话人说话时的身体状态和面部表情，即语言表达时的眼神、表情、姿态、服饰等。体态表达技能就是指教师在课堂上运用体态表达补充、强化口语的教学信息，从视觉、听觉、情感等渠道加深对学习过程的影响，以获得良好教学效果的能力。"行为世范""身正为范"就包括有这方面的含义。作为一名历史教师，体态表达技能尤其重要。曾听一位学生对历史教师说："看到老师衣着整洁、精神抖擞，就感到老师的一身正气，就意识到学习历史的一种价值。"试想，一名精神萎靡、衣着邋遢的教师，怎能让学生相信他讲的做人道理呢?! 决定体态表达技能的根本要素是教师对教学内容的情感能动，因此，教师在备课中应该细心揣摩学习内容及其最佳的表达方式，在讲台上则积极发挥。有了必要的准备、训练，体态表达就会更准确、规范、有效，使课堂教学锦上添花。

启发引导技能对于一堂课的成功十分关键。教师在课堂教学过程中以各种方式引起学生的学习兴趣、探究动机和思维冲动，使学生在理解和掌握知识的同时提高学习能力。这是教师教学的基本能力之一。这里主要从教学启动、教学过程和教学结束三个角度简要说明。

在学生开始接触一门新学科、进入新单元、新课之时，都需要一个学习启动过程，对教师来讲就是教学导入问题。通过教学启动将学生的注意力集中到预定的教学任务和程序上来，帮助学生做好心理上和知识上的准备，缩小师生之间、学习者与学习内容之间的心理差距，有助于整个教学任务的圆满完成。如果一开始就没有引起学生的兴趣和注意，接下来的学习活动就难以顺利展开，经验丰富的教师都非常注意学生的学习启动环节。

有位教师在一次课堂教学观摩研讨课上，一上课便向学生提出了一连串的问题："同学们，你们知道现代奥运会的由来吗? 现代马拉松长跑比赛里面有什么典故吗? 不少现代词汇如民主政治与寡头政治、唯物论与唯心论、辩证法与形而上学、悲剧与喜剧、原子和黄金分割率等都起源于哪一个国家? 著名的科学家欧几里得、阿基米德、毕达哥拉斯、托勒密等是哪国人……"教师只是发问，并没有做出任何回答，学生或多或少都听说过其中一些知识，但有的前所未闻，有的略知一二，一时也找不到答案，于是就产生了困惑，引起了强烈的悬念。这时，老师接着说："这些问题，待我们学完《希腊文明和古希腊的城邦制度》一课后，我们就能找到解答这些问题的途径。"由此导入新课，抓住了最佳时机，非常巧妙自然，效果之佳，可想而知。

有位老师在开始《马克思主义的诞生》一课时，先让学生说说对马克思主义的理解，学生的意见基本是"马克思主义是关于无产阶级推翻资产阶级的革命理论"。教师在此基础上进一步指出：不仅如此，马克思主义主要还是对人类理想社会的探求和人类自身自由发展的追求。确立一个与学生已有认识有差异的核心观点，作为本节课的灵魂，从而引起了学生的有效注意和学习动机。这样导入思维含量更高，符合高中学生的思维特点和学习需要。

教学过程中的启发引导主要通过教师的提问和讲授来实现。课堂上通过教师提问学生作答或讨论、学生提问教师解答或师生对话，以促进学生积极深入地思考，启发学生思维并运用所学知识，对于课堂教学的成效来讲十分重要。教师能否在提问、解答和师生对话中达成以上目标，正是教学中启发引导技能的反映。

课堂中的教师提问和课堂问题生成抓得是否准确，是一个技术含量很高的技能，它有赖于教师的教学经验、教学智慧，对教师的课堂应变能力的要求也很高。从根本上讲，课堂中师生解决的一切问题都必须围绕学生对主体内容的学习和理解，而不能流于形式甚至偏离方向。如讲"西安事变"，"蒋介石杀了成千上万的共产党人，为什么中国共产党还主张和平解决西安事变？"这很容易引起学生的思考。教师可在学生讨论的基础上点明："在日本帝国主义企图亡我中华之际，杀蒋对抗日不利，中国共产党为了民族利益，高举抗日民族统一战线的旗帜，不计党派恩怨，主张释放蒋介石，真正代表了人民和革命的利益。因此，'西安事变'的和平解决成为扭转时局的关键，是中华民族历史上光辉的一页。"这一激发争议式提问，既突出了教材重点，又调动了学生思维，还进行了热爱中国共产党和中华民族的思想教育。教师对学生的观点进行整合，在对基本事实进行概括以后，适当加以发挥，得出共性结论，具有说服力，加深了学生对和平解决西安事变方针的理解。

再如学习"明治维新"时，教师先让学生看"日本法隆寺鸟瞰图"，提问："这些建筑的风格和特点是什么？"学生回答："是中国古典式建筑风格。"再看"明治维新时期的街道和建筑"一图，提问："这幅图中的建筑风格与前图风格有什么不同？"学生回答："西方式洋楼。"教师又问："从本图可以说明明治维新时期日本的学习对象是哪里？为什么会有这样的变化？"学生回答："学习西方。受时代发展的影响。"这种看图提问，使学生认识到日本两次改革时的学习对象："一次是中国，另一次则是西方。"从而可以更准确地理解"明治维新"的内容和结果。

课堂讲授主要是教师的活动，但不能忽视讲授对学生学习动机的调动作用，即要为学习而讲授，不要自说自话。据说有一位中年工人曾经好奇地问爱因斯坦："爱因斯坦教授，听说你创立了相对论，但世界上能懂得相对论的只有十几个人，是吗？"爱因斯坦慢慢地吸着烟，沉思片刻，然后风趣地解释说："唉，那不过是夸张的说法。如果你在一个漂亮姑娘身旁坐一个小时，你觉得只坐了片刻；反之，如果你坐在一个热火炉上，片刻就像一个小时，这就是相对论的意义。你会觉得难懂吗？"这样讲解一个深奥的科学理论，是由于发明者真正"深入"了理论，所以只借助一个人所共知的设喻实例就"浅出"了。

讲授中的情感也是激励学生学习的有效因素。如有老师这样讲述火烧圆明园的史实："火，熊熊的大火，它燃烧了三天三夜；它烧尽华美壮丽，留下了灰烬废墟；它燃尽了中华民族的尊严，把耻辱深深烙在每个国民的脸上。山河悲哀，江水是泪，浩瀚的神州支离破碎，祖国母亲已体无完肤；天昏昏，地沉沉，中国龙在痛苦地呻吟；历史啊，记住这沧桑的一页，铭刻下帝国主义列强对祖国的蹂躏。"这样的讲述具体生动，感情充沛正确，营造出一种历史情感氛围，激发了学生爱国情感，收到了良好的教育效果。

教学结束阶段即课堂教学小结，通过对所学内容进行回顾、整理、强化和升华，明确所学知识的重点和难点，及时反馈教与学的效果，使教师了解教学目标的达成情况，帮助教师调节教学过程，对学生学习起到启发引导作用，促进学习活动更有效地进一步展开。因此，教学结束技能也是一项重要的教学技能。教学小结的一般方法主要有：

用准确简练的语言、提纲挈领地把整节课的主要内容加以总结概括，给学生以系统、完整的印象，即及时强化重点、明确问题的关键，做到眉目清晰、便于掌握；把本课学习内容向其他相关方面延伸，特别是与即将学习的内容联系起来，帮助学生预习和综合复习；建立所学知识与以往学习的知识之间的联系，达到深化学习的效果；以课堂提问、课后作业等形式检测学习效果，帮助学生发现问题，促进学生的深入学习和自主学习。总之，教学结束技能具有不容忽视的作用。

阐释分析技能也是历史教师非常重要的一种教学技能。历史课堂教学不是在教历史，而是在解释历史，学生是在学习如何解释历史。卡尔·波普尔说：
"不可能有'事实如此'这样的历史，只能有历史的各种解释，而且没有一种解释是最终的，每一代人都有权形成自己的解释。"① 历史是可以解释的，因此，教师不是有声版的教科书，教师有解释历史和丰富提高教科书的权利和义务。历史教学不能把历史解释成唯一的，这是最重要的，是最难把握的，也是最能反映教师综合素养的。

第一层次，历史教师要有解释历史的意识并通过努力逐步具备这种能力。当然，最基本的还是要把课本的结论和说法解释好、利用好。这就是"照本宣科"。很多时候，教师连教材的结论都解释不到位，说理的角度单一，论证无力，只能照搬课本内容，教学不能让学生信服。所以，真正要做到"照本宣科"也不是容易的事。

第二层次，要能合理解释学生的疑问和产生的困惑。教学中常常会有学生的表达不同于教材、不同于教师解释的情况。但他们往往由于思维上存在漏洞和缺乏史实论据，多数时候被老师否定或说服，甚至遭到老师的训斥。从学生学习能力的培养和历史是可以解释的观点出发，否定、说服、训斥学生都是不当的，不能剥夺学生"解释"的权力和尝试的要求。

第三层次，教师讲课本身就是对所学内容做出了比教材更高、更全面、更有说服力的解释。比如，前例中《马克思主义的诞生》一课，有老师从马克思主义不仅是无产阶级的革命理论，更是对全人类理想社会的探求和对人类自身自由发展的追求，在此核心观点的指引下，和学生一起研读《共产党宣言》的内容和有关史料，不仅深化了学生对马克思主义的理解，而且拉近了学生与学习内容的距离，使得马克思主义更能为学生所理解和接受。

教师的研究写作能力作为一项重要的教学技能，很长时间以来并没有得到应有的重视，甚至有人认为教师不必要写作。实际上，写作是教师基本的工作方式，教学工作离不开写作。写作是教师教学研究的方式和必要环节之一。通过写作，可以提升思想、加深认识、凸显成果、扩大影响。研究而未能成文交流，只能是个人经验难成果。写作是思维和智慧的修炼，写一篇文章就是为了更好地说明一个问题，而且往往是为了说明一个有价值的问题。因此，写文章就得思考说理的角度、主次、结构，相对于说话，写文章要求更严格的逻辑、

① 波普尔. 开放社会及其敌人［M］//李剑鸣. 历史学家的修养和技艺. 上海：上海三联书店，2007：39.

更严密的分析、更准确的语言，因此，写作能有效提高我们的思维的缜密性和效率。而在这种思考和分析问题的过程中，会加深我们对某一问题的认识，获得新的发现和理解，产生新的认识，进而使自己的思维生发出智慧。那么，这样的写作和思考的过程就能给自己带来一种成功感，带来自信和兴趣。

纵观国内外教育名家的成长历程，我们不难发现：他们不仅"逼"自己专心于每天的日常教学事务，细心观察与思考教育教学中的问题，认真阅读教育教学理论专著，同时还"逼"自己把所思、所得写出来与同行探讨，再兼收并蓄同行与读者的不同观点，逐步完善并形成一套自己的教育理论。老子在出关之时，被关尹阻拦限期完成文章，才使老子不得偷懒，留下了千古绝唱，否则，这世界可能永远不会有《道德经》了；屈原流离楚国九死不悔而作《离骚》；想想凡·高，世皆笑之，其悲愤忍痛割耳，后作名画《星夜》，照其心之抑郁，而历史成就他于千古。

虽然每个教师都成为教育名家是不可能的，但若是我们"逼"自己养成"读书、实践、反思和写作"的习惯，则能有效地改变行走方式，实现教师专业发展的提速，成为教育专家总是可能达成的。全国名师李镇西老师曾这样写道："20多年的教育成长经历告诉我，教师的写作，对于教师成长实在是有着十分重要的作用。比如，有许多老师是因为《爱心与教育》而记住了我的名字，我也因这本书而赢得了许多读者的尊敬，并渐渐被人称作'教育专家'。但其实只有我自己知道，我并不比千千万万的一些普通老师高明多少。常常在外面向同行们做作汇报时，我总是说：'其实，我和大家是一样的——对学生的爱是一样，对教育执着是一样，所遇到的困惑是一样，所感受到的幸福也是一样，甚至包括许多教育教学方法或者说技巧都是一样的！如果硬要说我和大家有什么不一样的话，那就是我对体现教育的爱、执着、困惑、幸福、方法、技巧的故事进行了些思考，并把它们一点一滴地记载下来，还写成了书。仅此而已！'"

命题评鉴技能即按照历史教育目标的要求，运用一切可行的科学方法系统地收集信息，对中学历史教学所引起的学生在认知行为上的变化进行价值判断的能力，简单地说就是命题考试并根据其结果进行教学决策的能力。这种技能是被广泛重视的教师教学基本技能，客观地讲，也是教师比较薄弱的技能，因为教师命题评鉴技能完全靠自学和悟性，没有哪门学科教育中讲过命题和评价技术，实践中不论是管理者还是教学研究人员都想当然地认为这是教师已经具备的能力。

说教师的命题评鉴技能比较薄弱，主要有以下三个理由。

一是在对学生进行测量评价前，命题指导思想和要求一般都比较模糊，命题人不容易把握，审题人往往只看试题有没有知识性问题、所考知识点所占比重是否合理、答案是否正确等，而很少审是否符合命题指导思想。白月桥先生早就指出："评价目的要从'甄别选拔'转为'以人为本'"，"对情意目标的评价要多采用自然情境的观察法……多采用长期耐心逐步的了解，避免通过少数几次印象就做出判断……要采用定性的方法，避免以客观的笔试测验进行情意评价。"① 但在课程改革实践中，考试评价问题依然有难以突破固有的习惯。具体表现就是教师在命题时没有也不知道怎么改善评价效果。尽管近几年有新的起色，依然任重道远。

二是从试题命制形式看，全国各地的试卷结构、试题类型基本一样，以单项选择题、材料解析题和论述题为主。关键是在这些试题中常常出现"问题"试题，仔细想想，实践中我们的命题基本上都是"照葫芦画瓢"，并不知道命制这些题的具体技术要求。除了聂幼犁教授在《中学历史教育论》中对不同题型的命制技术进行了分析探讨归纳外，② 我们能看到的更多的文章是如何解题，好像命题技术不是问题。

三是对考试结果的分析和利用十分盲目和低效。中学里的考试频率很高，考完之后一般都要做考试分析，有的学校还要求教师填写试卷分析。但除了平均分、优秀率、最高分和最低分得到重视外，其他项目很少受到关注，这就大大降低了考试的效用。这是目前教学改革中的一个实际问题。

教学技能是有效完成教学过程的必要支撑，是教师教学艺术的物质载体和表现形式，理当受到重视。这里所谈的几项仅是目前亟须提高和引起重视的基本技能，不能涵盖"教学技能"的全部。

第四节　发挥史才的教学价值

"史才"的本义是指修史的才能。唐朝刘知几说："史有三长：才、学、识，世罕兼之，故史才少。"据此，"史才"应是"才""学""识"三者综合的反映和结果。作为中学教师，对"史才"的水平要求可能不会像历史研究者那么高，

---

① 白月桥. 历史教学问题探讨［M］. 北京：教育科学出版社，2001：45.
② 聂幼犁. 中学历史教育论［M］. 上海：学林出版社，1999：68.

但中学教师的"史才"内涵却更丰富。

历史教师必须研究历史，否则可能连"照本宣科"都做不到位；历史教师不同于纯粹的史学研究者，历史教师必须考虑教育对象的特点和学习状况，从而选择恰当地讲授方式，即解释历史的方式；历史教师必须考虑"传道授业"的教育诉求，在解释历史时，不能只是"一家之言"；历史教师必须善于变通，每天都得让几十上百名听众满意可不是简单的事情。赵恒烈教授说，"做一个好的历史教师很难"，难就难在历史教师的"史才"须全面而有特色，确属不易。基于实践，我觉得历史教师终生都要培养和提高自己的"史才"，这点特别重要。

其一是口才，这是做好教师的基本条件。教学是以对话、交流、合作为基础的知识建构活动，语言表达是对话和交流的必需和基础，讲授法是基本的教学方法。历史的过去性和时序性决定了历史教学有很强的表述性要求，历史教学研究的是过去的人和事，要感受、洞察、复原历史过程就离不开语言的帮助。面对纷繁复杂浩瀚无边的历史知识，讲授法是获取历史知识最为快捷的途径，而且通过讲授有助于把历史问题理解得更清楚。这就要求历史教师具有较强的语言表达能力。良好的语言素质能使学生清晰地了解和掌握史实，获得科学的历史知识和真情实感。历史教师语言表达能力的优劣，直接影响着学生对历史知识吸收的程度和学习历史的积极性，关系到教师教学效果的好坏。甚至可以说，教学之成败，以语言为先。

苏联教育家苏霍姆林斯基曾深刻地指出："如果你想使知识不变成僵死的、静止的学问，就要把语言变成一个最主要的创造工具。"研究每一节好的历史课，不管其教学内容、教学方法、教学情境有怎样的不同或者创新，无不需要教师精炼、精准和精彩的语言表达。如果仅从教师口才角度审视，历史教师的口才基本有两类：华贵靓丽型和质朴温润型。

华贵靓丽型。教师的语言辞藻华丽丰富，富于变化，善于运用语言来制造学习的氛围，营造一种特殊的情感磁场，产生强大的感染力，从而把学生带入一种历史场景，达到"神入"历史的效果。这种语言类型的教师往往富有激情，讲课时声情并茂，甚至陶醉到忘我的程度。从口才看，这类教师语言的最大特色是擅长用典故和成语，喜欢用排比句，通过排山倒海的语言气势把师生感情一步步推向高潮。这种历史课给学生印象深刻、理解透彻、酣畅淋漓，让人流连忘返，欲罢不能。

比如，江苏省邗江中学刘强老师在执教《新中国初期的外交》一课时，采取"抒情独白"的方式导入新课，语言精练，感情充沛，体态语言得体大方，表述准确，节奏感强，上课伊始便营造出了良好的教学氛围，这正是有效教学的一个方面。

> 翻开中国近代史，呈现在我们面前是总是一幅幅伤心惨目的画卷：国土沦丧，山河破碎，经济凋敝，生灵涂炭，"四万万人齐下泪，天涯何处是神州"。一个个不平等条约，像是一场场噩梦，萦回不去。"一唱雄鸡天下白"，新中国以崭新的姿态，活跃在国际舞台，长袖善舞，尽展大国雄姿，"海内存知己，天涯若比邻"，我们的朋友遍天下。今天，我们就学习、感受共和国的外交。①

另有一位教师为引导学生把握住中国近代以来人民受辱、探索、抗争，国力从衰到兴、从弱到强的曲折历史，用这样一段生动精彩形象的文字向学生描述：

> 从鸦片战争的烽火到甲午海战的硝烟；从公车上书之举到戊戌六君子的暴尸街头；从谭嗣同"有心杀贼，无力回天"的哀怨到孙中山"革命尚未成功，同志仍需努力"的长叹；从卢沟桥的炮声到渡江作战的号角；从第一面五星红旗冉冉升起到东方雄狮的仰天长啸；从大漠深处蘑菇云的升腾到十余年改革开放的伟大业绩……

这种极富文采而有深具历史感的语言表达，深深激发着学生的学习动机。

质朴温润型。教师的语言比较生活化，注重启发，善于寻找学生理解问题的起点，喜欢用疑问句，循循善诱，深入浅出。为了帮助学生理解历史，老师擅长做语序和讲述角度的变换，对学生思维的启发比较有效，而且容易使学生产生不同的思维成果。它的特点有两个：一是气氛比较轻松，角度比较灵活，师生比较平等，学生思维的求异性得到了充分保证；二是教师常常是给学生充当审视历史的榜样，有助于学生比较理性、冷静地分析历史。这种语言特点的教师的课表面上看起来可能略显平淡，但在每个学生的内心往往是波涛汹涌，印象深远。这种课最大的优势是回味无穷，耐品。如一位老师在讲《中央集权和地方分权的斗争》一课时，与学生的如下对话基本属于这一类型。

师：唐后期出现了"安史之乱"，安禄山、史思明都是地方的节度使。

---

① 杨志才，陈国兵. 如何有效使用高中历史课程改革教材［J］. 历史教学，2006（2）.

之后形成了藩镇割据。地方节度使能在地方上扩充自己的实力，这里有一个原因就是唐玄宗后期不理朝政，使中央权力受到削弱。还有一个问题请大家思考：西汉初年的同姓诸侯国和唐后期的地方节度使为什么都会成为威胁中央的势力呢？

生：西汉诸侯王可以铸造钱币，经济上可以自行调控，有经济实力同时还可以自行组建军队，拥有造反的实力，节度使也一样，节度使可以自行任命自己的人，不经过中央的批准，调动军队，可以在中央毫不知情的情况下随时发动叛乱。

师：也就是说这两种势力手中都有军权，还有其他的原因吗？

生：还有经济。

师：如果地方上拥有军权和财权，就会有危及中央的可能，所以说他们的共性就是拥有军权和财权。

还有一位教师是这样讲授"绥靖政策"的：

"二战"前英、法帝国主义采取了讨好法西斯、纵容战争的绥靖政策。什么叫"绥靖"？"绥"是安抚，像一个人为了让狗不骚动，便用手顺着狗毛抚摩，让它感到舒适。"靖"是安定，用安抚的手段使其安静下来。

这么一说，原本是抽象的概念、不易真正理解的"绥靖"二字，学生一下子就明白了。①

可能很多人认为，人的口才主要形成于青少年时期，已经走上工作岗位的人的口才基本定型，很难提高。情况可能是这样，但道理并非如此，因为提高口才的办法是没有年龄界限的。根据我自己的体会，提高口才的有效办法有两个：一是积累，积累语言素材，积累词汇、典故、专业术语；二是训练，把积累的语言素材运用到教学实践中，在备课、上课、反思等各环节中注重语言运用能力和口才的提高。从这两个途径上看，每个人都可以做而且应该可以做到。

其二是文才，这是教师的基本素质和成长渠道。文才即历史教师的书面表达能力，确切地说，这应是一项基本的教学研究能力，它以探索教学规律、总结教学经验、丰富教学理论、提高教学质量为目的。但在实践中，训练和提高自己的书面表达能力还没有引起广大历史教师的应有注意，甚至受到轻视。究其原因：一是工作负担重，没有精力去从事教学研究；二是作为检验历史教师

---

① 聂幼犁. 历史课程与教学论 [M]. 杭州：浙江教育出版社，2003：56.

的标准是学生的高考成绩，而不是发表多少文章；三是资料不足和信息不便。但这些都是客观原因，只要我们自己做有心人，在搞好历史教学的同时，挤出一定的时间，对自己在历史教学中发现的问题从事一些力所能及的探讨，是完全能做到的。正如著名史学家郑天挺先生曾说的那样："在中学教书必须有扎实的准备，学生在他教的过程中前进了，他自己也在备课的过程中前进了，这就是教学相长。在这个基础上，在教学之余从事一些专题的学术研究，也同样会做出成绩的。"

重要的是，我们应该首先在主观上提高认识。我认为，写作是教师的基本工作方式，我们每天要写教案，每月要写试题分析，每学期要写工作计划和总结，还要写学生评语，有的学校还要求写读书笔记、思想汇报、各种申请，等等。除了这些基本的工作要求外，有的老师还想写点自己的东西，诸如日记、教学反思、博客等。既然我们在很多情况下不得不写，我们完全可以让这些工作精彩起来，使自己的工作丰富起来，让自己的生命多彩起来，对绝大部分教师来讲，写作是一条可行的道路。实践中，如果我们用写文章的要求来写教学设计，用对待朋友的态度来写学生评语，用鉴赏的眼光来写读书笔记，用科学的方法来做试题分析等，那么，写作就提升了我们的工作效率和学习水平。我们就能找到自己可以掌握的幸福，就会少了很多痛苦和无奈。

写作是一种大脑体操、心智训练和心力补充。在现实中，我们的"教育"常常被简化为"教学"，"课堂"被简化为"应考"，"教学"变成了"知识整理"和"解题训练"。教学就要变成了一种"体力劳动"了。很多老师忘记了写作是教师的基本自由和权利。

写作要求有严格的逻辑、严密的分析、准确的语言，写作能有效提高我们思维的缜密性和效率。在这种思考和分析问题的过程中，可能会加深我们对某一问题的认识，获得新的发现和理解，产生新的认识，进而使自己的思维生发出智慧。那么，写作也是思维和智慧的修炼，就是一种深度学习。①

史学工作者的文才、文采，即古人所谓的"辞章之学"。好的题材和思想，如果文字表达不出来，或表达得不清楚，也是枉然。作为一个史学工作者必须善于用文字来叙述、论证史实。历史上凡是"良史"，其著作莫不具有文采，这是大家公认的。然而，如果刻意追求文采，以文害意，也是不可取的。史学不同于文学，前者是用简洁、准确的文字，叙述活生生的史实；后者则是用生动、

①　徐赐成. 成长需要深度学习［J］. 中小学教师培训，2007（11）.

形象的语言，创造典型环境中的典型性格。对史学工作者来说，文字简洁、明晰、准确，能用最简短、平凡的文字，表达出深邃的思想，化腐朽为神奇，是最高的境界。

在史学大师中，司马迁、翦伯赞等已经为我们树立起了学习的典范。譬如，翦伯赞1945年2月发表的《论中日甲午之战》，通篇文字如行云流水，纯净通畅，读来亲切自然，声应气求。该文开宗明义，引人深思："一八九四年爆发的中日甲午之战，到现在已经五十年了。""五十年的时间飞速地过去了，假如我们不是又在与日本帝国主义作战，谁也不会再想到一八九五年春天的紧急。"接着，依次论述战争的酝酿、爆发与结局。在分析战争的结局和原因时，翦伯赞痛心疾首地说："甲午之战，中国一开始就是失败，以后也是失败，最后，还是失败。这是什么原因呢？非常明白，最主要的原因，就是因为中国落后腐败。""在甲午战争以前的世界，早已是资本主义的世界。资本主义的经济，民主主义的政治，自由主义的文化，是当时世界的主流。在这个历史主流之前，不动的推起走，落后的被清算，反动的被扫荡，这是历史的命定。"在抨击清朝政府的妥协投降和腐败无能时说："当敌人在旅顺屠杀中国人民之时，中国的投降使节，却在上海待船出发。当敌人炮轰威海卫之时，而李鸿章却在马关与伊藤博文握手言欢。一个人是战争的最高指挥者，同时又是投降的全权代表，这在世界史上也是少有的。一面要前线的战士去抗战，另一面又公然去投降，这个战争，怎能不失败？"①这样的表达观点明确，述论结合，读起来使人兴味盎然。

《左传·襄公二十五年》中有一则成语："言而无文，行之不远。"其意是说，语言没有文采，流传就不会远。同理，文字没有文采，流传也不会远。刘知几说："夫有学无才，亦犹有良田百顷，黄金满籝，而使愚者营生，终不能致于货殖者矣。"章学诚在《文史通义·史德》说："夫史所载者事也，史必藉文而传，良史莫不工文。"又说："史之赖于文也，犹衣之需乎采，食之需乎味也。"诚哉斯言！

其三是帅才，也是做好教师的必要条件。这里借用"帅才"一词，其意有两层：一是指教师要做学生的精神成长的引领者，一是指教师是课堂学习的组织者。

上海市特级教师孔繁刚说，"历史教师的价值更多地存在于学生的心中"。华南师范大学刘良华教授说，"教师要成为学生的精神领袖"。从教育本质上讲，

---

① 田居俭. 翦伯赞的文笔［N］. 光明日报，2005–07–29.

历史教育的基本功能是公民教育和人文教育，即人之为人的教育。实现这种教育目的的方式是内隐的，是思想上的辨识和吸收，精神上的成长和壮大，灵魂上的净化和提升。这种教育的过程主要不是靠训练和考试，靠的是与教师语言的对话、思想的碰撞、情绪的感染、精神的共鸣。可以说，历史教育的成效在很大程度上取决于教师的教学对学生思想和精神的作用。用现代标准化的以考试为主的测量方式是难以对其做出准确评价的。作为历史教师，做学生精神成长的引领者，是教学成功、教育成功、人生成功的根本之途。

教师是不是应该主导课堂，在理论上可以探讨，但教师应该根据学习的需要进行课堂组织和调控，却是不争的职责。不管哪一种课堂教学形式，教师的课堂组织角色都是不可或缺的，教师需要不断提高课堂组织管理的能力和水平，充分发挥教师课堂组织者的作用。在课程改革中，一些新的课型日渐得到认可和推广。主要有：以探究为主导的课型、以合作为主导的课型、以自主为主导的课型、以体验为主导的课型和以生成为主导的课型。① 每一种课型都对历史教师的课堂教学组织管理能力提出了新要求和新挑战。历史课堂教学中教师的作用更突出，反之，则是历史课程改革实施的失败。

历史教师的"帅才"，简言之，就是"精神之率"，"课堂之帅"，"学习之率"。

其四是专才，就是指教师的史学研究之才。具备史学研究的专业之才对于历史教学的重要性不言而喻。这里仅从教学需要简要探讨。

首先要能搜集、鉴别、组织和运用有效史料于教学之中。仅靠教科书教历史的历史已经一去不复返了，对历史教师的课程资源的建设、运用、开发等要求，本质上是一种史学研究能力的要求。学生在一堂课中的学习内容，根据各种实际情况，要不要补充、补充什么、怎样运用补充进来的内容，都不是能随意回答的问题。在历史教学中，为了实现教学目的，呈现说明教学主题，帮助学生理解史实，就需要教师广泛占有材料。但要详细地占有材料，并不是一件容易做到的事情。在这里，"详细"固然是重要的，但要做到"占有"，还须下一番分析的功夫。一是要辨别材料的真伪、轻重，这就是"去伪存真，去粗取精"的过程；没有这个过程，材料再多也不能说是已经"占有"了。二是要研究材料与材料之间的关系，这是"由此及彼"的过程；没有这个过程，材料再多，都是互相孤立的，不能用来说明一定的历史问题，这也不能说是已经"占

---

① 杨德志. 新历史课堂五种常用课型简介［J］. 中学历史教学，2007（11）.

有"了。三是要通过材料反映出来的现象揭示事物的本质,这就是"由表及里";没有这个过程,材料再多,只是在表面现象上兜圈子,同样不能说是已经"占有"了。① 四是要研究材料与学习主题和学习目标之间的关系,这就是"相得益彰",而不可史料堆砌,甚至造成思想和认识上混淆。可见,教师的史学研究能力,比起其他史学工作者来说,要求并不低。

其次,要求教师对历史事件的叙述和对史料的组织富有逻辑性和生动性,即能分析,又能综合。须能将一件事解剖开来,从各方面去看。如汉末黄巾之乱,可以从政治的、社会的、经济的,以及学术思想、民间信仰种种角度去看,然后能析理造微,达到六通四解,理然曲当的境界。另一方面要有综合的本领,由外面看来,像是绝不相同的两件事,或两件以上的事,要能将它合起来看,能窥见其大源,能看成其为一事之多面,这种才智便是史才。②

史才,即治史的才能,也即研究能力,具体表现为史实真伪曲直的鉴别、分析能力、组织综合能力、语言的表达及写作能力等等。《四库全书总目·史部总序》说:"史之为道,撰述欲其简,考证欲其详。"历史教学应当论从史出,言必有据,将科学性、艺术性和教育性有机地结合起来,就须要有史才。

第五节　苦练历史教学基本功

"史功"是指修史的功业,本文所谈到的"史功"特指历史教学基本功。在《现代汉语词典》中,"基本功"的含义是:"从事某种工作所必须掌握的基本的知识和技能。""教学基本功"应有自己的特定内涵和专业表述,首都师范大学徐玉珍教授认为:"所谓教学基本功即指教师完成教学工作所必需的条件性的技能和技巧。"③"教学基本功"的"条件性"说明教学基本功是教师完成教学工作的必要条件,是每位教师从事教学工作都必须具备的。也就是说,一个教师要是不具备这些条件,教学工作将无法完成。简言之,教学基本功是指教师从事教育教学工作所必须具备的基本技能。

按内容划分,教师基本功可分为基础基本功和专业基本功两大方面。基础

---

① 白寿彝. 史学概论［M］. 银川:宁夏人民出版社,1983:47.
② 钱穆. 中国历史研究法［M］. 北京:生活·读书·新知三联书店,2005:89.
③ 徐玉珍. 从基础教育课程改革需要出发重新思考教师教学基本功［J］. 课程·教材·教法,2004(2).

基本功是指教学的一般基本功，即关于备课、上课、批改作业、考试、辅导及其他教学的基本功（包括读、讲、听、写、导）的基本功，是各学科专业教师都应该具备的。专业基本功指的是学科教学的基本功，即掌握和运用学科的特色语言、学科的教学方法、学科的教学技能（包括语言、演示、提示、板书、概念讲解、学法指导、教仪教态、多媒体技术运用）的能力。专业基本功依据专业方向不同而差异甚远。

曾听不少人慨叹："历史课的讲台是最好站的，好像什么人都觉得能上历史课；历史课的讲台也是最难站的，即使是历史教育专业毕业的人也很难上出好的历史课。"出现这种现象的原因很复杂，最根本的原因是历史教学基本功问题。没有历史教学基本功的历史课可能很多人能上，但要上好历史课，以下教学基本功是必须具备的。

一、教学准备（备课）的基本功

对备课问题的探讨很多，备课也是老师们非常熟悉的工作，而且每名老师都认为自己是会备课的。但要做到有效备课，还有必要梳理一下对备课的认识。我认为，以下几个方面决定着备课的水平和效果。

第一，建构教学的灵魂。历史科教科书知识头绪多、史实多、比较零碎，备课中必须要重新组织教材，使教学内容达到具体易懂，逻辑严密，头绪集中，重点突出，以便更好地贯彻教学目的，提高教学质量。而重新组织教材的第一步，就是对教材内容进行去粗取精、由此及彼、由表及里的分析，帮助学生在形成历史表象和历史概念的基础上，认识历史发展的趋势和规律。[①] 也就是说备课首先要抓住本节课的灵魂即中心思想。

比如，岳麓版（2006 年 5 月第 2 版）历史必修（Ⅰ）《政治文明历程》第 5 课《爱琴文明与古希腊城邦制度》，本课一共有三个标题：克里特文明与迈锡尼文明、古希腊城邦、古希腊城邦政体。归纳起来课文突出两条线：古希腊城邦政体形成的条件和古希腊城邦政体特征，由此可确立一个教学中心即课堂灵魂：为什么古希腊能创造出"希腊奇迹"并点燃欧洲文明之火？围绕这一灵魂进行教学设计，就可变掌握知识为运用知识，就可以发现课本知识的教育和借鉴价值。

---

① 于友西. 基础教育现代化教学基本功·中学历史卷［M］. 北京：首都师范大学出版社，1997：90.

第二，解读教材内容。"教学的成功与否在很大程度上取决于是否预先为学生理解科目内容做好了准备。如果想要为讲授科目做好充分的准备，就需要深入了解内容本身，学习这些内容的过程，了解学生在科目领域的思维、分析、理解和绩效的特点。学科知识是教师帮助学生掌握授课内容时必不可少的知识。"① 解读教材内容的重要意义在于"了解对某课本得出自己结论的因素有哪些"，并将其"纳入自己的教学计划"，组织学生进行阅读和学习。只有经过重新组织的教学内容，才可能是更适应学习者需要的内容。

解读教材内容是一种教学基本功，对教师的要求较高。最基本的要求是能做到围绕课堂教学的灵魂，对教材内容进行整合并做出更有利于学生接受的理解方式。正如有老师讲的这样，"中小学教师，其专业能力的最根本之处在于，他阅读教材的时候能自觉地从学生学的角度、教师教的角度以及训练的价值角度、人文熏陶的角度、难度的把握角度、坡度的设置角度，去审视教材，从而筛选出最具科学性、艺术性和价值观的教学要素来。这种能力必须成为教师的基本功，它是教师区别于其他人的重要标志。"②

仍以岳麓版教科书《爱琴文明与古希腊城邦制度》一课为例，本课内容在形式上分为两大板块：希腊文明与影响希腊文明的因素。分三个逻辑层次来表述：一是希腊文明是怎样的？二是影响希腊文明的因素——地理环境、城邦制度、公民社会等；三是希腊民主政体。课文突出三个关键词：地理环境、希腊文明、城邦制度。全课从古希腊的发展源头讲起，以时间为线索，由远及近，最后定格在古希腊的政治制度上。这些内容是在教学设计之前必须明确的，这是确定教学方法和策略的基本依据。根据各方面的教学要求和教学实际，教学中应对教学内容重新进行意义建构和逻辑整理，教学中应体现出"地理环境——希腊文明——城邦制度"的递进主线，展现"文明发展历程——希腊文明特征——希腊文明成因——中希文明对比"层层深入的逻辑魅力。

关于解读教材，有学者提出了处理高中历史教科书的一些基本方法——"以史带论，明确观点；图表转换，宏观把握；运用范例，以点带面；设计故事，贴近生活；设置情景，感受历史"等。③ 给我们提供了一些研究教材的很好的角度，值得借鉴。

---

① ［美］琳达·达林－哈蒙德，琼·巴拉茨－斯诺顿. 优秀教师是怎样炼成的［M］. 北京：中国青年出版社，2007：78.

② 管建刚. 更新"三大件"［N］. 中国教师报，2005－03－21.

③ 黄牧航. 历史教学与学业评价［M］. 广州：广东教育出版社，2005：167.

第三，搜集和有效使用各类课程资源。搜集、整理史料等各种教学资源是一项很重要的基本功。可以说没有这项本领，终究是跳不出"照本宣科"的范畴。只有恰当运用丰富典型资料，课堂教学才能增强说理性、思想性和智慧感。但目前存在两种不当现象：一是撇开教科书的资料不用，一味地求异求新，没有充分发挥教科书的作用，容易造成学生轻视教科书和不会使用教科书的问题；二是大搞材料的堆砌，而不是充分发挥材料的论据价值，更严重的是追求"图解教材"和"教学内容娱乐化"，看似材料丰富，其实没有多少新思想，而是另一个图画版本的教科书。应该提倡围绕教学灵魂，将教科书资源和课外资源有机整合，以教学中心思想作统帅，将教学内容主题化、思想化，使学习的过程成为论证的过程、运用知识的过程、思维训练的过程。

第四，优化教学设计。根据上述三方面的"备课"，有了基本的授课思路，接着应该就是根据各种实际情况精心设计教学流程，合理安排教学环节，设计教学节奏，分配教学时间，选择教学的方式方法，确定突破教学重难点的途径和情境。作为备课基本功之一，教学设计是教师综合素质的一种反映，这是一项永无止境的基本功，需要在教学中不断完善。我觉得要想提高教学设计的水平，除了广泛学习和深入思考外，必须善于学习其他老师对同一课的设计，这也许是一种快捷的学习途径，只有取百家之长，个人的特色才会更有意义。

总之，"备课"中首先要解决"为什么教、教什么"，据此决定"怎么教"，然后根据"为什么教"和"教什么"来判断"教得怎么样"。

二、教学实施（上课）的基本功

在课程改革追求教学有效性的今天，教师的"上课"有了更高的要求和内涵。过去的"上课"在更大程度上是要学生"配合"教师把教师要讲的内容讲完，就算是"完成教学任务"了。课程改革所要求的上课则更多的是教师根据学生和各种实际情况，帮助学生获得知识、增长智慧和提高能力。据此，今天的教师要具备一些新的上课基本功。

第一，学习情绪的调动和调控。心理学研究表明，情绪状态和人的认识活动有着密切的联系。人处在良性情绪中，大脑觉醒水平高，思维敏捷，联想丰富。而且，良好的情绪状态能激发起人的活动能量，使人充满活力提高学习活动的效率；相反，不良的情绪状态会削弱人的活动能量，使人萎靡不振，从而降低了学习活动的效率。课程改革改革提出要转变教学方式和学习方式，其基本出发点就是通过积极的学习情绪提高学习效果。教师作为课堂学习的重要引导者，对学生课堂学习情绪影响甚大，甚至决定着整个课堂情绪。而只有积极的情绪才有助于有效学习，教师如何调动和调控学生的课堂学习情绪就显得分外重要。同时，情绪是相互交流和感染的，教师首先要持积极乐观的情绪进入课堂，因为"教学这项工作最大的特点就是因材施教，同时需要投入很多个人情感，有些情况下对做教师的你来说在情感上也是很大的挑战"。① 调动情绪、调控情绪、运用情绪都不是简单的事情，需要有意识的努力和修炼。

第二，组织和管理学习。组织和管理课堂不是简单的秩序的维持和纪律的约束，而是课堂学习的主持和开展。课程改革课堂教学倡导自主学习、合作学习和探究学习为主的教学方式和学习方式，从教师的角度说，就要深入研究自主学习的教学、合作学习的教学和探究学习的教学，而不是简单地从形式上由教师活动为主变成学生活动为主。对于课程改革所提倡的这三种学习方式而言，对教师的课堂组织管理能力提出了比过去高得多的要求，甚至是全新的要求，是对教师的能力结构提出了挑战。需要特别强调的是，课程改革所提倡的学习方式都是在教师帮助和引导下展开的，不是教师的淡出和教师作用的淡化。

第三，充分发挥课堂评价的功用。教育评价是教育实践的指挥棒，没有有效、科学的教育评价，就很难沿着素质教育的轨道推进。课程改革提出的发展性学习评价与教学评价的思想，需要教师在学生评价方面，除了掌握传统的以考试为主要评价手段的量化的、终结性的评价方法和技能之外，更需要学习新的质性的、形成性评价的方法与技能。在课堂教学的综合评定上，不仅要关注学生学习什么内容，还应关注学生学到了什么；不仅要关注学生得到什么样的知识结论，也要关注学生参与学习活动的过程；不仅要观察学生表现的优劣，还应留意学生学习欲望、情感、态度、价值观是否得到提升；不仅要有选拔和竞争，更要关注学生的自我认识、修正与发展。这不仅是转变观念的问题，也是教师应该具备的重要的教学技能。

从操作上来看，教师的课堂即时评价能力直接关系到教学效果。优秀教师从来就是激励成功的大师，新课改要求教师成为这样的激励大师。激励是一门艺术，也是课程改革思想的具体体现。体态、动作、表情、语言，无声的、有声的，都可以激励学生。可如今，课堂上却常听到干瘪空洞的评价语言："你真有天赋""你非常聪明"等。甚至有的整堂课都在"棒、棒、棒！你真棒"这

---

① ［英］苏·里奇. 如何成为一名优秀的中学教师［M］. 北京：中国青年出版社，2007：
67.

样毫无内涵的评价语声中淹没。从中，可看出教师中存在着一些问题：一是语言贫乏，二是思想苍白，三是文化缺失。这方面的基本功在教师队伍的整体上都是十分欠缺的。①

三、教学评价（考试测量分析）的基本功

教学评价包括对教师课堂教学效果的评价和对学生学习效果的评价两个方面。对教师来说，上完每节课后，都会有一个直接的感受，而这种感受正是课堂教学成效的一种反映。成功的教师一般都善于据此反思并改进教学。除了自我反思外，搜集别人（学生和听课者）的建议始终是一个不错的主意。能对自己的教学做出正确的诊断是非常重要的教学基本功。

另外，学会听课和评课也有助于建立对自我教学情况的评价概念。听课即是学生学习的主要方式，也是教师教学工作的重要组成部分，② 对教师而言，听课是学习别人、反思自己、进行教学研究的重要途径。评课是一种重要的教学评价形式，能有效及时地促进教学工作。特级教师徐世贵认为："评课，是指对课堂教学的成败得失及其原因做切实中肯的分析和评价，并且能够从教育理论的高度对一些现象做出正确的解释。科学正确的评课能较好发挥应有的功能。"③ 无论是听课还是评课，不仅能从不同方面促进教学评价，而且其本身也是教师重要的教学基本功，需要我们在思想上重视、在实践中加强研究和运用。

教学效果归根结底要体现为学生的学习效果，对学生的学习效果做出正确全面的评价，对促进学生发展和教师教学的意义十分重大。课程改革改革中很多关于学生学业评价的新办法和新途径，学习和掌握这些方法是当前教师的一项重要任务，也是完善教师教学基本功的必要措施。如过程性评价、发展性评价、表现性评价、真实性评价、档案袋评价等等，这些评价方法老师们比较陌生，实践中不好把握和操作，另一方面，这些概念的科学内涵本身也还处在不断地研究和讨论之中，还需要在实践中进行学习、研究和完善。

从学生学业水平的评价方式上说，目前仍以纸笔测量为主，如何把课程改革改革的精神与纸笔测量方式结合起来是一项重大且挑战性很强的课题，教师作为一名经常性的评价者，提高试题命制的水平和考试结果的分析运用能力是

① 徐赐成. 重新认识教师"教学基本功"[J]. 创新教育，2006（2）.

② 周勇，赵宪宇. 课程改革说课、听课与评课 [M]. 北京：教育科学出版社，2004：134.

③ 徐世贵. 怎样听课评课 [M]. 辽宁民族出版社，2000：54.

责无旁贷的当务之急。在这方面，北京师范大学考试测量研究中心编著的《高中历史考试测量新坐标》（中国出版集团 东方出版中心 2006 年 9 月第 1 版），是值得认真研究学习的。

四、教师自我发展的基本功

历史教师首先应该理解社会，甚至是洞察社会，否则怎么进行公民教育和人文教育。理解历史事实，也应有一定的社会阅历，萧功秦先生说："人文科学，尤其是那些人文性特别强的学科，学者的个人经验在我看来就至关重要。"① 史学大师吕思勉说："要读书，先得要知道书上所说的，就是社会上的什么事实。"② 教师要做好人师，关注社会发展、认识社会现象、理解社会进步是很必要和重要的。

教师自我发展的关键基本功是读书。读书的作用毋庸置疑，但读书关键在于选择，对于时间和精力都十分有限的中学教师来说这一点就更为重要。读一本书之前就要确定读什么、读到什么程度。我认为，有三类书是中学历史教师的必读书：一是史学名著和史家学术论文，像《史记》《资治通鉴》《廿二史札记》、顾颉刚等的《古史辨》、梁启超的《中国历史研究法》等，近现代杰出史家如陈寅恪、陈垣、傅斯年、钱穆、郭沫若、翦伯赞等的学术论文。显然，我们也只能是选择其中与我们的教学较为密切的若干精彩篇章来阅读。二是当代历史教育和教学理论，这类书比较常见，老师们都比较熟悉，对历史教学有较直接的影响力。如赵恒烈、金相成、王铎全、于友西、叶小兵、赵亚夫等先生的《历史教育学》（或称之为《历史学科教育学》《中学历史教育学》），聂幼犁、朱煜的《历史课程与教学论》，赵克礼的《历史教学论》等。三是新近出版的专业历史著作。通史类的如美国斯塔夫里阿诺斯的《全球通史》、杰里·本特利、赫伯特·齐格勒的《新全球史》，英国 H·G·韦尔斯的《世界史纲》、诺曼·戴维斯的《欧洲史》，法国德尼兹·加亚尔、贝尔纳代特·德尚等的《欧洲史》等。专题研究类诸如茅海建的《天朝的崩溃》、林华国的《历史的真相》等。

其次非常重要的是读人，即积极学习其他优秀历史教师的教学经验。这种学习是最便捷也是最直观、见效非常快的学习。每一个地方都有一些优秀的历

---

① 萧功秦 . 人生经验与历史学者的悟性 [J] . 历史教学，2006（6）.
② 吕思勉 . 读书的方法 [M] // 为学十六法 . 北京：中华书局，2007：89.

史教师，他们具有丰富的教学经验，是教师提高教学技艺难得的学习资源和学习对象。20 世纪 80 年代如宋毓真、陈毓秀、时宗本等，20 世纪 90 年代如丁丙炎、包启昌、刘宗华、杜继红、沈湘泉、张如德、龚奇柱等，① 当前活跃在一线教学的如齐健、李惠军、王雄、郭富斌、全仁经、陆安、成学江、汪瀛等一批特级教师，同时还有一大批中青年骨干历史教师活跃在中学历史教育的各个舞台上。

最后是读自己。读书、读人的终极目的在于提高发展自我，只有了解自己的特点、明确自己的方向，才能通过读书来建构自我特色。这也是重要的基本功。

恩格斯曾经指出："必须重新研究全部历史，必须详细研究各种社会形态存在的条件，然后设法从这些条件中找出相应的政治、私法、美学、哲学、宗教等等的观点，在这方面，到现在为止只做出了很少的一点成绩，因为只有很少的人认真地这样做过。在这方面，我们需要很大的帮助，这个领域无限广阔，谁肯认真地工作，谁就能做出许多成绩，就能超群出众。"② 我们可以借用这段话来说明我们工作的价值和广阔前景，我们可以以此来激励我们不断提高自己的历史教学（教育）基本功，在历史教育教学中"做出许多成绩"。

第六节　修炼独特的教学艺术

清代史学家章学诚说："文史之儒，竟言才、学、识而不知辩其心术以议史德，呜呼可哉？"按照章氏之说，史家只有具备了史才、史学、史识、史德四长，才算全面合格。然以现今之时代要求，即使具备了史德、史才、史学、史识、史观、史技、史法等，也只表明一个人具备了成为优秀历史教师的条件。是不是一名优秀的历史教师，还要看"史艺"。

"史艺"一词是我国历史教学法专家赵恒烈先生在总结章学诚"史家四长"之说的基础上首先提出来的，赵先生关于"史艺"概念的解释，简而言之，"就是历史教学的技艺。主要指历史教学的技能和方法"③。在我理解，"技能和方

---

① 朱煜. 走进高中课程改革·历史教师必读 [M]. 南京：南京师范大学出版社，2005：92.

② 马克思，恩格斯. 马克思恩格斯选集：第 4 卷 [M]. 北京：人民出版社，1995：475.

③ 赵恒烈. 赵恒烈历史教育选集 [M]. 北京：人民教育出版社，2005：59.

法"，只能是教学艺术的基础，"技能与方法"本身不是"艺术"，教学艺术是知识、情感、智慧、技能与方法等的综合作用的产物和反映。技术可以学习，而艺术只能靠感悟和理解。赵先生的用意是要教师首先应该掌握教学的基本"技能和方法"，为形成独特的教学艺术奠定坚实的基础。因此，对历史教师而言，"史艺"就是指历史教育的艺术。充满历史教育艺术的课堂就是成功的课堂，就是有效的历史教学。

结合我听过的四百多节历史课，"史艺"的课堂表现可以概括为这样几个方面：教学充盈着触手可及的智慧；课堂弥漫着师生交流的情感；学习绽放着思维开启的异彩；活动渗透着自然现实的气息；教室耀动着人性舒展的光芒。

从教育的本质上讲，没有智慧的课堂就是没有意义的课堂。历史学科是一门修炼智慧的学科，学习做人做事的智慧是历史教育的根本价值之所在，否则，就谈不上历史教育。有效的历史课堂应该是充满智慧的课堂。从艺术角度看，历史课堂上的智慧有两种表现形式：

历史教学传递智慧。在历史课堂上传递智慧并不是一件容易的事。教师首先要能从纷繁复杂的历史事实（历史人物、历史事件等）中找到历史的智慧，再通过教学活动展示给学生。如中国古代史中，可以举出战国合纵连横，处理"国际"矛盾的智慧。也就是说，对历史内容的学习重在学习其中的智慧，教师要能够把历史知识中隐藏的智慧发掘出来，并展示、传递给学生。比如，著名特级教师时宗本在讲文艺复兴时期的达·芬奇的案例就是一个典型。

（达·芬奇）作为一个画家，为了追求真实，他不顾教会的禁令，解剖了尸体。当然，达·芬奇最有成就的还是绘画，他的代表作是《蒙娜丽莎》和《最后的晚餐》。……过去，天主教会也有所谓的艺术，但他们画的都是一些圣经故事，可是，达·芬奇的《蒙娜丽莎》却画了一个普普通通的佛罗伦萨的女市民。同学们请看，这位年轻的妇女，安详恬静，面带微笑，充满了青春的活力，她既不是一位天使，也不是圣母玛利亚，而是一个活生生的人。这幅画体现了人文主义的精神，与教会的题材是根本不同的。这幅画现在保存在巴黎卢浮宫博物馆。

达·芬奇更有名的一幅画是为米兰圣玛利亚大教堂画的壁画《最后的晚餐》。这是描写圣经上的一个故事，描述耶稣基督在受难的前夕和他的十二个门徒最后的一次会餐，在会餐的过程中，耶稣宣布了一个重大事件。他说：我明天就要离开你们了，为什么呢？因为在你们当中有一个人把我出卖了。这句话一说，就起了一爆炸性的效果，十二个门徒的表现各不相同。我们看大弟子彼得，他出身渔民，性格豪爽，马上拍案而起："老师，您说出来，这是谁，我们要把他撕成碎片。"耶稣的小徒弟，他最喜爱的约翰，表现出迷惑不解的神情："像老师这样道德高尚的人，为什么还会有人陷害你呢？为什么陷害你的人就出在你的门徒之中呢？"

同学们看，正是这个陷害耶稣的犹大，听到耶稣宣布以后，感到非常恐惧，唯恐老师把他的名字点出来，他一直往后退缩，恨不得找一个地缝钻进去，可是他的手呢？还没有离开出卖耶稣所得到的三十块银币的钱袋。达·芬奇创作这幅名画，整整费了三年时间，他为了观察社会上形形色色的人物，跑遍了米兰城的大街小巷。他把犹大的身子画出来了，但脸没有画，他要找一个最坏的典型，来表现容貌可憎的犹大。于是，他走遍了一些流氓聚集的地方、赌徒聚赌的地方、下流的酒馆来找寻这个模特儿。所以，《最后的晚餐》这幅画，虽然只有十三个人，但它反映了当时社会上形形色色的人物。

在这幅画里倾注了达·芬奇爱憎分明的感情。他爱的是什么人？爱的是道德高尚的耶稣，在他的这幅画里，耶稣并不是以一个神的身份出现，而是以一个普通的人，一个和蔼可亲、循循善诱的导师的身份出现的。这幅画虽然以宗教故事作题材，但他描写的是人生，是社会，贯穿的是人文主义的精神。①

如何通过绘画作品来解释历史，如何通过《蒙娜丽莎》和《最后的晚餐》来理解"达·芬奇是一个人文主义者"，时宗本老师给我们了一个非常好的范例：抓住绘画内容本身来讲述人文精神的实质，在讲解过程中渗透人文精神的理解。

教学过程激发学生生成智慧。严格来讲，智慧是不能"传递"的，智慧只能自主"生成"。优秀的教师是善于开启学生思维的，优秀的历史教学一定是师生共同生成智慧的过程。爱尔兰诗人叶芝说过："教育不是注满一桶水，而是点燃一把火。"古希腊生物学家、散文家多塔戈也说过："人脑不是一个可以灌注知识的容器，而是一个可以点燃的火把。"

客观地讲，教师"讲"的即使是充满智慧的内容，但"听"的学生却不一

---

① 李惠军. 笃学行思录——一个历史教师团队的教学随笔［M］. 天津：天津古籍出版社，2008：94.

定能接受和掌握这些智慧！因为学生个性理解和感受是有差异的。真正能激发学生智慧生成的历史课堂，应该是充满激疑、质疑、探疑、解疑的，应该是与学生生活实际密切联系的。

有位老师在引导学生思考专制主义中央集权政治制度对中国社会的影响时，尤其是对其积极影响的总结时，与学生进行了成功对话：

> 师：专制主义中央集权政治制度对中国社会，尤其是对古代中国社会有何影响？
>
> 生1：有利于统一。
>
> 师：从统一又想到了什么？
>
> 生2：和平。
>
> 师：好，从和平还能进一步想到什么？
>
> 生3：经济繁荣，社会发展。
>
> 师：好，同学们已经把积极意义总结出来了，再想想看有何消极意义？
>
> 生4：分等级，下面的人没有权力。
>
> 师：嗯，没有权力就没有责任感，就不容易出成绩，不容易出人才。

所以龚自珍有"不拘一格降人才"的呼喊……

之后又对比了近代东西方发展的不同状况，说明专制主义中央集权政治制度在古代是比较进步的制度，但到了近代，强调人的发展、人的创造性的时代，这种制度就落后了、阻碍了中国的进步。这种师生对话看起来没有鼓掌、欢呼等热闹场面出现，也没有在口头上评价学生的发言，但实际上教师已经给了发言学生以有效的评价——肯定、采纳。学生由此获得的这种"成功感"是靠思维智慧获得的，"含金量"很高。

课堂是教和学的场所，教学是师生情感的交流过程。情感既是教学目标，也是学习的保证。李大钊曾说过，史学对于人生的关系，可以从知识方面和情感方面两部分去说。《普通高中历史课程标准（实验）》将"情感态度与价值观"作为重要的课程目标之一，而在这一目标中，"情感"又是"态度与价值观"的基础。因此，积极的情感交流是课堂教学成功的重要保证。那么，在教学中重视"情感目标"了，就一定是成功的课堂吗？答案显然是"未必"。情感靠的是"感悟""体会"和"内化"。从教学艺术的角度讲，教学过程中"情感目标"是不能显山露水的，更不能直白显性化。从目前历史教学的整体情况看，"情感态度和价值观"目标的实现还需要在实践中继续深入探索。但也有一些比较成功的课例供我们学习借鉴。

如山东省实验中学钟红军老师在《宋明理学》一课的设计中，从校训、孙悟空形象的文化含义等学生熟悉的景物入手，调动学生情感，在深刻理解宋明理学的同时，学生情感也得到了陶冶。正如钟老师在课后写道。

> 从这节课的授课效果上看，学生感受到了校训的文化价值，做出了对传统礼教的价值判断，用"恶心死了"和"都要让这个白痴气疯了"来表达对"存天理，灭人欲"厌恶和愤怒的真实情感，进行了换一个角度看"心中贼"的内心自省，还形成了"仅靠道德，无法形成真正的道德"的智慧格言，在全课结束时，与老师一起进入了对人生命题和民族命题的深刻思考。①

课堂学习是学生的主要学习途径，教师教学的主要目的是促进学生的学习，课堂教学应该使学生有思维得以开启、思路得以拓展的强烈感觉。有效的课堂教学带给学生的不仅有知识的量的增加，更要有思维的质的提升。从这个角度审视中学历史课堂，运用得比较普遍、也是所有历史教师可以效法学习的有两个层面。

一是在教学内容的讲授处理上，能放宽视野、另辟蹊径，善于制造思维落差，激起学生思维的波澜，引起学生积极思维的兴趣，在学习中使学生悟得思考的方法，感受思考的力量，享受思考的乐趣。

比如，我们在学习"洋务运动"这一内容时，可以先给学生展示这样一类史料：

> 中国第一台汽锤：1868 年，江南制造局；中国第一台刨床：1868 年，江南制造局；中国第一台铣齿机：1870 年，江南制造局；中国第一艘大马力军舰：1872 年，海安号，排水量2800 吨，1800 马力，江南制造局；中国第一辆简易蒸汽机车：1881 年，用蒸汽锅炉改制，开平矿务局工程处；中国第一辆标准蒸汽机车：1882 年，中国火箭号，开平矿务局工程处；中国第一台蒸汽机：1862 年，安庆军械所；中国第一艘轮船：1865 年，黄鹄号，安庆军械所；中国第一台车床：1867 年，江南制造局；中国第一艘近代军舰：1868 年，恬吉号，排水量600 吨，江南制造局。

---

① 钟红军. 课程改革在新课堂——钟红军高中历史教学实录［M］. 长沙：岳麓书社，2007：152.

学生由此不难得出"洋务运动促进了中国近代化"的认识。但老师马上又打出另一组材料：

> 当时的英国《泰晤士报》揭露："旅顺、威海既造炮台，其安置于台上之炮竟有不堪一放者，其经售炮械之人，固俨然显官也。只知七折八扣，售者又因以为利。假如一炮也，报销千金，经手者侵蚀二三百金，售主则以但值五六百金之炮应命，皆不问其为可用否也。"（林乐知、蔡尔康：《朝警记》九，《中东战纪本末》卷四第38页。）

> 北洋海军生财之道，除接送官员家属、招收自费生，还时常用军舰做走私生意。另一常见之贪污手法则是军官克扣军饷吃空额。"吾闻军营积弊，凡统领以次各武员，向粮台关饷时，有明系十成，而仅发八九成，甚至六七成者，及取阅其领状，则居然十足也。"（原引自蔡尔康：《撤兵议》，《中东战纪本末》卷七第5页。）

学生据此可能又产生与刚才相反的结论。这种"矛盾"和"冲突"，会促使学生的思考走向深入，学习得以深化，思维得到锻炼。

学生在参与这样的学习过程中，认识到思维对于知识的价值，理解历史的复杂性和理解本身的多维性。从学习中习得一种认识事物的方法，对待事物的态度，使"三维目标"有机融合而又不留痕迹，这不正是艺术的教学吗！

二是师生交流的思辨性。课堂教学是一种师生间的交流活动，主要表现为语言交流。在日常课堂教学中，简单浅层的交流、明知故问的无效交流比较普遍。即师生课堂交流较多地表现为学生"配合"教师，因此，常听有教师讲"学生不配合我"。客观地讲，学生不是为了"配合"教师才来上课的，学生需要的是和老师进行富有意义的课堂对话，课堂上师生之间的语言交流应该充满思辨性、启发性，体现出"教学相长"的特点来。比如，在学习人民版必修Ⅰ《美国1787年宪法》一课时，师生间的一段对话对学生的思维训练就很有效。

> 师：根据联邦宪法，美国成为一个联邦制的国家．请大家比较一下从"邦联"到"联邦"，美国是否解决了制宪会议召开初期需要解决的中央政府软弱无力的局面？

> 生：显然解决了这一问题。通过宪法，联邦形成了高于各州的权力，中央集中了财政、外交和制定各项经济政策的权力，从而使美国成为一个统一的国家，而不再是过去松散的、众多主权州之间的联盟。

> 师：中央权力加强了，各州的权利完全被剥夺了吗？

生：没有。各州还保持了一定程度的自治地位，如各州可以在不违背宪法的前提下制定地方法律等，拥有一些州权。

师：这样做又有什么意义呢？

生：既能保障联邦中央政府的有效治理，又可以避免中央集权的弊端，发挥地方的积极性和创造性，恰到好处地协调了中央和地方的关系。

师：对。根据1787年宪法，1789年美国举行了第一次总统选举，华盛顿当选为美国第一任总统。不久，第一届国会也经选举产生，美国的联邦制共和政体开始确立起来。华盛顿两届期满，坚持不再参选，开启了美国总统任期一般不超过两届的先例。①

这部分内容重要但难以理解，教学中常常是教师"讲解"为主，相当一部分学生在听讲中是似懂非懂的，很多时候就这么过去了。上面的学习过程虽然仍是以教师为主，但教师的讲解以"问题"为主，解决问题的主力变成了学生，学生回答问题的过程就是思考和理解问题的过程，教学效果显然要比单纯教师"讲解"要高很多。这种对话饱含思维的玄机，充满探究的引力，由不得学生不"配合"。

课堂活动要适应学习的需要，本着提升学习的目的，呈现自然现实的气息。从教育心理学来看，丰富多彩的学习活动能给学生学习生活增添轻松、愉快的氛围，扩大学生知识面，有效调剂学生的学习生活，减少学习本身给学生带来的某种压抑和烦恼，获得更多的信息和不同的学习体验，并运用众多信息进行创造性活动，促进学生心理健康发展。②

在听课过程中，我感觉目前历史课堂教学中的活动形式和内容存在不少问题。有些活动来得突然，教学环节过渡生硬，刚刚正在听老师的精彩讲解，本来是要好好思考消化的，却突然看到幻灯片显示"课堂探究一"，学生马上分成小组进行探究，不知道这是学习的需要，还是一种纯粹的过程"设计"；有些活动"来无影，去无踪"，学生迅速结成小组，三五分钟后，教师一声令下，又各就各位，鸦雀无声，开始逐个汇报发言、鼓掌，把活动展示为万能的、成果是单一的；有些活动声势浩大，道具复杂，场面热闹，但教师最后要求学生掌握

① 陈伟国. 来自历史课堂的智慧——高中历史课程改革教学实录与反思［M］. 成都：四川教育出版社，2008：46.
② 徐赐成. 高中历史活动课：课程类型及其实施特点［J］. 中学历史教学参考，2004（6）.

的又跳不出教材的那个固定结论，让人感觉如果就为了"这句话"，值吗?!

这些现象恐非短期内所能改变的，因为历史课堂中的活动教学目前正处于探索时期，出现上述现象是正常的，但正常的不一定是正当的。我觉得，教学中老师要在两个方向上继续努力：一是要特别注意对课堂活动的准备和设计。设计时一切从学生需要出发，从整堂课结构考虑，从教育目标的达成做准备。二是日常教学中要坚持训练，不要平时满堂灌，"做课时"又搞"大场面"，结果事与愿违，教育的效果也会很不好。

在历史课堂上，教室里应该耀动着人性舒展的光芒。无论是从政治思想教育的角度，还是从公民教育、人文教育、个性教育的高度审视，历史教育所要关注的是人本身。而要想使历史教育真正达到预想的教育效果，就必须关注人性、张扬人性、发展人性。因此，有效的历史教学主要不是传授历史知识，而是滋养人生，涵养人性，温暖内心，培育精神。

有老师说，"曾经给学生播放影视剧《南京大屠杀》和《紫日》，希望通过了解日本帝国主义的侵略暴行来认识战争的残酷性和战争给人民带来的灾难和伤痛。然而，当学生看到日本侵略者屠杀我们的同胞的时候，他们不但不感到震惊和愤怒，相反，却发出了令人感到寒心的笑声。看完电影，请学生谈感受的时候，一半学生无动于衷；一半学生手握拳头，表示要以牙还牙，'扔两个原子弹把小日本解决掉'"。① 这样的教学效果出乎教师的想象，让教师感到困惑。仔细想想，造成这种结果的原因可能是复杂的，但有一点是不是因为我们的教学目标设计还不到位呢? 我觉得，仅从"战争的残酷性"和"战争给人民带来的灾难和伤痛"的角度来认识这场灾难是不够的，仅从"民族"的立场看这场灾难也是不够的，而要上升到战争对人性的摧残、对生命的漠视、对人类自身的毁灭的高度。课堂教学仅用一些杀人的场面、一些抽象的数字也是不够的，而应深入受害者和施暴者的具体人生和内心体验，让学生从具体的事实中来感受战争给"人"带来的创伤。例如当师生共同审视"在日军飞机的轰炸中失去双亲的幼儿"的历史图片时，使学生了解在淞沪会战中，上海火车南站遭到日本飞机的轰炸，一名失去亲人且被炸伤的幼儿，在剧痛和惊恐中号啕大哭。让学生体验多少家庭在抗战中被日本鬼子毁灭，流离失所、逃难四方的苦难，这样学生就不会对南京大屠杀中的30余万遇难同胞的数字无动于衷了。

---

① 马燕辉. 孩子，我拿什么来"喂"你? ——来自一些历史老师的困惑与反思 [J]. 中学历史教学参考，2007（10）.

　　课堂上学生"人性"是否能得到彰显和发展，另一个关键就是师生关系。如果学生在课堂上不能维护自尊发展自尊，人性教育就是一句空话。师生"由于所处文化背景不同，不同学生的视野和思想，也会有差异。师生之间和学生朋辈之间，只有准确地辨识和理解这些差异，在相互评价和自我评价时，才会选择适宜的语言和方法，评价也因此会生动活泼、有声有色，效果也应不错。"① 课堂中的发展性评价正是基于人的"自尊"而提出的，每个人的自尊得到有效维护，也就是人与人的平等，在平等的课堂环境中，人性才能得到舒展和发展。在日常教学中，"必须要改革传统的'一刀切'式的历史教育评价方式，构建个性化的真正着眼于学生生命质量整体发展的多元化的历史教育评价体系。"②

　　以上几个方面，是一名历史教师课堂教学艺术的综合表现，也是有效的历史课堂教学的应有之义。作为历史教师，终其一生的奋斗目标应该是用课堂教学的艺术，锻造艺术的历史课堂，塑造学生的艺术人生。

第七节　把握教育技术发展趋势

一、三"件"建设：课程整合的基石

　　在学科课程的教育教学设计与教学实施过程中，利用不断发展的信息技术，特别是利用各种多媒体形式的信息资源及其共享技术的优势，引入新的、先进的教育教学思想、观念、方式与方法以及相应的教育教学模式，解决传统教育教学手段很难、甚至无法提出或无法解决的问题，达到更高、更新、更好的教育教学效果，这就是目前教育教学领域正在如火如荼地进行的"信息技术与课程整合"的含义。由此可见，实现信息技术与课程整合既是教育信息化的本质要求，也是教育改革的一个重大的理论与实践问题。在开展此课题的研究过程中，有一系列重大问题需要在实践中攻关突破。而在此之中，三"件"建设，确是"整合"的基石。

---

① 任鹏杰. 发展性评价应该根植于日常教学——教育评价需要关注的几个认识问题 [J].
　　中学历史教学参考，2007（8）.

② 齐健，赵亚夫. 历史教育价值论 [M]. 北京：高等教育出版社，2003：21.

所谓三"件"，这里主要指的是硬件、软件和潜件。硬件，即现代教学媒体，它主要包括幻灯机、投影机、录音机、电影、电视、计算机、录像机、照相机、数码相机、扩音机、视频展示仪、音响设备、灯光设备等。软件，即现代教材，包括教科书、讲义、习题集、实验实习指南、教师指导书、学生指导书等书本教材，另外还有属于非书本教材的幻灯、投影、录音带、电影、电视、照片、视盘、计算机课件，以及资源库和网上学习资源等。潜件，即教育思想、教育观念的转变、更新和发展以及现代教育技术运用水平的提高等。

正确处理好硬件、软件、潜件三者的关系，是现代教育技术发展中的重大课题，是现代教育技术发展中应该努力解决的问题，更是信息技术与课程整合的基石。

随着社会经济和信息技术的发展，随着"校校通"工程的日益推进，中小学的电教设备（硬件）配备也正以惊人的速度发展，发达地区和一些重点学校在硬件的配备上无论是规模还是档次都处于领先水平。而在另一方面却远未与此相适应，很多地区和学校忽视软件和潜件建设，从而制约了现代教育技术应有效益的发挥，更有甚者，一些学校不是把这些设备作为辅助教学的工具，更多的是作为应付检查的一种展品。如此就造成了教育资源的极大浪费，这对于我们这样一个教育资源本来就十分有限的国家来说是不能容忍的。

在具体教育实践中，我们应该把教育思想、教育观念的转变等潜件建设放在首要地位。"校校通"工程、校园网建设、信息技术与课程整合的研究，都需要现代教育思想和观念做指导。反过来讲，各项工作都必须建立在现代教育思想观念上。要坚决反对利用现代教育媒体，为提高传统教育方法的效率服务，而应该利用现代教育媒体，服务于现代教育思想和教育模式。现代教育技术在教学实践运用中的种种不足和问题，从根源上讲都是观念问题。因此，潜件建设至关重要。

推广应用教育技术，教师是关键。潜件建设，教师的培训是关键。在教师培训上，既要重视对教师进行现代教育技术的培训和对教育工作者及教师的计算机培训，又要注重对新的教育思想、教育观念和教育方法的学习和掌握；既要有全新的教育观，又应有一定的现代教育技术作支撑。英特尔公司首席执行官克瑞克博士说："计算机不是什么神奇的魔法，而教师才是真正的魔术师。"这句话正体现了潜件建设的重要性，突出人的观念的转变和更新是关键的关键。

教学观念的转变是实施信息技术与课程整合的一个重要先导条件。它要求教师必须改变旧有的学科观念，不要人为地在信息技术课程与其他学科之间划分界线，将信息技术课程与其他学科联系起来，将其他学科的知识有效地融入信息技术课程之中，更好地提高教学效率，让学生具备不断更新知识、创造新知识的能力。教师必须改变旧有的教材观，在信息技术与课程整合的过程中，当前的教材内容不可避免地要被不断丰富和更新。在此过程中，废掉各模块间的阡陌，将信息技术与学科知识整合起来，根据当前信息技术的发展和信息技术课程的目标以及学生的特点，结合其他学科的知识设置相关的课题内容，并且按照课题难度的大小安排学习顺序和课时。教师必须改变旧有的教学观，相对于传统的教学模式，在中小学信息技术与课程的整合中，无论是教师的"教"还是学生的学习都发生了很大的改变，教学方式由教师中心转向以学生为主体，教师成为学生学习的指导者，促进者，学生也不再是被动地接受知识，而是在解决问题的过程中，在互相合作和交流的过程中学习和掌握信息技术知识，提高掌握信息技术的运用能力，并有效地将信息技术融入自主的知识建构之中，从而提高信息素养。

潜件的水平提高了，就会带动软件建设，就会有大量科学、有效的软件产生出来。反过来讲，高质量的软件一定是符合教育教学改革和普及信息技术教育需要的，在教育教学目标内容上和使用过程中，是能够改善和优化教育教学活动的环境和过程，能够激发教师和学生的主动性和积极性的，是能够提高教学质量和水平的。要达此目标，没有科学的教育教学思想为指导是不可能的。

如果软件跟不上，就必然影响到硬件效用的发挥和潜件的具体落实。这里所谈的软件建设，主要指的是非书本教材，对此，科学性和实用性是根本要求。现代教育技术强调的一是学习资源，二是学习过程。如果我们只关注学习资源，不去关注学习过程；只关注学习资源中的设备和设施，不去关注学生和教师，都是非常片面的。因此，软件的开发和优化，必须考虑其基础条件和教学的基本要求。

如果说硬件是高速公路，软件是汽车，那么潜件就是驾驶员的技术和水平。在实践中，从某种意义上说，硬件水平只是一个投入问题，而软件水平和潜件水平的提高比硬件投入要复杂得多。越是复杂越是有东西研究，就越需要我们花大力气去投入。因此，在信息技术与课程整合的教育教学研究实践中，我们要从根本做起，真正把潜件的水平提高上去，带动软件建设，从而提高硬件的利用效率。在建设中，硬件建设要量力而行，但潜件建设和软件建设要高标准和严要求。从而使之形成良性的运行机制，从总体上提高现代教育技术的应用水平。

二、按照三"性"要求进行课程整合

信息技术与学科课程的整合是中小学教育信息化的核心，是全面改革传统教学的根本性措施。如何使"整合"规范、高效、科学地推进，我们在实践中认识到：把握三"性"，是信息技术与课程整合的内在要求。

所谓三"性"，这里指的是信息技术的工具性、融通性和人文性。

在中小学实施信息技术教育的目的之一是：使学生切实学好从事工作和学习所必需的信息技术基础知识，学会基本操作，学会运用信息技术进行学习和工作。这说明信息技术课程不仅是一门理论知识课程，也是一门工具性课程。对教师而言，信息技术是帮助教师传授知识的手段，进行学科教学的媒体，更是进行素质教育的工具。对于学生来说，信息技术则是学习知识和提高技能的工具。随着社会的发展，人们日益认识到应该对学生进行计算机操作和应用方面的教育，把计算机看作一种辅助工具，使学生掌握使用这一工具的方法和要领。世界上发达国家在进行信息技术与课程的整合时，也是把信息技术作为工具和手段融合到其他学科的教学和学习中。因此，在信息技术与课程整合的过程中，"工具性"要求应该是"整合"的根本立足点。根据这一要求，教学实践中应该重视信息技术理论的来龙去脉、应用操作的学习和实践，而不是仅仅强调理论和结论本身，应该特别注重培养学生运用信息知识和技术进行学习和工作的能力，而不是单纯地只注重知识的学习和技能的训练。具体讲，在信息技术与课程整合的过程中，并不是要求教师将信息技术知识分割成不同的部分来教，而应紧扣社会发展实际，灵活多样地选择教学内容。这样，学生才能把学到的知识与计算机及网络的运用综合起来，综合处理实际生活中的复杂问题，并从中锻炼学生的动手能力和运用信息技术的能力，从而使学生的信息素养得到提高。

信息技术作为工具学科，其终极目的就在于应用，就如同说话、写字一样普遍且熟练。而在一个相当长的时间阶段里，信息技术与教育的发展不能同步，解决这一矛盾的方法就在于把信息技术的学习、掌握和运用融合到一般学科的学习和教学之中。一方面，信息技术课程教学在选择教学内容时，应注意与其他相关学科的联系，尽量选择相关学科的内容作为例题，使计算机成为学好其他学科的工具；另一方面，在一般学科的教学中，把信息技术融入学生具体的学习活动中，让学生借助信息技术工具进行各个学科的研究性学习。学生运用信息技术深化对一般学科知识的学习最重要的表现是教学过程的可视化，即用

计算机和包括音频信息在内的多媒体资料，将被感知、被认识、被想象、被推理的事物及其发展变化的形式和过程，包括学科知识本身、教学思想与观念，用仿真化、模拟化、形象化、现实化的方式，在教学过程中充分地、本质地表现或揭示给学生，使学生可以直接地操作、观察、体验、洞察、发现、干预、利用这些信息化了的真实世界及其相关知识，透过现象看到事物的本质，从而使学生形象地建立起客观世界与主观世界存在与运动的本质属性图像，自然地培养和造就学生的认知能力和创新能力。根据系统论的观点，一个不与其他系统产生任何关系的系统必然要枯竭，而两个截然不同的系统相碰撞则会产生巨大的能量。最大的差距产生最大的能量。信息技术的学习与一般学科的学习必须相互交融和贯通，这就是我们所理解的"融通性"。

信息技术的应用可能促进教育革新，也可能强化传统教育；可能给学生的学习和能力发展提供更广阔的空间，也可能对学生的发展产生一些负面影响，因为任何技术的社会作用都取决于它的使用者。通过实践我们认为，在信息技术与课程整合的过程中应关注学生人文精神的培养。其一，我们万万不能把信息技术教育按照学习一门科学的老办法去讲、去学、去考，而应着眼于筛选、获取信息、准确地鉴别信息的真伪、创造性地加工处理信息的能力，培养学生应用信息技术于生活、学习中的能力，并在此基础上培养学生的创新精神和实践能力。其二，信息技术教育应引导学生研究学习和生活中的问题，去发展学生天性中求知、创新和自我表现的品质。要让学习者成为信息技术的主人，而不是让学习者成为信息技术及其环境所控制，被动地去适应新技术。其三，信息技术教育必须传授知识，但更主要的还在于使受教育者形成科学态度、科学精神和掌握科学方法。学生在学习、应用、享受信息技术的同时，应引导学生关注信息科学发展史上生动的概括、归纳、猜想、探求、创造过程，使学生养成不断探索的习惯和服务于人类的社会意识。其四，要重视在信息技术教育中对学生进行人文、伦理、道德和法制教育，克服单纯技术的观点，培养学生鉴别信息真伪的能力和负责任地使用信息技术，要强化他们为自己的行动和创造负责任的意识。

实施教育信息化是时代发展的必然要求，信息技术与课程的整合是基础教育改革的突破口。中小学教育工作者面对的是民族的未来，在"整合"的具体实践中应该突出重点、全面兼顾，使"信息技术与课程整合"得以健康发展。

三、"神化"和"庸俗化"要不得——信息技术与课程整合之现状分析

仔细想想，信息技术在教学上到底有什么作用呢？任何一项科技发明，都是为了改善人们的生活，提高人们的生活质量。信息技术应用教学也是为了优化教学，改善教学。打个比方，汽车的使用，大大提高了人们的生活质量，但是不是任何时候，汽车都能很管用呢？想想那些用天平称砝码也要做个课件，整堂课只是在执着点击鼠标左键的人，他们走路能力是不是要逐渐下降；当然也不要因为整合的效率不高，就全盘否定，那些动不动就以车代步的人固然可笑，但宁愿走路也不愿坐车的人是不是固执到了极点。什么时候使用汽车都是有学问的，要根据路程的长短和道路情况来选择使用，如果是翻山越海就要改变交通工具了，我们教师也要根据教学的需求来确定怎样合理使用信息技术。当然，前提是要像熟悉开汽车那样首先熟悉信息技术，否则你连汽车都开不动又谈什么开好汽车。

信息技术课程是中小学一门知识性与技能性相结合的基础工具课程，其中心教育目的是以信息技术辅助学习，而不是学习信息技术本身。因此，当今的主要发达国家，基本上不再单独开设信息技术课程，而是采用整合的方式，即把信息技术作为工具和手段融合到其他学科的教学中，即信息技术与课程整合。2000年10月召开的全国中小学信息技术教育工作会议上强调，要"努力推进信息技术与其他学科教学的整合"，并指出"技术与课程的整合就是通过课程把信息技术与学科教学有机地结合起来，从根本上改变传统教和学的观念以及相应的学习目标、方法和评价手段"。自此，对信息技术与课程整合的研究和实践得以广泛开展。

（一）"整合"误区种种

1. 教学课件制作偏离使用价值。

在课堂教学中，课件的制作和使用上的问题一直大量而广泛地存在着，最突出的问题有两类。

一是超量、超限、超时的"信息轰炸"。有的教师在制作课件时，唯恐体现不出电脑能够储存大量信息这一优势，将与课文内容有关的所有材料事无巨细尽数罗列，而在使用时，受课时限制，只能加快单位时间传输的信息量。音像视频、PowerPoint、投影齐上阵，结果是五彩缤纷的多媒体信息包围着学生，其琳琅满目的程度令人头昏目眩，无法进行知识由"同化"到"顺化"的编码，

这直接影响到学生对所需内容、意义的检索处理和理解接受。这就是多媒体信息海洋中的"迷航"现象。这样的课件教学极易导致视、听觉的疲劳，思维训练也不足，对于中小学生来说，不良后果尤其突出。这样的教学既缺乏实效，又超出了教师精力承受度，偏离了课件使用的本义，弊大于利。

二是人机关系处置失当。有些教师自觉或不自觉地认为，编写和制作好了多媒体课件就等于把一堂课备好了，而没有进行细节设计。于是，上课就变成了幻灯片放映，受课件的编制形式所累，课堂教学被课件材料牵着鼻子走。学生学习也按照整个课件的结构和一些问题的"标准答案"进行，按照预先设定的模式、思路、线索进行人机交互，根本没有足够的时间深入地思考，只能顺应设计者的思维方式做一些简单的应答。这种做法限制甚至遏制了学生思维能力尤其是求异思维的发展，不利于鼓励创新，也与素质教育的原则背道而驰。

2. 为了整合而整合。

在很多学校，各学科教师都努力将信息技术应用到自己的学科教学当中，确实收到一定的成效，但有些教师在"整合"的形式上出现一些不恰当的地方，即存在着让沉重的课堂学习仅仅停留在感官学习、直观学习水平上的倾向。以计算机为中心的多媒体技术在形象、直接、快捷传递课堂教学信息上确有得天独厚的优势，但课堂教学在对学生思维能力的培养上不应因此而迷失方向。弱化学生抽象思维能力的培养，过分依赖感官材料，是目前信息技术与课程整合中的一个误区。

学生通过动感、直观的材料来进行学习，本来是信息技术带给学生课堂学习的便利和优越，但过分依赖动感、直观的学习材料并形成思维上的惰性，则降低了学生学习的内在质量。学生通过形象材料来学习，追求的应是"思维学习""高级学习"和抽象学习，而不仅仅是感官学习、直观学习。例如，在进行一些理科实验课时，教师让学生用电脑中的动画模拟天平称砝码，在电脑上观察钠与水反应的现象等，学生难以获得切身的体验；还有一些协作形式的课，明明可以大声在课堂上发言，却要在论坛中用敲击键盘取而代之。

也许他们是追求新颖，认为有了信息技术这样现代化的工具，传统的东西就过时该淘汰了，在信息技术与课程整合的热潮下，他们将信息技术神话了，完全是为了整合而整合，过于注重形式，而对教学效果思考不够，甚至连教师也迷失了自我。一次遇上临时停电，一位教师不得不采用传统教学方式时，他发出这样的感叹：今天我没有利用任何信息技术，我感觉讲得很顺畅，学生听得也挺投入。可见，并不是有了信息技术这种现代化的教学手段，传统的教学形式就该丢弃，它们是各具优势、又各存弊端的，也并不是开展信息技术与课程整合，就必须堂堂课、样样课都要与信息技术搭边，即使明知没必要，也要牵强着放进来。

3. 整合的热度正在减退。

随着教育投入的加大，现在很多学校都具备了"整合"的条件，部分学校的硬件设施甚至是非常先进的。但具备了这些条件，并做了一些实践后，方知"整合"真的不是那么简单，它涉及很多条件的限制，教师和学生的信息素养就是个拦路虎。而这些问题的解决既需要时间又需要得力的措施，很多学校处于观望状态，信息技术与课程整合踯躅不前，对信息技术与课程整合的研究和关注似乎在降温。

信息技术与课程整合是信息时代对教育的要求，也是教育发展的必然趋势。目前出现的困难，归根结底在于认识和技术条件两个方面，当然也包括教育自身改革的滞后，这些因素共同作用的结果就是现实中"整合"的异化。"整合"是分层次的，应该是循序渐进的过程，随着教育改革的深入、教师观念的切实转变，以及技术和资源的改善，"整合"还是大有作为的。

（二）"整合"出路何在

在信息技术与课程整合的问题上，一种观念认为信息技术与课程整合高深莫测，不可实现；一种观念认为上课用了网络和计算机就是整合。这种把信息技术与课程整合"神化"和"庸俗化"的理解是两种要不得的极端思想。在实践过程中，只有尊重教育发展和信息技术的自身规律，才能实现信息技术与课程整合。

1. 树立现代教育理念。

一堂好课与其说是把现代化教学手段引入教学，还不如说是以现代教育理念来指导教学。科学技术的进步不仅使教学的内容得以充实，也促使着教学方法及手段的不断改革，先进的科技成果，如幻灯、电影、唱片、电视、录音、程序教学机和语言实验室等一经产生，即被移植到学校教育中来，也带来了教学质量的提升。因此，在数字化时代，电脑及其网络理应成为现代教育不可或缺的重要技术手段，但如果把电脑及其网络视为解决教育问题症结的灵丹妙药，或攻破教学难关的万能工具，显然是不科学的。因此，要首先着眼于转变教师观念，让教师树立现代教育理念。

美国《教育周刊》调查认为：问题不在于电脑进不进课室，而在于教师和学生使用它做什么。如果为"玩"或演算习题而使用电脑，其成绩会下降0.6%。所以，美国儿童电脑教学课程专家毛尔科维奇说："先进工业国如美国和德国，所犯下的最大错误就是以为电脑可以代替教师。到了最近，他们才逐渐明白，人才是最好的教育工具。"并认为，"成功的教学要由多样因素结合。就像学游泳，不能单靠游泳池（硬件），也不能单靠水（软件），还要有好教师。而好教师一定是拥有科学、先进教育理念的教师"。

2. 科学评价课堂教学。

评估教师的课堂教学，不是说一定要加上"现代教育技术手段"这一条件，应该全面评价，要看相应的课堂环节是否适合应用现代教育技术手段。在评课中加上"现代教育技术"这一条件，对推进现代教育技术工作有一定作用，但负面效应也应重视。为推广现代教育技术手段，可加强平时的监督与检查，发挥行政效能，比如规定运用现代教育技术的学期课节数，撰写现代教育技术应用体会，建立开展相互研讨的机制，等等，以这些措施来推动现代教育技术的应用。

3. 建设符合需要的资源库。

没有丰富的信息资源如同"有车无货"。学校资源库建设必须采用开放的、相对统一而又反映学校特色的标准，以整合化知识内容为核心，而不是简单地堆砌离散信息，尽量做到素材的标准化，适用于不同软件的使用。各类素材应该具备体积小、可移植性强的特点，以利于网上传播，注重交互性与可操作性，适合开展实时的互动教学。素材库应方便在多媒体教室、电子备课室、电子阅览室、校园网、城域网、互联网等不同的数字环境下使用。

资源库建设还要注重内容的完备性和科学性。素材除按照知识点和能力要求进行分类外，还可以根据积件思想将素材分为基本素材、集成素材、案例素材和题库素材等类别，注重素材的思想性、科学性和先进性，尽可能使素材具有直观性、交互性和智能化，并兼顾艺术性和趣味性。

4. 以人为本开展培训。

最理想的课件是创意与设计都由使用者完成，最好的办法就是让一线教师学会在制作课件时，将先进的教育理念、个性化的教学特色融入课件之中。因此，教师的信息素养的提高就成为"整合"的根本性问题。

在信息技术培训形式上，可以邀请专家作现代教育技术与创新教育的讲座；开展教育技术在职培训的可行性调查研究；让教师结合实际，比较传统教学媒体与现代教学媒体在功能上的巨大差异，促使教师认清现代教育技术是推动目前教育发展的重要动力；让已掌握现代教育技术的教师谈自己学习应用的经验；进行优质课件的讲评，引导教师恰到好处地运用现代教育技术，比如在新旧知识的连接点，教学重点和难点处，学生思维转变处、困惑处，传统媒体难以解决处等运用现代教育技术。

在信息技术培训内容上，要循序渐进，切合实际。总体内容包括：计算机基础知识及基本操作；网络与通信技术；系统软件与工具软件的使用。具体分解为四个阶段：普及型培训——Windows95、Word97；基础型培训——Power-Point97、Excel97；提高型培训——多媒体制作平台（重点是 Authorware）和图形处理（重点是 Photoshop）；研修型培训——初步的视频、音频技术，网络操作与网页设计，多媒体课件制作实践。每一个阶段都要建立相应的教学内容及考核与激励办法，并将具有现代教育技术应用能力作为衡量现代教师素质的一项重要指标。

在信息技术培训方式上，尽可能采用参与式培训。所谓参与式培训，就是在培训过程中，没有传统意义上的教师和学生，大家都是平等的参与者，基于真实的问题和课题进行学习，每个人都积极参与并承担一定的任务，执行真实的任务，学习者通过讨论共同为问题找出有价值的解决方案。

第三章

历史教学能力基本要求

第一节　理性对待历史教科书

历史对于人而言是新近的又是旧远的、无形的又是具体的、难以捕捉的又是无处不在的，它如同空气一样弥漫于天地之间，它像幽灵一般徘徊在你我身旁。很多时候你或许难以感觉到它的价值何在，但它和生态环境一样，当你认识到它的极端重要性时，问题或许已到了十分严重的地步。我们每天都要面对"历史"创造历史，我们每时每刻都处在"历史"的包围中，我们能否认识、理解、处理好我们所面临的种种问题，都取决于我们能否以科学的态度对待历史。

一、以理性态度对待教材

培根说"读史使人明智"。"智"，即知识、智慧，而更重要的是科学的历史态度。对于大部分中学生而言，一生中系统学习历史的时间只有中学阶段，学会正确的反思历史对于他们以后的学习和成长具有十分重要的意义。天津师范大学庞卓恒教授曾撰文指出："历史教育的根本目的，是培育学生科学的历史观，也就是培育学生具备科学地'鉴往知来'的文化素质和能力；对于中学生来说，当然只能是促进他们初步具备这方面的素质和能力。"①

中学历史教材是中学生学习历史的重要依托，它的科学性、规范性、可读性等要求应该是最高的。因此，编写历史教材是一项永存缺憾的工作。可喜的是，中学历史教材的编写局面正在得到改善。当然，它也需要"匹夫"的帮助、

---

① 庞卓恒. 历史教育的根本目的是培育科学的历史观［J］. 历史教学，2003（1）.

理解和批评。批评可以是温和的，也可以是严厉的，但应尽可能做到也是科学的。笔者和王贵成老师一样对中学历史教材充满爱怜、期待甚至苛求，但对王贵成老师《对中学历史教材编写问题的商榷》（《教学与管理》2004 年第 3 期，以下简称"王文"）中的有些说法不敢苟同。

"王文"认为教材（人教版《中国近代现代史》2003 年版，下同）关于太平天国"是几千年来中国农民战争的最高峰"的说法是"溢美之词很经不起推敲"，并引用潘旭澜教授《太平杂说》中"洪秀全为首的太平军……实际上是一种极端利己主义的政治性邪教"的观点作为论据。这样的证明显然是不充分的。史学家钟文典著《太平天国开国史》（广西人民出版社，1992），"是迄今研究太平天国开国史最为翔实和全面的一部著作。"（中国社会科学院近代史研究所研究员夏春涛语）该书作者指出，太平天国在永安封王建政，休整军伍，为把革命推向全国奠定了基础；通过在永安的上述举措，太平天国的政权结构与领导统属关系基本定型，各项制度基本确立，这在中国农民战争史上绝无仅有，说明太平天国的确是旧式农民战争的最高峰。教材说太平天国"同中国以往的农民战争相比，在思想上、组织上，它都高出一筹……"也是"相比"而言的。两宋以前，农民起义的矛头主要指向皇帝、政府，后期主要指向地主；这种变化说明前期自耕农多，受国家剥削比较重；后期土地兼并发展，佃农增多，受地主剥削更深；因此，农民最渴望废除地主土地私有制，渴望获得土地，但从来没有具体的方案，只有口号。而太平天国有土地分配方案，达到了农民起义的最高水平。至于拜上帝教是不是邪教，教材是不是就应该按潘教授的观点来写呢？都是值得商榷的。当然，教材应该更科学地评价太平天国，但"王文"的观点也是欠妥当的。

"王文"引用教材原文指责其表述有"似乎自然灾害是造成三年经济困难（笔者按：1959—1961 年）的主要原因"之嫌，其实这是"王文"断章取义造成的。"王文"所引的教材原文的前一段是"'反右倾'产生了严重的后果，使党内的民主生活遭到严重损害，中断了纠正'左'倾错误的进程，使错误持续的时间更长，给经济建设造成更大的危害"。教材中的"这一切"包含着这两段的含义，究竟什么是"主要原因"恰恰是教师应该引导学生分析认识的，并不存在"王文"所说的这种嫌疑。

"王文"认为教材对"文革"期间造反派整人的表述是"轻松的几笔"，我则认为教材的表述是恰当的。教材要写的是"文革"十年的"动乱"，学生需重点理解的是造成"文革"十年的原因及教训。对于造反派如何整人，整了哪些人，教材的表述及其对党的历史上最大的冤案的介绍是到位的。如若不够，则应属于教师发挥的空间。

现在，有些人喜欢抱定否定一切的"宗旨"，颠倒过去的一切黑白，"知其不可为而为之"。提出什么"不要对美国忘恩负义""李鸿章维护了近代中国主权""岳飞、文天祥的精神不足道"（源自互联网）等奇谈怪论，甚至对已有公论的一些重大事件进行狭隘的"钩沉"，并为此不惜断章取义、鹦鹉学舌。匡正时弊是历史学家、历史教育工作者和媒体义不容辞的责任。同样是历史，有的人从中受益，有的人却因偏狭而上当，其关键就在于学什么、如何学？涵育科学的历史观、汲取历史智慧是学习历史的主要目的和方法。"历史可以提供的智慧是最全面的。""历史智慧既是物质的，也是精神的，""既有具体的，更有抽象的。"历史智慧的作用是潜移默化的，而不是简单重复的，"没有人能够从过去的历史中找到现实问题的具体答案"①。学习历史应本着科学理性的态度，避免狂热的偏激，学会正确反思历史，更不应违反学术和做人的基本规则。

科学的态度从哪里来呢？传授、培养、引导当然是不可或缺的，但最重要的途径确是自身的"感悟""体悟"。如果你自认为自己还能以科学的态度对待历史，那么请问你的这种态度仅仅是从历史书上看来的、向历史教师学来的吗？我想更多的是自己一次次地受到各种"历史"现象、历史问题的强烈冲击，再加上自己的历史知识、素养积淀，两者产生共鸣，逐渐内化、体悟而形成的，你对此没有同感吗？如果是这样的话，我们历史教育工作者应该怎样做呢？

我们必须以科学的态度对待历史，历史教育者必须以培养学生科学的历史态度为己任，我们自己必须以科学的态度对待历史，我们首先必须以科学的态度、理性的思考、灵活的教学风格来对待历史教学和历史教材。不管我们对历史教育现状心存多少期待、几何关心、几多憧憬、几许不满，也不管你有多少建议、意见和批评，以理性的态度对它是最重要的。一切非理性的"文本"形式，尤其是非理性的教学"文本"都无益于历史教育现状的改善，并可能衍生社会的非理性，那比教材的"保守性"更可怕。

二、教材要有学生意识

高考教育自学考试制度是党和国家从我国国情出发，帮助有志青年自学成才的一项重要举措。在十几年的自考实践中，自学考试取得了较高的社会信誉。

---

① 葛剑雄，周筱赟. 历史学是什么［M］. 北京：北京大学出版社，2002：171.

效果也是理想的，为我国的经济建设培养了大量的优秀人才。作为一名自学考试的参加者，在和其他自考考生交流的基础上，在和其他自考考生交流的基础上，我想就自学考试教材建设问题谈点不成熟的想法。

首先，自学考试教材的内容应该精炼且丰富。参加自学考试的考生多数是在职业余学习，他们在工作实践中，迫切需要丰富、更新自己的知识，求知欲强，学习目的明确，实践经验丰富，这是他们较普通高校学生的优势。但他们在学习也有许多不利因素：工学矛盾严重、家庭拖累大、学习时间难以保证。这样，考生需要的自考教材应是内容精炼、条理清楚、阅读和使用方便的。另一方面，自考考试的内容主要靠考生自学，由于工学矛盾严重，信息来源较缺乏，这决定了考生的知识广度和深度是有限的，因而考生又需要有内容丰富，包括课前提示、课后总结和练习题，体例新颖的自考教材。如何解决这对矛盾呢？笔者认为，自学考试的每门课程可以出版两本配套教材使用，分别按这两种需要来编写，内容精炼者作为自学考试的主要参考书；教材内容含量大的供考生阅读、学习、参考使用，考试时也可涉及。这样，既能适应考生的需要，又提高了考生读书学习的兴趣和积极性。

其次，自学考试教材的内容应该求新，求准、求统一。在当今知识经济的时代，科技、思想以人类前所未有的速度迅速发展，新学科、新技术不断出现，这就要求广大科技工作者、管理人员和社会全体成员的知识不断更新、补充、扩展和加深，完善知识结构，提高业务水平和创造能力。根据这一原则，自学考试的教材应该随着知识的更新而不调整和修订，删掉陈旧的教学内容，增加最新的观点和知识，以帮助考生适应现代化建设、市场经济和知识经济时代的需要。同时，自考教材一般是考生主要的学习对象和资料，因而，自考教材的质量要求应高于其他书籍，在编写、编辑、出版自考教材的过程中，除追求知识内容、体例的新颖外，还应把各种错讹，尤其是人为的错误降到最低点，以对考生和社会负责。另外，自学考试教材面向考生大众，因而在介绍有争议的知识和观点时，应采用目前通行的说法，而不应是一家之言，起码是在考生所学的十几门课程中应一致，从而便于考生学习和掌握。

最后，自学考试的教材，大纲和参考资料应该统一规划、出版和发行。自学考试教材是自学和考试的对象及依据，自学考试是以规定教材为考试范围的，所以自学考试教材的质量对考试的质量和考生考试起着决定作用。在实践中，教材的选定问题常常给考生带来许多麻烦和失误，有的考生地处边远山区，往往无法买到指定的自学教材，不得不使用其他教材，甚至是过时的教材；有的考生在自学考试的过程中因故需要转到其他省份继续考试，结果常常因教材不统一而造成时间、物质上的浪费并影响了自考的连续性。诸如此类的问题都需要有关考试部门加以协调解决。笔者认为，自学考试教材应主要由全国考委或各省考委组织编写，并指定固定的专业出版社出版发行，在装帧设计上自考教材应自成一体，并及时通过"主渠道"向全国发行，征订和邮购，以免给国家、社会和考生个人造成不必要的损失和浪费。

自学考试在现阶段的中国，还有广阔的发展前景。还有其巨大的社会价值，搞好自学考试是国家、民族发展的需要，也是知识经济时代的要求。自学考试教材是自学考试制度的重要组成部分，自考教材建设是自考制度成败的关键。因而，自学考试教材建设理应得到社会各界的帮助和支持。

第二节　深入理解历史知识

理解教科书中的历史知识，就是要对历史知识进行解释，进而将历史知识清晰准确的传授给学生。这里的"传授"，不仅是指具体的历史知识，还包括教师理解和解释历史知识的方式和方法。下面，略举一些实例以为示例。

一、如何理解劳动在从猿到人转变中的决定作用

劳动在从猿到人的转变中起了决定作用。恩格斯在他所写的《劳动在从猿到人转变过程中的作用》一文中，阐明了"劳动创造了人本身"的科学论断，从而有力地说明了人是从古猿进化而来的。

古猿向人转变的过程是一个非常缓慢、漫长的过程。恩格斯说："从攀树的猿群进化到人类社会之前，一定经过了几十万年……"（恩格斯《自然辩证法》）

首先，劳动引起了古猿的四肢、大脑等身体结构的进化。古猿最早生活在原始丛林当中，开始前后肢没有分工，后来发展到用前肢采集食物，用后肢支撑身体和直立行走。随着手的劳动和四肢的分化，脑及脑外面的头骨也随之得到进化。

其次，古猿在劳动中学会使用制造工具，从而与动物有了根本性的区别。古猿既然是猿，那么，古猿体质的进化过程应该属于自然选择的过程。自然选择解释不了人的形成问题。在猿向人转变过程中，劳动起了决定性作用。劳动

有"本能的劳动"和"真正的劳动"两种。本能的劳动是指使用天然工具获得食物的劳动。从事创造工具和使用工具的劳动才是真正的劳动,这种劳动在从猿到人的转变中起了决定的作用,是区别人和动物的标志。"当古猿类开始制造最原始的工具,集体进行劳动的时候,便产生了最原始的人类——猿人和原始的人类社会。"(《中国史稿》第1卷,第3页)

最后,古猿在劳动中逐渐产生了语言。根据对北京猿人的头脑分析,语言发音部位比较隆起(左侧大脑大于右侧,有左颞叶),表明北京猿人能发出分节语言。正如恩格斯所说,猿人在劳动中,产生了"彼此间有些什么非说不可"的需要,于是分音节的语言就产生出来了。语言是意识的表现,也是人和动物区分的标志。"首先是劳动,然后是语言和劳动一起,成了两上最主要的推动力,在它们的影响下,猿的脑髓就逐渐地变成人的脑髓",而"脑髓和为它服务的感官、愈来愈清楚的意识以及抽象能力和推理能力的发展,又反过来对劳动和语言起作用,为二者的进一步发展提供愈来愈新的推动力"。(恩格斯《自然辩证法》)

在劳动中早期人类学会了人工取火。据考古发现,北京猿人不仅使用火,而且能控制火,山顶洞人已学会人工取火。火的使用,使人类摆脱了"茹毛饮血"的生活状态,增强了人类的体质,而且又提高了改造自然的能力。摩擦生火"第一次使人支配了一种自然力,从而最终把人同动物界分开"(恩格斯《反杜林论》)。总之,学会制造石器和使用火是早期人类最主要的两项文化成就。

二、文艺复兴和宗教改革在反封建教会上的区别

在中世纪,天主教会是西欧封建制度的精神支柱,是一切反动势力的总代表。在经济上,它是西欧最大的封建主,拥有天主教各国地产的三分之一;在思想文化领域里,它严格统治着社会生活和思想文化的各个方面;在政治上,神权与政权交织,以罗马教皇为首的天主教会,给封建制度披上了神圣的外衣。所以,资本主义萌芽产生后,作为反封建的思想运动和政治斗争的文艺复兴与宗教改革,斗争锋芒都指向天主教会。虽然两者在批判天主教会方面立场一致,但也有很大的差别。

首先,从核心内容看。文艺复兴时期的思想家们宣扬资产阶级人文主义的世界观,肯定人性,反对神权,以把人性从神的桎梏中解放出来为最终目的。而这个"人",就是那些积极向上、创造自己新生活的新兴资产阶级;"神"就

是那些神化了的封建统治阶级。其本质是热爱人和自然，把宗教放在次要地位。宗教改革中，马丁·路德和瑞士的卡尔文要求改革教会，主张"信仰得救"和简化宗教仪式，建立适应时代要求的新教，但最终承认"神"的存在（当然指精神、意识领域内的）。从本质上看，宗教改革的理论仍以来世观念为基础，将灵性置于物质之上。人文主义通常认为人是善良的；宗教改革家则通常认为人是原罪的、堕落的。人文主义者向往自由与宽容；宗教改革家则强调信仰和服从。文艺复兴宣扬超民族超政治的人性；宗教改革则含有鲜明的民族性和政治色彩。

其次，从形式上看，文艺复兴是在"复兴"古典文化的形式下，宣扬资产阶级的世界观。资产阶级先进代表们努力发掘和利用古典文化中与封建意识形态相对立的一切积极因素，从语言到艺术形式都表现了某种"复古"倾向，而其实质，却是资产阶级文化的兴起。宗教改革是资产阶级披着宗教外衣的一场反封建的社会运动。一方面，由于"中世纪的历史只知道一种形式的意识形态，即宗教和神学"；另一方面，由于新兴的资产阶级的力量还比较弱小，所以，资产阶级的反封建斗争需要采取宗教异端的形式。文艺复兴是贵族运动；宗教改革是民众运动。大多数人文主义文化巨匠都不是新教徒，著名的宗教改革家也少有人文主义风采。

最后，从实质和影响看。文艺复兴在资本主义发展过程中产生了不可估量的影响。它建立了符合资产阶级利益价值观、伦理道德观、美学理论、哲学体系和科学的学科体系，这样，新兴的资产阶级就获得了同封建统治阶级进行政治斗争和经济斗争的理论根据和思想武器。可见，文艺复兴是新兴资产阶级在意识形态领域里的革命，是一次思想解放运动。宗教改革打击了西欧的封建势力，摧毁了天主教会的精神独裁，为西欧资本主义的发展进一步解除了精神枷锁。可见，宗教改革不仅是思想领域内的反封建斗争，更是宗教外衣下的新兴资产阶级反对以罗马天主教会为代表的封建统治阶级的政治斗争，为资产阶级夺取政权开辟了道路。尼德兰革命和英国资产阶级革命就是以新教为旗帜的。

三、葡、西为何先于意大利开辟新航路

意大利是西欧资本主义萌芽的最早兴起地，对东西方贸易的依赖性很强。意大利的一些城市，特别是威尼斯和热那亚，在东西方贸易中控制了地中海的商路。奥斯曼土耳其帝国兴起后，东西方贸易受到阻碍，商业发达的意大利城市尤其受到影响。在探索新航路方面，具有雄厚航海实力的意大利城市应当唱

起这个主角，为什么却是葡萄牙和西班牙两个封建王国捷足先登？我们主要以葡萄牙为例略作分析。

首先，通商路线的变化，使葡萄牙和西班牙成为西欧的交通要冲。13世纪后，欧洲因东西方商业贸易关系迅速发展起来，各种东方的商品日益流行于西欧社会的中上层。商品主要由阿拉伯、波斯、拜占庭商人转运至东欧，然后由意大利、法国南部和西班牙东北部的城市商人转运至西欧。15世纪中叶前，东西方的商路主要有三条：一条是先从海道抵红海再由陆路去埃及；一条是由海路去波斯湾，经两河流域到叙利亚一带；再一条是从中亚经陆路沿里海、黑海进抵小亚细亚。当时，红海和地中海一带的贸易分别由阿拉伯和意大利商人所垄断。15世纪中叶，土耳其人侵占东罗马后，对商船征收重税，并进行海盗式劫掠，使意大利等国商人的厚利大受影响。这期间欧洲范围内的经济联系进一步加强，特别是意大利与尼德兰之间，商业交往日趋频繁。葡萄牙和西班牙正处在两地航路的中间，一些沿海港湾成为重要的停泊点。这促进了葡萄牙和西班牙两国造船业和航海业的发达。随着两国航海地位的增强，意大利热那亚的许多水手纷纷迁居葡萄牙。由于从14世纪起，指南针已普遍运用于航海事业，出现了新型、轻便、多桅多帆、安全迅速、宽舱的大海船，使葡萄牙和西班牙具有适应远航装备需要的物质力量。所以，这两国便成为西欧最早组织远航和进行殖民侵略的国家。

其次，自然环境的压力迫使葡萄牙和西班牙走向大海。葡萄牙和西班牙位于伊比利亚半岛。葡萄牙王国形成于12世纪中期；西班牙则形成于15世纪晚期。葡萄牙国土是一块狭长的沿海地区，几乎没有什么内陆地区。东部的卡斯蒂堵塞了它在陆地上的任何扩张行为。15世纪初，欧洲几乎所有大国都有严重的内部问题亟须处理，唯独葡萄牙国内矛盾已经缓和，国家组织基本健全，已经准备好向扩张殖民地和缔造殖民帝国这一目标前进。这时，葡萄牙正值恩里时代，这个被称为"航海家"的国王，在推进葡萄牙航海事业的过程中，起了重要的作用，被尊称为近代地理发现的鼻祖。为了获得新的土地，葡萄牙王国的航海事业一直紧锣密鼓地进行。

最后，经济和宗教也是促进葡萄牙航海事业的重要原因。15世纪中期，葡萄牙中产阶级的势力正在增长。他们同欧洲其他资产阶级一样，因为从东方输入香料和奢侈品，付出了大量黄金。国内黄金的不足，加上以往减低铸币成色的政策，引起双重问题，即既缺少好的硬币，又不信用成色不足的硬币。于是，物价上涨，而政府通过的法律又不能把物价压低到强行规定的范围。欧洲本来没有什么黄金，少量供应的黄金大都是从非洲运来的。除了经济原因，葡萄牙航海非洲还与宗教斗争有关。信奉天主教的葡萄牙和西班牙人从 8 世纪初就处在外来穆斯林的统治和压迫之下，经历长达几个世纪的收复失地运动，葡萄牙人和西班牙人在斗争中产生了强烈的民族情绪和宗教情绪，因此，当他们向海外扩张时也把传播基督教作为自己的精神动力。

四、资本主义的兴起对世界的影响

十五六世纪，人类历史发生了重大的转折。这一基于全球史观的认识是建立于对商品经济和资本主义的正确认识基础之上的。"发生转折"的关键就在于资本主义在世界的兴起。

随着生产力的发展和商品经济的发展，十四五世纪，在地中海沿岸的某些城市，最早出现了资本主义生产关系的萌芽——工场手工业。商品经济和工场手工业的发展，需要更多的黄金等贵金属作为交换的媒介和工业发展的资金。于是，寻找黄金成了欧洲封建贵族、商人、新兴资产阶级开辟新航路的原动力。15 世纪末 16 世纪初，欧洲的航海家们开辟了绕过非洲和美洲到达东方的新航路。此后，葡萄牙、西班牙殖民者沿着新航路开始了殖民扩张和掠夺。殖民者掠夺的财富流入欧洲，转化为资本。资本主义生产方式随着殖民掠夺而兴盛起来。在客观上，扩张也加强了世界各地间的联系，真正意义上的世界历史开始了，它是世界历史一体化、全球化的开端。

资本主义生产方式的诞生和发展，是用火和剑开拓道路的。资本主义的发展，加强了欧洲国家殖民扩张的力量。17 世纪，荷兰、英国和法国加入殖民行列，开始了野蛮的掠夺和血腥的奴隶贸易，并为此展开了激烈的殖民争夺和战争，给殖民地带来了灾难和落后，为欧洲资本主义的发展提供了资本、市场和劳动力。欧洲资本主义得到了进一步发展。

经济基础的变革，必然引起上层建筑的革命。随着资本主义经济的兴起，14—16 世纪在西欧还发生了两大文化运动，即文艺复兴和宗教改革。十四五世纪，文艺复兴运动首先在意大利，随后在西欧各国展开。16 世纪，随着欧洲资本主义生产关系的发展，文艺复兴运动进入高潮。文艺复兴是一场资产阶级性质的城市文化运动，其指导思想是人文主义。在人文主义的影响下，西方的人格理想发生了变化，名声和荣誉成为最高的追求目标，真实、自然、机敏、强壮、潇洒、能言善道、左右逢源、多才多艺、趣味高雅，这一切构成了人文主义者的典型人格，而且这些都是后天养成的，仰赖于资质、教育和金钱，其属性是资产阶级的。同时，在文艺复兴运动中，西方艺术取得巨大的发展，近代自然科学也应运而生，养成了根据精确测量和观察，偶尔还根据实验来创造发明的习惯，科学及其分支学科获得了学理的独立性。

随着资本主义的发展，资产阶级的势力不断壮大，他们不再安于自身从前那种无权的地位。于是，宗教改革运动开始了。宗教改革的基本主张体现了资本主义精神，也是一场资产阶级性质的反封建运动，为资产阶级夺取政权开辟了道路。

随着资产阶级力量的进一步壮大，资产阶级迫切要求夺取政权，建立资产阶级专政，发展资本主义。16世纪末的尼德兰革命，是历史上第一次成功的资产阶级革命，预示着资产阶级革命时代的到来。17世纪的英国资产阶级革命揭开了世界资产阶级革命的序幕。18世纪中期美国独立战争和18世纪晚期的法国资产阶级革命，将早期的资产阶级革命运动推向了高潮。英国、法国和美国通过革命和独立战争的方式走上了资本主义道路，开始确立起资本主义制度。

为适应资本主义经济的发展，西欧社会出现了一批绝对君主制的民族主权国家。资本主义经济是市场经济，无论是保护国内市场，还是开拓国际市场，都必须以强大的主权国家为前提。由于这国家以市场关系为纽带，在当时的交通条件下必然以相同文化背景的人群为核心，所以注定是民族性的。由于这种国家脱胎于诸侯国混战的封建格局，只有君主具备凝聚力，所以注定是君主专制制度。随着形势的变化，这些国家还进行了适应于资本主义发展的改革。17世纪法国路易十四的改革、俄国彼得一世的改革、18世纪中期普鲁士腓特烈二世的改革、18世纪下半期的奥地利特蕾西亚女皇及其子约瑟夫二世的改革，既加强了封建统治，又为资本主义发展增强了物质力量，反映了十七八世纪欧洲向资本主义过渡的总趋势。

在社会剧变的大潮中，欧洲思想政治领域里的启蒙运动应运而生。它在美国独立战争和法国大革命中发挥了舆论动员作用，对美国政治制度的建立影响深远。可见，精神力量一旦转化为物质力量，其作用之大难以估量。

西方列强的野蛮扩张和民族掠夺，一方面促进了资本主义的迅速发展；另一方面引起了被压迫民族的民族解放运动。在资产阶级革命的浪潮里，美国和拉丁美洲人民先后发动了声势浩大的独立运动，赢得了国家独立。

欧美资本主义经济的发展，对外殖民活动的加强，必然导致东西方关系的剧变。新航路开辟后，欧洲国家开始向亚洲殖民扩张。而同时期的亚洲，却故步自封，内讧迭起，割据纷争连绵不断。这一时期的东西方，一方面是封建的农业经济与资本主义经济的较量；一方面是先进与落后的社会制度的对峙。这种力量对比的最后结果，必然是东方从属于西方局面的出现。

五、三权分立学说的演变

当代资本主义国家，无论其政体如何，他们在制定宪法和建立政府体制中在理论上大都采纳了资产阶级启蒙思想家提出的分权学说。标榜民主制的资本主义国家无不遵循三权分立原则来建立政府和设置机构。这一原则主要体现在"分权"和"制衡"两大方面，它是资本主义国家政治制度的一项重要原则。这些分权理论和内容是在历史发展中逐步丰富起来的。

分权学说作为一种社会政治思想，由来已久。古希腊著名学者亚里士多德在其《政治学》中认为，一切政体都要由三个要素构成：议事机能、行政机能和审判机能。这或许可以说是分权学说的最初萌芽。最早提出制衡观念的是古希腊著名政治学者波利比。后来，罗马共和主义者西塞罗又做了进一步探索，他们认为君主、贵族和平民政治互相联合互相纠正的那种共和政体才是最好的政体。

欧洲文艺复兴时期，一些政治学家和历史学家加强了对政权形式的探讨。意大利著名思想家马西略在《和平的维护者》中认为，君主制是最好的政体，但他推崇的是由选举的君主制，从理论上提出了分权的主张。16世纪法国著名政治学家、法学家布丹发展了这一思想，提出了通过民主机构发挥作用的君主制国家才是最稳固的国家。

欧洲的启蒙运动是分权学说的成熟期。17世纪前期，英国平等派思想家李尔本提出了人民主权思想和分权原则，成为资产阶级分权学说的思想先驱。平等派还积极主张立法权和行政权分立，反对行政干预司法。

现代意义上的分权学说是由英国著名哲学家、法学家洛克在平等派分权思想的基础上提出来的。他在《政府论》中把国家的权力分为立法权、行政权和处理外交事务权，立法权由民选的议会来行使，其他任何人任何命令均无法律效力。由于行政权和对外权很难分开，所以他主张将这两项权力都委托给君主，由君主根据议会的决定来行使。洛克坚决反对把制定法律和执行法律的权力交给同一机关掌握。他认为三种权力必须分别由不同的机关行使，不能集中在君主或政府手里，只有这样才能避免纷乱和灾祸。洛克的分权原则反映了英国1688年政变后君主立宪的现实。它一方面宣布立法权是国家的最高权力，另一方面又不得不给立法权加上种种限制。这正如恩格斯所指出的那样，是"1688

年的阶级妥协的产物"。但是洛克毕竟揭开了分权学说史上崭新的一页,为资产阶级"三权分立"学说的正式形成奠定了基础。

18世纪法国著名思想家、法学家、启蒙运动的杰出代表孟德斯鸠在洛克分权学说的基础上,创立了比较完整的三权分立学说,明确地提出了立法权、司法权和行政分立。他认为立法权应由人民集体享有,司法独立,君主享有行政权,三者互相独立而又互相监督,以权力的"制约和平衡"为思想核心,三权相互制约,互相保持平衡。孟德斯鸠代表新兴资产阶级的利益,深受洛克分权理论和英国君主立宪政体的影响。他提出三权分立学说,其主要政治目的只是要在法国实现资产阶级和封建贵族政权之间的妥协。尽管如此,他所创立的三权分立学说对其后的资产阶级革命和资本主义国家政府产生了极其深远的影响。

美国是实行"分权"与"制衡"原则最典型的国家。美国著名政治家、独立战争领导人之一的杰斐逊等进一步发展了分权学说。杰斐逊认为,不仅在中央国家机关之间要实行分权,而且在中央和地方的关系上也要层层分权。只有这样,才能建立一个分权的民主政治制度。他反对三权之中有一个最高权力,特别强调三权应"相互制衡"。三权分立学说在共和政体下付诸实践的标志是1787年的美国宪法的制定。该宪法的核心是:三权分立,立法、司法和行政三个部门,分别由国会、最高法院和总统执掌。这种权力的互相"制约与平衡",有利于防止权利的过分集中和暴政的出现,使美国联邦政府建立在资产阶级民主法制的基础上,给美国带来了长期稳定的政治局面。

法国大革命时期,1789年通过的《人权宣言》也把分权学说作为国家政权组织的根本原则。它宣告:"凡权力无保障,分权未确立的社会,就没有宪法。"法国至今先后颁布过12部宪法,但三权分立的原则基本未变。分权学说的不断发展与完善,反映了近代社会资产阶级民主政体取代封建专制政体的历史发展的客观规律,具有历史的必然性和反封建的进步意义。

在分权学说的发展过程中,分权学说的实质也发生着重大变化。它最初是阶级分权,表现为资产阶级和贵族阶级妥协分享统治权;随着封建贵族的没落和资产阶级力量的壮大,这种分权逐渐让位于资产阶级内部不同集团的分权。在资本主义国家里,一切国家机关都是资产阶级专政的工具,一切国家权力都是掌握在资产阶级手里。因此,"三权分立"只能是国家管理形式上的分权,其本质仍是资产阶级专政。所谓"分权"与"制衡"原则,也"只不过是为了简化和监督国家机构而实行的日常事务上的分工罢了"。

六、1929—1933 年经济危机的影响及教训

由于 20 世纪 20 年代中期世界经济的发展包含着局限性和不稳固性，盲目扩大的生产同容量相对稳定的国际国内市场发生尖锐的矛盾，导致了 1929 年经济危机的爆发。危机以美国纽约股票价格狂跌开始，很快波及全美国，并迅速席卷整个资本主义世界。危机发生后，各国统治者采取了以邻为壑的短视政策，致命危机具有长期性、普遍性和空前的破坏性。危机对全世界影响巨大，并给世界经济发展留下深刻的教训。

经济危机给资本主义世界以沉重打击，使资本主义制度固有的一切矛盾空前激化，结束了 20 年代出现的资本主义相对稳定局面。危机给各国劳动者带来了巨大灾难，激起了劳动人民对资本主义制度的不满，使反对资本主义制度的情绪高涨。资本主义国家内罢工运动、群众示威和农民运动重新高涨起来。殖民地半殖民地国家人民也掀起了反对帝国主义转嫁危机的斗争，出现了新的反帝高潮。法西斯主义在一些国家内迅速蔓延，法西斯组织相继出现。各国统治阶级面临内忧外患的困境，在经济和政治上普遍加强了国家干预和专横统治，日本开始实行武力扩张，德国则建立了法西斯统治。

经济危机使资本主义国家之间的矛盾进一步激化。关税战、倾销战和货币战导致资本主义世界的不断分化，出现了各种货币集团和经济集团。1933 年 6 月，66 个国家在伦敦召开世界经济会议，试图稳定货币，实行关税休战，结果不但没有成功，反而使各集团之间的对立越来越尖锐。在资源战日益激化的情况下，资源自给率较低、金融力量相对薄弱的德、日、意逐渐相互靠拢，形成了法西斯集团；而垄断了国际市场、资源相对雄厚的英、美、法面临着法西斯国家的争夺，逐渐捐弃前嫌，于 1936 年秋分别签证了《三国货币稳定协定》和《三国黄金协定》，一定程度上调节了三国之间的经济矛盾。两种不同类型的帝国主义国家在经济上的分化对立和重新组合，为以后两大政治军事集团的形成铺垫了道路。

20 世纪 30 年代的大危机给世界造成的损失和带来的影响发人深省，给当今的世界经济发展留下了深刻的教训：

首先，它告诉人们，繁荣和危机总是密切相关、同时并存的。各国在发展经济时，不仅要关注目前的直接效益，更要着眼未来，要确保经济的持续发展。要清醒看到经济发展中可能存在的潜在危机，防患于未然至关重要。

其次，在经济发展过程中，各国政府、不同制度的国家要适应经济的不断

发展，及时调整内部机制和政策，并不断协调好国际关系，为经济的持续发展营造一个良好的国内、国际环境。

最后，经济和金融危机一旦发生，各国政府和各国组织应承担起各自的国际责任和义务，从而有效地遏制危机，防止危机的恶化、扩展和延续。各国政府和国际组织要从根本上摒弃以邻为壑的自保政策和转嫁手段，在区域经济集团化和全球经济一体化趋势加强的当今世界，国际合作尤显重要。

七、国际恐怖主义活动综述

恐怖主义活动是一个备受关注的现实问题，了解、认识恐怖主义，有助于我们对现实问题的分析理解，有利于正确理解当前的世界形势和我们面临的问题。

（一）何谓恐怖主义

"恐怖主义"是指为了某种政治目的，而采用暗杀、绑架、劫机、爆炸等极端暴力手段的一种政治行为。最初是为了反对暴君的残暴统治，反抗外族入侵以及殖民主义者对被压迫者的剥削和奴役，捍卫国家民族利益。但随着社会的发展，恐怖主义已逐渐偏离了正常轨道，他们宣扬无政府主义、极端民族主义和狂热的虚无主义，而且许多恐怖主义活动是以牺牲无辜者的生命按为前提，公然践踏人类文明的准则，极大地威胁着国际社会的安全秩序。恐怖主义已成为国际公害、世界公敌。按照联合国宪章的解释，恐怖主义是指"亚国家集团组织或秘密团体对非战争目标发动的有预谋、有政治目的的，通常故意影响视听的暴力行为。"通俗地说，恐怖主义是指在战争之外，个人或团体出于某种政治目的而采取的暴力行为。它的特征是组织上的极端秘密性、行动的突然性和手段的残忍性。恐怖主义的一般内容是制造令人恐惧、惊怖的活动，大体上含暗杀、绑架、爆炸等令世人感到意外和恐惧、起到某种震慑作用的事情，它既有别于一般意义上的刑事犯罪，也不同于一般的政治斗争，它是当代国际政治斗争中的一种畸形怪胎。

（二）恐怖主义活动概要

恐怖主义活动是服从于一定阶级、政党、派别的政治目的的，古今中外，概莫能外。在中国古代，《史记》中就有《刺客列传》，为搞恐怖活动的刺客立传，"荆轲刺秦王"就是一例。近现代史上的汪精卫刺杀摄政王、袁世凯刺杀宋教仁、国民党右派刺杀廖仲恺等都属恐怖主义活动。在世界史上，从古到今俯拾皆是：如古罗马恺撒被刺、十字军东征、殖民主义者种族灭绝政策；近代法国马拉被刺、美国总统林肯被刺、20世纪30年代苏联基洛夫被刺、德意日法西斯主义侵略扩张，野蛮屠杀犹太人和中国人民、反战派谋刺希特勒；二战后美国国内"麦卡锡主义"、新法西斯主义，以及美蒋特务在万隆会议前夕为谋杀周恩来总理所制造的"克什米尔公主号"事件等。

"恐怖主义"之说，始见于法国大革命时期，当时失去政权的反革命分子为恢复封建旧秩序而大搞暗杀活动，这种行为被称为"恐怖主义"。期间，法国大革命雅各宾派首领之一马拉被刺。之后，1793年，雅各宾派颁布了一系列法令政策，严厉镇压投机商人和反革命分子（连同路易十六的妻子在内），惩治复辟破坏的王党分子和内奸，很快平抑了物价，镇压了反革命，打败了国外反法同盟的进攻，平定了王党叛乱，将革命推上了高潮。大文豪雨果在《九三年》中就真实地再现了这一波澜壮阔的革命场景和画面，但在封建势力眼中，他们认为这一切都是不可接受的，便将这一政策的实施过程也称之为"恐怖主义"。

从19世纪开始，随着资本主义国家内部、资本主义国家之间以及资本主义列强与殖民地、附属国之间矛盾的激化，恐怖主义成为一种特殊的斗争方式。一些无政府主义者、民族主义者纷纷以恐怖主义行动来对抗资本主义和殖民入侵者。1881年俄国沙皇亚历山大二世遇刺和1914年奥匈帝国皇储斐迪南遇刺，就是对世界产生重大影响的恐怖主义事件的代表。

"十月革命"后，世界现代史上发生的恐怖活动被视为现代恐怖主义活动。此前的恐怖活动一般只是个人或团体的行为，影响很有限。"二战"后，特别是20世纪60年代以来，恐怖组织的活动迅速扩大，成为一种普遍性的国际现象。20世纪七八十年代，恐怖主义先后高涨于欧美和中东，形成多个极端势力组织，对不特定目标展开攻击。中东地区恐怖活动极盛，恐怖事件不断，1995年犹太极端分子暗杀以色列总理拉宾，给中东和平进程带来重大影响。这一阶段，劫机、暗杀、绑架、爆炸等恐怖事件时有发生，恐怖活动袭击的目标和范围越来越具有国际化的特征。

进入20世纪90年代，随着国际形势的剧变，民族矛盾、宗教矛盾、领土纠纷等问题尖锐化、复杂化，恐怖主义空前猖獗。目前世界上为人所知的恐怖组织已有上千个之多，既有极端左翼、极端右翼的恐怖组织，又有民族主义、极端宗教主义的恐怖组织，还有黑社会恐怖组织等等，包罗万象，不一而足。它们为了达到自己的目的，采取多种手段，制造种种事端，已发展为一种全球性的反人类活动。

国际恐怖主义就像一头"怪兽",把它的触角伸到地球上除南极以外的所有地方。具体地分析,当今世界的恐怖组织大致可分为六类。(1)极左翼恐怖组织。主要活动在欧、美、日等发达国家,如意大利的"红色旅",日本的"赤军"等。(2)极右翼恐怖组织。主要活动在西欧及拉美地区,奉行新法西斯主义和极权主义、种族主义。(3)民族主义恐怖组织。它广泛分布于世界各国,如俄罗斯的"车臣反政府武装"、北爱尔兰的"北爱尔兰共和军"、斯里兰卡的"泰米尔猛虎解放组织"。(4)国家恐怖组织。指某些国家当局直接操纵国家机器进行恐怖活动。(5)黑社会恐怖组织。如意大利的"黑手党"。(6)宗教性恐怖组织。本·拉登的恐怖组织属于这一类。他在1998年2月23日成立"伊斯兰圣战阵线"时宣称:"我们呼吁所有穆斯林、所有愿意服从真主命令的虔诚教徒,随时随地杀死和抢劫美国人。"另外,一些邪教组织,像美国的"大卫真理教""太阳圣殿教"、日本的"奥姆真理教"等都属于这一类。

(三)恐怖主义对世界造成的严重危害

恐怖分子为了谋求最大的恐怖效果,手段从低级向高技术、传统向超级发展,花样不断翻新,有暗杀、爆炸、绑架、劫持飞机、放毒、扣押人质、写恐吓信或打恐吓电话等多种方式。"9·11"事件中,恐怖分子劫持飞机撞击大楼则是又一种"创新"。恐怖分子称自己的恐怖活动是一种弱者对付强者的新型战争,都把自己的恐怖活动说成一种正义的行为。然而,恐怖活动给人类和世界造成的严重危害却是有目共睹的。

其一,对世界和平构成威胁,加剧了世界的动荡与不稳定。恐怖主义手段的残酷性、行动的突然性,以及目的的极端性使其活动令世人惊怖和恐惧,同时,它常常又成为国际霸权主义和强权政治的托词,在一定程度上讲又使得霸权主义和强权政治嚣张异常,这些都对世界和平形成威胁。

其二,使人类的生命遭受重大伤亡。1985年被称为"恐怖主义年",全球共发生两千多起恐怖事件,有5000多人丧生,3000多人受伤。在美国"9·11"事件中,美国伤亡人数和财产损失甚至超过"二战"中的珍珠港所受的损失。人们把恐怖主义称为"21世纪的政治瘟疫""一场无休止的地下世界大战"一点也不过分。

其三,使世界经济发展受到严重影响。受"9·11"恐怖事件影响,美国经济出现了自1993年以来8年中的首次负增长;据2001年10月10日联合国报告预测,受"9·11"事件及美军事行动影响,世界经济2001年增速为1.4%,为近10年来的最低水平。

（四）国际恐怖主义产生的根源

国际恐怖活动的兴起，具有深刻的政治、经济和社会根源，它是当代世界各种矛盾复杂化的一种歪曲反映，是现今世界经济、政治、国家、民族、宗教各种矛盾发展、激化的结果。

其一，战后许多国家和地区的社会危机不断加深，形成恐怖主义滋生的土壤。因此可以说，恐怖主义是当代资本主义各种矛盾孕育出的一种怪胎。战后一些国家、地区贫富悬殊、社会不公、种族歧视等各种社会矛盾日益突出，加上经济衰退、失业严重等因素，使许多人对现实产生了强烈的不满情绪，从而使宣泄不满、与现实抗争的恐怖事件不断发生。

其二，战后很多地区的民族矛盾未能很好地解决，一些民族、种族矛盾的尖锐化，是恐怖活动兴起的根源之一。

其三，恐怖主义是霸权主义和强权政治新发展的恶果。

其四，现代科技的进步也为恐怖活动的加剧提供了物质条件。交通和通信工具的发达、精良武器的易于获得、新闻媒介的大众化，这些都使得恐怖活动可以在更大的范围内以更有效的方式进行。"9·11"恐怖事件充分证明了这一点。

（五）世界各国联合起来共同消灭"恐怖主义"

面对国际恐怖主义的恶浪，世界各国和国际社会普遍加强了反恐怖主义的措施。

第一，加强国际合作，齐心协力对付恐怖主义。国际恐怖活动如同一种"国际病毒"一样具有极强的蔓延能力。它不仅危害一国的利益，在当今国际社会相互依存度越来越高的情况下，恐怖活动所引起的恐怖效应越来越呈现"牵一发而动全身"之势，没有哪个国家可以超脱于外而高枕无忧。触目惊心的事实使世界各国逐渐认识到，各自为战意味着给恐怖分子以喘息和回旋的余地，各国应广泛加强反恐怖主义的国际合作。

第二，加强反恐怖主义立法。2001年9月28日，联合国安理会通过1373号决议，谴责恐怖主义袭击事件，重申必须根据《联合国宪章》以一切手段打击国际恐怖主义行为。联合国主持了在波恩举行的阿四方会议，提出了阿富汗临时政府的组建方案。12月20日，安理会决定成立国际援助部队，协助阿临时政府在该国首都喀布尔及其附近地区维护和平与安全。2001年10月26日美国颁布反恐怖法案，加大对恐怖犯罪的打击和惩罚力度。

第三，加强安全警察的力量，组建反恐怖的特种部队。据有关材料统计，目前全球60%的国家成立了反恐怖突击队，如美国的三角洲特种部队和海豹第六特种部队、俄罗斯的阿尔法别动队、法国的国家宪兵突击队等。

（六）我国的反恐立场

针对国际国内形形色色的恐怖主义活动，我国一贯坚持反对恐怖主义的活动。我国对此的一贯立场是：中国反对一切形式的恐怖主义；打击恐怖主义是一项长期、复杂和艰巨的任务，必须加强国际合作，发挥联合国和安理会的主导作用；中国反对把恐怖主义与特定的民族、宗教问题相联系，反对在反恐怖问题上搞双重双准。

我国已经加入了一系列有关反恐怖问题的国际公约，和国际社会进行着卓有成效的反恐合作。2001年6月15日，中国与"上海合作组织"的其他五国（俄、哈、吉、塔、乌）共同签署了《打击恐怖主义、分裂主义和极端主义上海公约》。2001年10月1日在上海 APEC 会议上，又通过了《亚太经合组织领导人反恐声明》。通过以上文件，进一步表明我国的反恐立场和态度。

"中国政府一贯谴责和反对一切恐怖主义的暴力活动。"要铲除恐怖主义，仅靠几个国家的力量是不够的，那种"以暴制暴"的方式也是行不通的，应充分发挥联合国的主导作用，从根源上杜绝恐怖主义的发生和蔓延。第一，统一各国对恐怖主义的认识，谴责任何形式的恐怖主义活动，使恐怖主义失去道义的支持；恪守《联合国宪章》和其他国际法，制止一切形式的恐怖活动。第二，每个国家都有义务协助其他国家打击恐怖活动。根本点就是要切断恐怖组织与外界的一切联系，包括资金和武器来源。第三，各国要恪守以主权平等和互不干涉内政为核心的国际关系准则。任何国家都不应谋求霸权，推行强权政治，世界事务应由各国平等协商解决，各国主权事务应由各国自己去办，任何国家都不能干预他国内部事务。第四，倡导建立互利、共同发展的新型国际经济关系，反对经济贸易交往中的不平等现象和各种歧视性政策与做法。发达国家应该从提供资金、减免债务、转让技术、平等贸易等方面，支持和帮助发展中国家振兴经济，提高人民生活水平。南北关系不改善，南北差距不缩小，对穷国不利，对富国无益，世界和平与稳定也无法保障。只有这样，才有可能铲除恐怖主义的毒瘤，为世界各国创造一个稳定的发展环境。

七、我国古代的无神论思想及其对有神论的批判

我国古代的无神论思想、唯物主义思想源远流长，并随着生产和社会的发展而不断完善和科学化，同时对形形色色的有神论，进行了有力的批判。回顾、继承这份珍贵的思想遗产，有助于我们科学世界观的形成和同各种有神论思想、封建迷信思想做斗争。本书拟就古代理性思想家对于天命、上帝、神及天人关系的认识，做一简述。

早在原始社会，就产生了人类最早的灵魂观念，灵魂不死是原始人思考人类个体来源所产生的观念。原始墓葬的随葬品及埋葬夭折孩子的陶器底部用作灵魂出入的小孔便是证据。这种观念后来发展为原始人的祖先崇拜。随着生产力的发展，人与自然的关系日益密切。这在原始人的思想意识领域也有反映，氏族社会里出现的图腾观念即自然崇拜就是这种原始意识的重要表现，它表明人和自然的关系人依赖自然。人类对自然界的思考和认识表明原始人类已开始利用自然来满足自身需求的意识。水平低下的生产力决定了原始人认识自然的能力非常微小，于是他们把自然界想象为具有思想、感情和意志的存在，产生了万物有灵的观念，最终形成了以上帝为至上神的一元神宗教。

夏商时期，"帝"或"上帝"的概念已经出现。当时的"帝"是能够呼风唤雨、主宰一切、肯定一个王朝的合法性的神灵，并形成一个以"帝"为首的神灵体系。出土的卜辞里有"帝其令风""帝其令雨"的条目，可为佐证。商王为证明自己"予一人"地位的合法性，把自己的统治说成是承受天命，当时的"国之大事，在祀与戎"（《左传》成公十三年）。

周灭商后，天命观发生了变化。首先，周人认为"天命"是可以转移的，提出"天惟时求民主"（《尚书·多方》），即天随时都在寻找适合于做人民君主的人的观点，强调了人的努力，为"天命观"注入理性的内涵。同时提出"皇天无亲，惟德是辅"（《尚书·蔡仲之命》）的"敬德保民"观念，增加了可预期的成分，使天命逐渐成为可以认识的对象了，从而促使天命观由神学的天命观向自然的道德观转变。

西周末年，随着科技水平的提高和生产力的发展，"天"逐步向自然的天转化。周幽王二年，西周三川地震，照当时的看法，这是上帝对人的警告，而伯阳父却指出："……今阳失其所而镇阴也。"（《国语·周语》）用阴阳的概念来解释地震。这是朴素的唯物主义思想认识。此后到春秋，人的地位得到不断提高，出现了贬低神的作用的天人分离的人文主义思想，邵公曾告诫厉王说："防

民之口，甚于防川，川雍必溃，伤人必多，民亦如之。"(《国语·周语》)春秋初期，随国贤者季梁说："夫民，神之主也。是以圣王先成民而后致力于神。"(《左传》桓公六年)周臣史嚚说："吾闻之，国将兴，听于民；将亡，听于神。"(《左传》庄公二十二年)明确表现了重人轻神的思想。《孙子兵法》也十分重视人的主观能动性作用。与此同时，春秋时期的阴阳五行学说从神学的桎梏中解放出来，在与具体科学如医学的结合中得到发展，唯物主义倾向明显增强。

孔子、老子在对天人关系的认识上有重要贡献。孔子一生孜孜不倦，"知其不可为而为之"(《论语·宪问》)，很不以"天命"为然。并说："天何言哉？四时行焉，百物生焉。天何言哉！"(《论语·阳货》)这里的天已有自然的含义，天命也不再是神灵的旨意，而是自然的不知其然的必然性。这在中国思想史上有深远的影响。老子对于无神论的贡献在于他用"道"的范畴代替了"天"和"帝"。认为"道生一，一生二，二生三，三生万物"(《老子》四十二章)。同时，"道"还指规律性，并决定了万物的规律性。他还认为"道"是神能够灵明的关键："神得一以灵。"(《老子》三十九章)老子的观点对后世的影响很大，王充就认为自己的思想符合道家之义。战国时期，人们对自然界有了更深入的认识，墨家学派是其中自然科学知识最为丰富的一个学派，并有了比较系统的认识论，肯定人具有认识的能力，有力地促进了唯物主义思想的发展。

战国时期，荀子吸收了当时科学认识的成果，对天、天命和天人关系都提出了朴素唯物主义的结论，对有神论提出了较为系统的批判，荀子明确指出，天是无意志、无目的的自然界，天的实体是形形色色的物质存在。所谓"神"不过是自然现象的"不见其事而见其功"(《荀子·天论》)的功能。并指出自然现象是有规律的，是不以人的意志为转移的："天行有常，不为尧存，不为桀亡。"(《荀子·天论》)因此他对改造自然、战胜自然充满信心，主张"明于天人之分"和"制天命而用之"。荀子这里所谓的规律，也是天道远行的必然性，是从天命的概念过来的。他把神秘的、有意志的天命观念，改造为自然的规律和必然性，彻底地否定了有神论的观念。

汉朝建立了统一的封建王权，为证明其统治的合法性，董仲舒的天人感应的神学体系应运而生，董仲舒认为，天是"万物之祖"，"百神之大君"(《春秋繁露·郊语》)。天是有意志的，似人，有喜怒哀乐之气。春气暖是"爱而生之"；秋气清是"严而成之"；夏气热是"乐而养之"；冬气寒是"哀而藏之"(《春秋繁露·阳尊阴卑》)等。人也类似天，如人的骨节数和一年的天数相同，天人能够相互感应。皇权是神权在地上的代理人，"王者上谨于承天意，以顺命也；下务明教化民，以成性也"（《汉书·董仲舒传》）。但经过荀子无神论的洗礼，董仲舒已经不能再赤裸裸地把天描绘为活生生的人格神了。他的天、神是有意志、有目的的一种神秘力量。照董仲舒所说，天"藏其形而见其光"，"藏其形，所以为神者也。"（《春秋繁露·天地之行》）因而，董仲舒提出，必须经过观察自然现象的变化来体会天意。

对于董仲舒的神学体系，时人多有批判。司马迁在《史记》中尽可能地突破此说，在凡是能够对历史事件和历史人物的命运做出现实合理解释的地方，司马迁都排斥天命鬼神的说教。在解释"田氏代齐"的原因时，他写道：田氏"收赋税于民，以小斗受之；其禀予民，以大斗"，因而"得齐民心"，"民思田氏"（《史记·田敬仲完世家》）。

对于董仲舒神学的批判最有力的是王充。他从"气"的概念入手，恢复了天的自然意义，指出天地万物都是由元气构成的物质实体，没有意志，也没有目的。天、地都不能有意地产生人类和万物。"天、地故不生人"（《论衡·物势》）。他认为自然界和人类社会各有其自身的运行发展规律，"人不能以行感天，天亦不能随行应人"（《论衡·明雩》），反驳了天人感应的神学观点。他进一步指出，凡生命都有死亡，"人死不为鬼，无知，不能害人。"（《论衡·论死》）从而批判了鬼神观念。

南北朝时期，佛教盛行，"神不灭"观念影响甚大。范缜以《神灭论》与之针锋相对，他以形神关系为中心，阐述了精神现象的生理依据："神即形也，形即神也；是以形存而神存，形谢而神灭也。"（《神灭论》）他指出的形神统一，就是物质实体及其作用的统一，并认为不是任何物质实体都能产生精神作用，只有像人这样特殊的物质才能产生精神，从精神现象产生的根源上说明它对物质的依赖关系。

唐代流行佛教和韩愈的天命论。对此，柳宗元和刘禹锡对天人关系进行新的说明，形成唯物理论的新阶段。柳宗元在王充的元气说的基础上进一步指出，天地万物都是由元气构成的，时间、空间都是无限的客观存在，没有什么神灵。万物之所以形成，是由于阴阳之气自身运动和相互斗争的结果。阴阳二气"自动自休，自峙自流"，"自斗自竭，自崩自缺"（《柳宗元集·非国语》），气之所以能够运动和斗争，原因在于其内部包含的阴、阳的矛盾性。"合焉者三，一以统同。呴炎吹冷，交错而功。"（《柳宗元集·天对》）他初步猜测到了事物内部的矛盾是事物发展的动力的辩证法原理，阴阳二气"自动""自斗"思想，根本排除了神的造物作用。在天道观上，柳宗元指出"生植与灾荒，天也；法制与悖乱，皆人也。二之而已，其事各行而不相预"（《柳宗元集》）。认为天人是两个不同的领域，二者各行其是，不相干扰。并深刻指出统治者热衷于有神论的根源是自身无道和企图欺骗、愚弄老百姓。

刘禹锡在"天人之际"的问题上，主张天与人"交相胜，还相用"，进一步论证了天的物质性，认为："天之能，人固不能也；人之能，天亦有所不能也。"（《刘禹锡集·天论中》）天与人是相互依赖、相互作用和相互斗争的关系，而非主宰与被主宰的关系。他也分析了有神论产生的根源，一是认识和战胜自然的能力不足，一是社会的不公和不安定。这些认识都是很深刻的。

经荀子、王充、范缜、柳宗元、刘禹锡等人的分析和批判，作为理论形态的有神论在宋元明清之后基本上销声匿迹了。唯物主义思想得到进一步发展。

北宋张载认为物体变化是"气"的聚散。有形物体都是由气派生的易变形态，就像冰产生水一样，冰随时消失，而水则常在。认为"浮而上者阳之清，降而下者阴之浊；其感通聚结，为风雨，为雪霜。万品之流行，山川之融结，糟粕煨烬，无非教也"（《正蒙·太和》）。认为万物是气凝聚之后落下的糟粕，污浊卑微。也是对物质产生来源的进一步解说。

明末清初思想家王夫之发展了张载的自然观，他认为世界万物是物质构成的，是不依赖于人的主观意识而存在的。他始终把"气"的存在与运动紧密地结合在一起，特别是在运动问题的论证上具有独到的成就，发展了张载的辩证法思想。他认为运动是事物存在的一种形式，"止而行之，动动也；行而止之，静亦动也；一也。而动有动之用，静有静之质，其体分也"（《正蒙注》卷一）。静与动既是统一的，又是有区分而不能混用的。说明他对物质的认识更加深刻。他还重视实践对人的认识的作用。

纵观中国古代思想发展史，随着社会生产力的发展和对自然认识水平的提高，神学迷信思想的错误认识不断得到纠正和批判，建立在科技知识和对自然界的正确认识基础上的唯物、辩证思想最终取得胜利。

八、荀子、王充等对鬼神迷信的批判

荀子在《解蔽》里，对于鬼神迷信做了生动的分析批判。他说道：夏首的南边有个叫涓蜀梁的人，此人既愚而又事事恐惧。在月光明亮的晚上走路，低头见自己的影子，以为是伏在地上的鬼，仰头见自己的头发，又以为是站着的妖怪。吓得转身就跑，回到家中，竟然惊吓而死。

由此，荀子得出结论说：凡人们认为有鬼，必定是有精神恍惚、心智不清的时候留下的印象。荀子对祭祀、卜筮也做了新的解释："日月食而救济之，天旱而雩，卜筮然后决大事，非以为得求也，以文之也。故君子以为文，而百姓以为神。以为文则吉，以为神则凶也。"（《荀子·天论》）他不相信求雨的祭祀可以使天降雨、卜筮可以预知未来。人们之所以举行祭祀，进行卜筮，只是出于礼节仪式的考虑，是一种教化活动。如果真的认为祭祀和卜筮有神秘作用，那就会造成灾难。

王充否认人死后可以变鬼的观念。他指出，"鬼神，阴阳之名也。阴气逆物而归，故谓之鬼；阳气导物而生，故谓之神"（《论衡·论死》）。因此，作为人格意义上的，由人死后变成的鬼是不存在的。"人死血脉竭，竭而精气灭，灭而形体朽，朽而成灰土，何用鬼？"（《论衡·论死》）那么，鬼的观念又是怎么产生的呢？王充认为，那都是人们因思念造成的恍惚的精神状态所形成的。"凡人为鬼也，必以其感忽之间疑玄之时。"（《论衡·天论》）"凡天地间有鬼，非人死精神为之也，皆人思念存想所致也"。（《论衡·订鬼》）凡生命都有死亡，"人死不为鬼，无知，不能害人"（《论衡·论死》），从而批判了鬼神观念。王充以后，范缜提出"形神相即""形质神用"的命题，"形神相即"是说形神是一体的，不可分的；"形质神用"说明形是神的主体，神是形的功能和作用。范缜还用刀刃和锋利的关系来比喻形神关系，指出没有刀刃，就没有锋利，所以"形存则神存，形谢则神灭也"。（《神灭论》）

古代巫术迷信，是在人们缺乏科学知识的条件下发生的。这种迷信，宣扬人的疾病是由鬼神作祟，去病就要祭鬼神。对于各种巫术和神仙方术，我国的理性主义者也是反对的。春秋时，鲁国大旱，国君想焚烧巫师求雨，鲁大夫臧文仲提出了反对意见："非旱备也，修城郭，省食用，务穑劝分，此其务也。巫何为？天欲杀之，则如勿生：若能为旱，焚之滋甚。"国君听从了臧文仲的建议，因而"是岁，饥而不害"（《左传》僖公二十二年）。《左传》昭公元年则记载了这样一个事例。晋侯生病了，当时卜人说晋侯的疾病是由鬼神作祟所致，而当时郑国的执政大夫子产却认为并非如此，他认为是晋国国君个人生活不检点而得病，与鬼神无关。《左传》僖公二十二年记载的西门豹除巫治邺，更是一个大家熟悉的反对迷信的故事。

汉代盛行着许多成仙的方术，还有许多成仙的传说。王充否定人可以不死，具体揭露了种种神仙方术。"有血脉之类，无有不生；生无不死。""天地不生，故不死：阴阳不生，故不死。死者，生之效；生者，死之验也。夫有死者必有

终，有终者必有死。"(《论衡·道虚》)

鬼神观念和各种迷信思想是人类对自然和人类自身的一种错误的认识和反映，其产生的根源是生产力水平的低下。自古以来的理性思想家都致力于对其批判和纠正，随着生产力的发展和人类对自然界的认识水平的提高，这些观念逐渐被彻底抛弃和修正。

九、生态环境变迁对中国历史发展的影响例析

人类和环境之间的关系是对立统一的。一方面，环境总是作为人类的对立面而存在，按照自己的规律发生和发展。如果人类认识到环境的客观属性及其发展规律，在利用自然和改造自然的过程中，就能趋利避害，引导环境向有利于人类生存的方向发展；反之，如果违反环境发展的客观规律，或迟或早要受到环境的惩罚，产生影响人类生存的环境问题。另一方面，环境总是作为人类的特定环境而存在，人类同它周围的环境是相互作用、相互制约和相互转化的。人类既是环境的塑造者，又要受到环境的作用和影响。本文试以中国历史上的有关知识为例，分析生态环境变迁对中国历史发展的影响。

（一）商代盘庚迁殷可能与生态环境条件关系极大

公元前14世纪，商王盘庚把都城从奄（今山东曲阜东）迁到商殷（今河南安阳西北）。都城的稳定也有利于商朝的社会稳定。商朝多次迁都的原因通常的解释是——由于生产力的落后，商朝人既依赖于黄河水，又无法制服黄河水患，因此只能频繁迁都。史学界对此争议很大，认为商朝屡次迁都的原因大致有水患说、战争说、王位纷争说、阶级斗争说、寻找青铜说、游牧说、游农说等说法。合理的理解应该是游农说，即与当时的农作制度密切相关。

人类最早的农作制称为撩荒农作制，其中又可分为生荒农作制和熟荒农作制两种。生荒农作制是指连续耕种数年则放弃，依靠自然去恢复地力。熟荒农作制则指耕作地与撂荒地定期轮换。此后更进步的就是连种制和复种制，如教材中提到的明朝"江南地区大力发展双季稻，岭南一些地方还出现三季稻"指的就是复种制。盘庚迁殷前的农业生产水平估计仍停留在生荒农作阶段，当一个地方的地力耗尽以后，就不得不寻找新的土地。安阳地区地处太行山东麓阶地上，雨量较多，土地肥沃，是个既无水患之害，又有雨水充沛之利、农业发达的地方。从安全上讲，这里背有太行山作屏障，南、北有漳、巳两河及河岸高地之阻，东有宽阔的黄河难以逾越，是一个内里粮足兵多，外有山河以助防

守的兵家必争之地。这种内、外相结合的优越区位条件是夏、商过去的都城所不具备的。所以商朝迁都至此而稳定下来便不难理解。再加上盘庚迁殷后逐渐向熟荒农作制过渡，生产力水平提高了，都城也就有了稳定下来的经济基础了。

（二）我国古代经济重心南移和传统经济区域的演变与历史时期的生态变迁密切相关

在我国古代史上，社会发展的经济重心经历了一个从北方黄河流域逐步南移至长江中下游及其以南地区的演变过程，其中原因，除一些社会因素外，与历史时期气候变迁及生态环境恶化关系密切。

我国北方中纬度地区在历史时期气候变化的总趋势是日益干冷，这便造成我国北方湿润区和半湿润区由北退缩，干旱区和半干旱区向南扩展，农牧业区分界线南移，进而使适合农作物生长的时间缩短，熟制减少；同时还造成自然灾害频率增高，生态环境恶化，水源减少，水利工程功效衰落，粮食亩产量下降。这些原因连同其他一些社会原因是造成北方经济衰退、经济重心南移的主要原因。

中国北方生态环境变坏，除了历史气候变化外，人为的不合理开发和利用也是一个重要原因。其中人类过度垦殖、滥伐森林、掠夺性地获取资源更是直接突出的导因。由于这些原因，昔日盛极一时而人烟辐辏的楼兰、精绝、提英、尼雅、统万等名城被风沙所吞没，踪迹难觅。黄河中下游地区曾是中华文明的发祥地和汉唐中国经济重心所在地，也曾是森林茂密的地区，但随着人为的过度垦殖，滥伐森林，山峦变得光秃秃，湖泊大量淤塞和缩小，水土流失加重，土地日趋贫瘠，气候日趋干燥，自然灾害频繁，导致北方渔业经济和水利灌溉都趋于衰退，历史时期曾经存在的孔雀、鹦鹉、猩猩、鳄鱼、猕猴、长臂猿、竹鼠、亚洲象、犀牛、麋鹿、华南虎、大熊猫、桑蚕、荔枝、竹类、柑橘、楠木、棕榈、芭蕉、龙眼、甘蔗等动植物分布，都经历了一个从北向南推移或从广阔变窄小甚至趋向灭绝的过程。这使与之相应的经济区域也发生了变化，例如随着中国野生犀牛的灭绝，唐时曾盛行于北至今四川、贵州、湖北等地民间市场的犀牛角贸易到明清之际便南退到两广一带。由于历史气候的变迁，四川蔗糖中心唐代时在涪江中游，到宋代便移到了涪江下游，明清时又南移到了沱江中下游。

北方农业生态恶化、经济重心丢失的另一面，便是农民生计艰苦，一定程度上加剧了中国北方作为政治中心地区本来就很激烈的阶级矛盾和战乱的频率，加上北方游牧民族不断南扰，社会动荡不已，反过来使北方农业生态进一步恶化，经济受到摧残，唐代昔日号称"天府"的关中平原要靠东南接济粮食。以后定都北方的王朝，主要依赖于转漕江浙和四川的粮食来维系北方生计及国家政权，到宋元以后，黄河中游已完全失去重心的地位，黄土地也成为贫瘠地区的象征。

（三）历史时期的社会分裂动荡和统一稳定与当时气候变迁亦有一定联系

根据著名地理学家、气象学家竺可桢的研究，中国历史上曾出现的四个寒冷期，恰好与北方游牧民族南下不谋而合，这恐怕不是偶然的。公元前 1000 年的寒冷期，正对应着西周后期的"南夷与北狄交战"的局面，战争的目的是为争夺中原这一气候适宜的农业区；公元 400 年的寒冷期，正对应着"五胡乱华"、各族统治者相互混战的时代，中国出现了南北朝的长期分裂；公元 1200 年的寒冷期，正对应着北方辽、金、西夏和元的南下，与两宋纷战，先是金占领了秦岭—淮河以北的广大地区，后是蒙古族统治了全国；公元 1700 年的寒冷期，正对应着东北地区女真族发展起来的满族入关。研究表明这些寒冷期平均气温下降 $1℃ \sim 3℃$，等于把北方宜农区与宜牧区分界线由长城推移到黄河以南。而宜牧区的南移和草荒，正是北方游牧民族南下的最重要的原因之一，由此而出现了政权纷争的局面。

在我国历史上的四次气候温暖期中，平均气温比现在高 $1℃ \sim 3℃$，气候带和降水带明显地北移，现在许多干旱地区曾是广阔温暖的农牧区。暖湿的气候有利于农业的发展，风调雨顺，势必五谷丰登、国泰民安。这四个温暖期恰恰对应着中华民族历史上的四个繁荣昌盛时代。

公元前 3000—前 1000 年是第一个温暖期，正对应着我国仰韶文化和安阳殷墟时期，我国由原始社会进入奴隶社会，生产关系由原始公有制转为私有制，物质文明的发展由新石器时代、青铜时代进入到铁器时代，这些为以后社会进入封建社会奠定了一定的物质基础。第二（公元前 770—公元初）、第三（公元600—1000 年）、第四（公元 1200—1300 年）温暖期，分别对应着我国历史上的秦汉时期、隋唐时期和宋元时期，特别是汉代和唐代，是我国历史上封建经济发展的关键时期。

通过对以上问题的分析，说明生态环境的变迁对我国历史发展进程有重要影响。因此，我们在分析历史现象时不应忽视地理自然因素。

十、古长安城国都地位变化的自然因素分析

中国自古是一个农业国，古代城市的发展与繁荣主要是建立在农业发展的基础之上的。古长安城在历史上先后有周、秦、汉、唐等十三个王朝建都于此。其所以能长时间地保持作为国都的地位，在很大程度上是得益于该地及关中地区优越的自然地理环境。

考古资料证明：先秦时代关中地区气候温暖湿润，水草丰茂，河渠纵横，灌溉便利，生态环境优越，资源丰富，平原南北部分起伏小且地势平坦，周边又有险峻的天然屏障，为长安城提供了"四塞为固"的地利，被誉称为"披山带河""沃野千里"的"天府之国"。

正因为关中平原的富庶和自然环境的优越，很早以前，半坡氏族就开始在关中地区定居并繁衍，到西周时，该地区的农业生产已达到相当高的水平。春秋战国时期，随着铁农具的广泛使用，商鞅变法中奖励农耕政策的推行和郑国渠的修建，使关中的大量荒地被开垦为良田，粮食产量大增，关中地区因此最早获得"天府"的美誉。秦国拥有这一地利而实力大增，"秦以富强，卒并诸侯"（《史记》）。西汉初统治者重视农业，"务兵于农桑，薄赋、广蓄积以实仓廪，备水旱"（《汉书》）。到汉武帝时更是大规模兴修水利，开凿了六辅渠和白渠等重大水利工程，扩大了水浇地面积，同时大力发展铁农工具和牛耕，长安城迎来了历史上第一个黄金时期。长安附近被称为"天下海陆"，"丰、镐之间，号为土膏，其贾亩一金"（《汉书》）。长安的国都地位因此而进一步巩固。在农业繁荣的基础上，西汉国力空前强大，汉武帝进而推行驱逐匈奴，加强中央集权的一系列措施，建立起辉煌的业绩。隋唐时期，是长安城千年古都最为兴旺的时代，经历了百年盛世经营，长安城的规模空前扩大，布局严整，气势宏伟、店铺林立，人口众多，交通发达，成为一个世界性的大都会和中外文化交流融合的中心，出现了"万国衣冠拜冕旒"的盛大景象。而这一切的出现，都在很大程度上依赖于关中地区自然环境基础和经济基础。

选择都城，不仅要考虑经济基础因素，还应该考虑军事安全因素。从地理位置上讲，古长安城也符合统治者的这一需要。古长安城从周到唐，为都历史长达一千余年，其间分裂时期的王朝以长安为都，是由于其控制的地区主要在黄河流域西部地区，长安的地理位置比较适中；统一王朝以长安为都，主要是因为关中平原不仅富庶，而且山川形势比较优越，北有黄土高原，南有秦岭，东有黄河，西有六盘山，进可攻，退可守，利于制内御外。西汉王朝定都于长

安，就充分说明了这一点。

在楚汉相争时，刘邦定都关中，双方在荥阳、成皋一线对峙。期间，刘邦多次在洛阳前线指挥作战，建"汉"时，关于定都问题有两种意见：文武百官中占多数的关东人不愿意离家太远去做官，大多主张建都洛阳。其理由是，洛阳东有成皋，西有肴邑，背靠黄河，南临伊、洛，地势十分险要，当年周平王东迁于此，使周王朝延续有数百年之久，是建都的好地方，而秦都咸阳，却二世而亡，可见建都不利。刘邦当时也倾向于洛阳。但在此问题上，娄敬和张良力排众议，对建都长安起了关键作用。先是娄进向刘邦陈述意见：武王灭商定都镐京，为控制东方殷商遗民，营建洛邑为都。周平王东迁洛邑并不是洛阳比关中有更好的条件，而是形势所迫不得已而为之。洛阳居天下之中，但地理形势不如关中优越，关中依山伴河，四塞为固，可谓一夫当关，万夫莫开。这些意见使刘邦原有的态度有所改变。接着，张良对洛阳和长安两地做了比较分析：洛阳四面虽有山水之固，但面积狭小，土地瘠薄，打起仗来，四面受敌。而关中则不同，其西南有巴蜀的富饶，西北有广阔的后方，内部面积宽广，土地肥沃。南、北、西三面有天然屏障，东面进可攻，退可守。诸侯接受中央政权领导，通过黄河、渭河，可把东部财赋运到京师。如果诸侯反叛，则出兵顺流而下，控制东方。在这种新形势下，刘邦接受了二人意见，定都关中，这实际上是刘邦充分考虑到了都城的军事安全因素的结果。

那么，作为六大古都之一的长安（西安），为什么在唐代之后却再也没有一个朝代在此定都呢？其原因大致有：（1）从唐以后经济重心逐渐南移。自安史之乱开始，北方经济遭到长期破坏，而南方经济却得到发展。北人南迁使长江中下游得到发展，故经济中心由黄河流域转移到长江中下游地区。（2）军事冲突中心的转移。唐以后，特别是五代、北宋以后，西北地区相对平稳，而东北民族矛盾相对尖锐。（3）关中平原相对比较狭小，经济基础相对比较薄弱，从历史上看，建都长安都须从长江漕转粮食，以支撑庞大的官僚机构和军队，但这种转运并不是一件容易的事，黄河三门之险，渭水流浅沙多，使统治者大伤脑筋。（4）长安的地理位置不太适中。在这些原因中，基本上有一个共同的根源——关中自然生态环境的人为破坏严重。从一定意义上讲，这是长安国都地位丧失的根本原因。

历史上随着长安城国都地位的巩固，人口也大量增加，因而荒地被大量开垦。在粮食产量不断增加的同时，生态环境也日益遭到破坏。这一过程大致有两个时期较为严重。

秦汉时期，统治者为营建都城、陵墓等，大兴土木，平原和周边山地的原始森林已被大量砍伐。但从总体来看，秦汉时期关中地区的生态环境尚未遭到严重的破坏，生态资源的开发和利用基本上还在大自然所能承受的范围之内，人与自然的关系还基本协调，正如司马迁所说："关中之地，于天下三分之一，而人众不过其三，然量其富则十居六。"（《史记》）

隋唐时期既是我国封建社会的鼎盛时期，也是长安城最为辉煌的时期，但同时也是对关中生态环境破坏最为严重的时期。繁荣的背后隐藏着严重的人与自然生态的矛盾。一方面关中地区人口大幅度增长，到唐天宝初年，京畿道人口近300万余人，"地狭人稠，耕植不博"（《旧唐书》），"关中粮食，所出不足以给京师"（《新唐书》），为解决粮食问题，唐政府一边大量开垦荒地，砍伐森林，特别是对泾水、渭水和北洛河进行过度的开垦以扩大耕进面积；一边发展漕运，调运关东粮食接济京师。另一方面隋唐统治者继续大兴土木，营建宫室别苑，如隋之大兴城，唐之大明宫、兴庆宫等，规模都非常宏大。为此，统治者对关中地区的原始森林进行了掠夺性的砍伐，至唐开元年间，秦岭北坡已是"近山无巨材"。这种野蛮的行为导致关中地区的生态环境急剧恶化，水土流失非常严重，河流的含沙量大增，许多人工河渠淤浅，水利灌溉能力减弱，土壤沙化和盐碱化日益严重，生态平衡严重失调，关中地区再也无法支撑起长安城的繁荣。再加上唐代中叶的安史之乱，对关中地区自然资源的影响和唐末朱温迁都洛阳对长安进行的毁灭性破坏，使长安丧失了作为国都的基本经济条件，长安城从此一蹶不振，其国都地位至此结束。

长安在中国古都中的地位无与伦比，她作为都城的时间最早、早长，拥有从史前时期到近现代的全部中华民族文化的历史内含。长安城国都地位的变化，充分说明了生态环境对于一座城市、一个社会形态乃至全人类的极端重要性。尽管造成关中地区生态变化的因素是多方面的，但人为的因素包括统治者政策的失误应该是导致这一恶果的主要原因。以史为鉴，我们在"西部大开发的过程中，必须把生态环境的治理、保护和可持续发展放在重要的位置上考虑。

十一、赤壁之战与东亚季风

赤壁之战是中国古代以少胜多、以弱胜强的著名战例。在这场战争中，孙刘联军大败曹军于赤壁，为以后三国鼎立局面的出现奠定了坚实的基础。该战中，孙刘联军之所以能战胜曹操，成功使用火攻是一个十分重要的条件，而火攻的成功使用又与当时赤壁吹东南风有关。因此，与其说赤壁之战是火攻的胜利，不如说是军事家诸葛亮运筹帷幄、驾驭天气变化规律的结果。

汉献帝建安十三年（公元 208）冬天，曹操亲率 83 万大军（号称百万大军）挥师南下，刘表在惊吓中死去，长江以北的大部分地方被曹军占领，曹操想乘胜追击，一举占领江东，灭掉东吴的孙刘集团，一统天下，然而诸葛亮、周瑜、黄盖等主战派却不为曹军势力所吓倒，奋起抗击，最后火烧赤壁，以少胜多，以弱胜强，克敌制胜。曹操之所以一败涂地，关键是因为他不懂得东亚季风的特点，不了解气候变化的规律及其特殊性。正如诸葛亮所说："为将者不通天文，不识地理，不知奇门，不晓阴阳，不看兵图，不明兵势，是庸才也。"孙刘联军之所以胜利，是诸葛亮等人熟知阴阳、地理，了解东亚季风特点的结果。

众所周知，我国处在世界上最大的大陆—亚欧大陆的东部，世界最大的洋—太平洋的西岸。海陆热力性质的差异最显著，导致了世界上最显著的季风环流，形成了世界上最大的季风气候区。冬季，亚欧大陆由于热容量小，气温迅速降低，形成了势力强大的蒙古西伯利亚高压。而太平洋上，由于海洋热容量大，气温较高，形成低压。因而，冬季形成了从亚欧大陆吹向太平洋寒冷干燥的西北风。而夏季，亚欧大陆热容量小，气温迅速升高，形成了印度低压，太平洋上气温相对较低，在西太平洋副热带高压作用下，风从海洋吹向陆地，形成了温暖湿润的夏季风，即东南风。我国东部广大地区就是受上述这种季风的影响下，冬季寒冷干燥，夏季温暖湿润。长江中下游地区这种季风气候相当显著，为亚热带季风气候。

公元 208 年冬 12 月，正至隆冬，长江中下游地区正是冬季风（也就是西北风）势力强大的时候，曹军位于江北，孙刘联军处于江南，风向利于曹军，而不利于孙刘联军。孙刘联军若用火攻，会烧掉自己，反而利于曹军。曹操深谙此理。当庞统向曹操献连环计时，谋士程昱担心地对曹操说："船皆连锁，固是平稳，但彼用火攻，难以回避，不可不防。"而曹操却不以为然，很自信地说："凡用火攻，必籍风力，方今隆冬之际，只有西北风，安有东南风耶？吾居西北之上，彼兵皆在南岸，彼用火攻，是烧自己之兵也，吾何惧哉？"对此，周瑜深感不安，但又无以为计。当周瑜被西北风吹起的旗角扫在脸上时，猛然想起西北风于自己不利，便大叫一声，口吐鲜血，不省人事。曹操、周瑜虽然堪称军事奇才，但与上晓天文、下知地理、中通人和的诸葛亮相比，则稍逊一筹。周瑜气倒时，诸葛亮一语道破天机："欲破曹公，必用火攻；万事俱备，只欠东风。"于是诸葛亮南屏山借得东风，周瑜火烧赤壁大破曹军。诸葛亮借东风实际上只是一个幌子，他早已知道"冬至一阳生，夏至一阴生"的道理。在冬至节过后的一段时间里，长江中下游地区经常吹起两三天的东南风，这正体现了"天有不测风云"的古训。这就是诸葛亮运筹帷幄、驾驭自然的依据和大将风度的体现。唐代诗人杜牧有感于此，写《赤壁》诗道："折戟沉沙铁未销，只将磨洗认前朝，东风不与周郎便，铜雀春深锁二乔。"

人们在研究这段历史时，经常存在这样疑惑：赤壁位于典型的季风区内，冬季盛行偏北风，为什么会出现局部地区的东南风？在古代，由于科学发展水平的限制，人们无法解释这些反季节现象，就赋予其一些封建迷信色彩。比如罗贯中就借助于诸葛亮的"神力"来解释，他在《三国演义》描绘赤壁之战的第49回写道：

> 孔明索纸笔，屏退左右，密书十六字曰："欲破曹公，宜用火攻；万事俱备，只欠东风。"写毕，递于周瑜曰："此都督病也。"瑜见大惊，暗思："孔明真神人也！早已知我心事！只索以实情告之。"乃笑曰："先生已知我病源，将用何药治之？事在危急，望即赐教。"孔明曰："亮虽不才，曾遇异人，传授奇门遁甲天书，可以呼风唤雨。都督苦要东南风时，可于南屏山建一台，名曰七星坛；高九尺，作三层，用一百二十人，手执旗幡围绕，亮于台上作法，借三日三夜东南大风，助都督用兵，何如？"瑜曰："休道三日三夜，只一夜大风，大事可成矣。只是事在目前，不可迟缓。"孔明曰："十一月二十日甲子祭风，至二十二日丙寅风息，如何？"瑜闻言大喜，蹶然而起。……是日，看看近夜，天色清明，微风不动。瑜谓鲁肃曰："孔明之言谬矣。隆冬之时，怎得东南风乎？"肃曰："吾料孔明必不谬谈。"将近三更时分，忽听风声响，旗幡转动。瑜出帐看时，旗角竟飘西北。霎时间东南风大起。

那么，我们该如何解释这一自然现象呢？从气候学上讲，由于气压场的作用以及大气运动的复杂性，天气经常会出现一些反常的变化，而这些反常现象的出现常常会有一些与其相应的自然现象发生，只要善于观察、分析这些现象，天气的反常变化也是可以预测的。也就是说，天气的变化是有其自身规律的。诸葛亮长期生活在长江中上游，谙熟这里的天气变化，具备了驾驭这种规律的能力。赤壁地处长江中游，冬季以偏北风为主，但由于气旋、反气旋及锋面活动的影响，局部地区也会出现其他风向。如果当时赤壁上空的北部和西部有低气压团，东南部有高气压团，受气压梯度力、地转偏向力及摩擦力的共同作用，就会形成东南风。从哲学上讲，这也符合矛盾的普遍性和特殊性、共性与个性共存的道理。整个冬季我国盛行偏北风，这是共性，但各个地区又有其特殊性，在特定的条件下会出现东南风。这说明我们要善于在普遍性的指导下，从实际出发，具体分析矛盾的特殊性，找到解决问题的特殊方法。

十二、我国赋税制度的沿革及其规律

赋税制度的沿革具体体现着我国古代经济的发展及其水平。掌握我国古代赋税的沿革及其规律，理解重要的赋税制度，是学习中国古代经济史的重要任务。

（一）我国古代赋税制度的沿革

赋税是为维护国家机器运转而对劳动人民强制征收的。赋税制度是随土地制度的变化而变化的。

夏商周实行贡赋制度，这是我国赋税制度的雏形。春秋后期，鲁国实行"初税亩"，规定不论公田、私田，都要由国家按田亩的实有数目收税，这是我国征收土地税的开始，它加速了井田制的瓦解，有利于封建制的确立。秦汉时期，主要从西汉时实行编户制度，这是国家征收赋税和征发徭役、兵役的依据，编户农民要交田租（土地税）、算赋和口赋（人头税）、承担徭役和兵役。北魏实行租调制，其中调是户税，以农户为单位，它是与均田制相适应的，受田农民交纳租、调（帛或麻）。唐前期实行租庸调制，规定成年男子每年向官府交纳一定是的谷物（租）、绢或布（调），服役的期限内，不去服役也可以纳绢或布代役（庸）。唐后期实行两税法，主要按土地和财产的多少，一年分夏、秋两次交税，这种变化是地主土地私有制发展的结果，是由于土地兼并造成的。北宋实行方田均税法和募役法，前者主要是由政府核实土地，按土地的多少、好坏平均赋税；后者主要是征收役钱，用来雇人到官府服役，使原先不服役的官僚等，也要交纳役钱。明朝中后期实行一条鞭法，1581年，大学士张居正把原来的田赋、徭役和杂税合并，折成银两，分摊在田亩上，按田亩多少收税。清朝雍正帝时实行"地丁银"制，把丁税平均摊入田赋中，征收统一的赋税，从而废除了长期以来的人头税，封建人身依附关系松弛下来。

（二）理解几个重要的赋税制度

唐朝前朝的"租庸调制"、中后期的"两税法"，明朝的"一条鞭法"和清前期的"地丁银制"是我国古代赋税制度发展演变的几个重要阶段，是了解中

国古代经济发展的关键性概念。

唐朝前期实行"人丁为本"的租庸调制是建立在均田制基础上的一种赋税制度。它规定凡受田成年男子每年向官府交纳谷物 2 担，叫作"租"，交纳 3 尺绢或 3 尺 7 寸 5 布，叫作"调"，服徭役的期限内，不去服徭役的可以纳绢或以布代役，叫作"庸"。纳绢代役，保证了农民的生产时间，客观上有利于农业生产的发展。

唐中期土地兼并的加剧，均田制被破坏，在农民失去土地、经济情况趋于恶化的形势下，政府只凭户籍人丁征收租庸调，人民不堪忍受。农民为逃避赋役，使得唐朝户籍完全混乱，租庸调之征，也就无法保证，以至于出现了财政危机。为此，以德宗为首的统治集团，在 780 年采用杨炎的建议，开始推行"两税法"。其主要内容是：改变以往以人丁为主的标准，规定按土地和财产的多少纳税。这是自秦汉以来以人丁力役为主的赋税制度向资产为主的赋税制度转变的一次尝试，也意味着封建国家对农民的人身控制有所松弛。同时还规定，无论户税和地税，都分夏、秋两季征收，使我国赋税征收由不定时开始转向定时，有利于合理安排生产。因而，"两税法"的实行是我国赋税制度的一次承上启下的改革，成为封建社会税制演变的起点。"两税法"是新形势下唐王朝对农民加强剥削的措施，杨炎根据撒 779 年的财政支出，来确定 780 年的赋税收入，已经是重税。781 年后，连年战争，军费开支巨大，加上统治者贪欲无限，进行搜刮，重上加重。

明朝中后期宦官专权，周边少数民族上层分子深入内地掠夺骚扰，土地兼并等各种矛盾日趋尖锐，其中土地问题是最突出最尖锐的问题，并由此引起了一连串的农民起义。为缓解日益加深的各种危机，16 世纪 70 年代起，明朝内阁首辅张居正在政治、经济和军事领域实行了一系列改革。1581 年实行的"一条鞭法"是这些改革中在经济上的重要措施之一。其主要内容是把原来政府规定的田赋、徭役以及杂税合并起来，以田亩为核算单位，统一征收；税收普遍用银两折纳；赋税的催收解运由地方政府管理。这种赋税制度在一定程度上抑制了土地兼并，减轻了一些地区农民的负担，调动了农民生产的积极性，有利于促进农业的生产的发展。在我国赋税制度沿革史上亦产生重要影响。首先，以田亩为核算单位使丁役的重心部分地转向地亩，又实行纳银代役，由官府募役，反映着国家对农民的强制依附关系进一步削弱；其次，赋役折银征收既是商品货币经济发展的结果，又必然促进商品经济的繁荣。它是中国封建赋役史上继杨炎"两税法"之后又一重大发展，为清代"地丁银制"打下了基础，符合社会发展趋势和要求。但由于大地主的阻挠反对，"一条鞭法"实行不久就停止了，但改用银两收税的办法却保留了下来，这是商品经济发展的必然产物。

清承明制，税制上实行了"一条鞭法"。地有地税，丁有丁银，丁银的征收，虽说部分地转向地亩之中，但对无地少地的农民来讲仍是一大负担，农民为此常常隐匿户口，甚至不敢落户垦荒，从而影响到清初"招民垦荒"政策的落实。为了增加丁口，以利生产，稳定税收，1712年康熙帝下令，以1711年全国的丁银额为准核定丁税，此后所增人丁，一律免除丁银。但随着户口变动，丁银分摊情况十分混乱。因此，雍正元年（1723），在全国推行"摊丁入亩"，于是地丁合一，农户向国家交纳的正税全以地亩为准，而实际又包含着人丁的因素，故亦名"地丁银"。地丁合一制度是一条鞭法的进一步发展和完善，它将以人丁、土地为征收依据的赋税制度，中国自秦汉以来的存在两千多年的丁口税从此结束，国家再也不能牢固地把农民束缚在土地上了，它标志着国家对农民的封建隶属关系全面松弛。这一变化，对于我国人口增长和社会经济发展有着重大意义。

（三）通过上述我国赋税制度的演变情况，可以得出以下认识

1. 从西汉到清代，我国赋税制度的沿革规律是：征税标准由以人丁为主逐渐趋向以田亩为主，可以"两税法"为标志；征税时间由不定时逐渐发展为基本定时，也以"两税法"为标志；农民由必须服一定的徭役发展为可以纳绢代役，以"庸"为标志；由实物地租为主逐渐趋向以货币地租为主，可以"一条鞭法"为标志；税种由繁多趋向单一，可以"一条鞭法"为标志。随着商品经济的发展，封建政府征收的商品税日益加重。

2. 随着封建经济的发展，尤其是商品经济的发展，使封建国家对农民的人身束缚日益受到冲击，农民所受人身控制日渐松弛。这既是经济发展的结果，又是经济进一步发展的必要条件，从而促进了明中后期资本主义萌芽的出现。说明劳力和人才资源的开发和利用是经济发展的重要条件。

3. 封建国家对农民人身控制的松弛是以"人头税"的结束为主要标志的。其过程从"租庸调制"的"庸"纳绢代役开始，由"两税法""一条鞭法"到摊丁入亩，丁税渐少直至从税种中消失。人身控制得以松弛的根本原因是封建商品经济的发展。由此反映出我国赋税制度渐趋一元化的历史进程。

4. 每一种赋税制度都在一定程度上缓解了现实矛盾，而未解决社会根本问题，说明封建政府内部的部分调整，不可能触及封建土地所有制。每一次赋税

制度改革都对历史发展产生了一定的积极影响，说明改革税制是历史发展的必然要求。

十三、我国古代对外贸易的兴衰及认识

在古代，我国人民不仅创造了灿烂的文化、开拓了辽阔的疆域，而且对外贸易也很发达。伴随着封建社会的历史进程，我国古代的对外贸易也经历了一个由盛而衰的发展历程。

（一）从秦到隋——我国古代对外贸易的兴起与发展阶段

秦灭六国完成统一，拉开了我国对外贸易的帷幕。秦朝和朝鲜半岛有着直接的贸易关系，当时中国的丝绸、漆器已传入该地区。同时，与印度支那的贸易也很密切，铁器等在此时时传入越南。

西汉的强盛使我国的对外贸易有了新的发展。在通西域前，中国的"蜀布"和"邛竹杖"已从印度辗转运销到大夏（今阿富汗北部一带）。张骞通西域后，中国生产的大量丝绸源源不断地从长安往西，经新疆到安息（伊朗），再转运到西亚和欧洲的大秦（罗马），这就是著名的"丝绸之路"。西域各地商使也纷纷东来，使西方许多物产流入中国，如苜蓿、胡麻、蒜、葡萄、石榴、胡桃、胡萝卜、菠菜等，大大丰富了中国物质文化的内容。东汉班超出使西域，出现了商使"相望于道"的盛况。汉代海上贸易多从广东徐闻出海，以官营贸易为主，私商经官府批准也可以出海贸易，"市明球、璧、琉璃、奇石异物"。同时，印度人和罗马人也到中国南海一带进行贸易，他们把象牙、犀角、珊瑚、玳瑁等带到中国。

魏晋南北朝时期，我国参外贸易的范围进一步扩大。南到越南、缅甸、暹罗、印度，东到朝鲜、日本，北到蒙古一带，西至西域，远及罗马，都有商业往来。在南方，广州成了外贸中心；在西北，张掖成为丝绸之路的内陆口岸。中外贸易的进口货物有珠宝、香料、药物、奇禽异兽，输出品多为绫绢丝锦。此外，到内地来经商的外商也逐渐增多。

隋朝重新统一中国后，派裴矩驻张掖，主掌通商事宜，派常骏、王君政等带大批丝织品从广州出使赤土国（今马来半岛），开辟南洋贸易。并以洛阳东市为中心，邀集外商和使节来参观和互市，以促进对外贸易发展。

（二）从唐到明前期——我国对外贸易的繁荣阶段

唐朝时，我国经济文化处于当时世界先进地位，唐政府对外实行开放政策，

因而对外贸易空前发展起来。唐时两洋（东洋和西洋）海上交通十分发达，从广州向西，可通波斯、美索不达米亚（伊拉克）、亚丁（阿拉伯帝国）、师子国（锡兰岛）、南海（马来半岛）、阇婆（爪哇）等地。东洋航运主要通往朝鲜半岛、日本、流求，从而使海上外贸兴盛，外国商船云集广州，中外贸易极为频繁。为此，唐政府在广州、扬州等地设置了市舶使，负责管理对外贸易。陆路贸易方面，丝绸之路在唐代更为畅通，朝廷在北部边境设立了互市官管理对外贸易。广州、扬州、长安等城市都是繁华的国际性商业城市。

宋代时，指南针开始用于航海、海上交通发达，商船远达非洲海岸，海外贸易比唐代更兴盛。据史书记载，当时亚洲地区与中国有通商贸易关系的有 50 多个国家，进出口商品也较前代多。宋代海外贸易的管理执行者，已从唐代的市舶官吏发展为市舶机构——市舶司、市舶务，市舶收入为两宋政府的重要财政来源。

元朝是我国历史上开设对外口岸最多的封建王朝，先后在广州、泉州、杭州、庆元（宁波）、澉浦（浙江海盐）和上海等七处设立市舶司，同近百个国家和地区（几乎是整个世界）有贸易关系。元朝对商户实行保护政策，税收贸易政策与比宋代更为放宽。出于运转的方便，当时泉州一跃成为中国第一大港，出现了"樯帆林立、百商汇集"的繁荣局面。

明王朝建立后，太祖朱元璋强烈排外，实行海禁，遂使唐宋以来发展起来的海上交通停顿。但到明成祖朱棣时又实行开禁，先后在宁波、泉州、广州设置了市舶司，还专门建造宾馆接待处商，其中广州成为最大的贸易港。另外，明朝海上贸易的繁荣与郑和下西洋有重要关系。郑和的船队满载了中国的瓷器、茶叶、铁器、农具、绽丝、金银等各类商品，用以换回亚洲各国的特产，如象牙、香料、宝石等海外奇珍异宝，开辟了一个新天地，从此许多中国商人随着郑和的船队或循着这条海路，远航通商。可以说郑和下西洋促进了明朝海上贸易的繁荣。在西北边境一带，明朝对蒙古的贸易也很频繁，中国输出的有丝织品、棉织品、米、盐、糖、果、针线、锅等，从蒙古输入的有马、牛、羊、驴、骆驼、金、银等。

（三）从明朝中后期到清鸦片战争前——我国古代对外贸易的萧条时期

明朝中后期，由于日本倭寇的侵扰、欧洲殖民者的相继东来，摩擦不断，浙、闽、粤口岸时开时闭，影响了对外贸易的正常开展，我国古代贸易开始进入萧条时期。

清朝政府对西方各国基本上采取了闭关政策。清初，为防范大陆人民支援郑成功、张煌言等人的抗清斗争，便施行海禁，甚至严令沿海居民内迁30里，"寸板不许下水"。对来华的外国商船，也只准停泊澳门一地。1684年，清统一台湾后才废止海禁政策。次年宣布广州、漳州、宁波和云台山（连云港）四处为对外贸易口岸，分别设置粤海关、浙海关和江海关。从此，长达千年的市舶制度结束了，开始了设置海关的历史。与此同时，政府对外贸易限制有所放松，商船经批准可以出海，外来船只也逐渐增多。但总的来说，清政府实行的是限制性的对外贸易，外贸要经过严格的审批，许多商品如铁器、米粮、书籍等被严格禁止出口。乾隆22年（公元1757），清政府取消了闽、浙、江三处海关，限定广州为单一对外口岸并逐渐实行封建性的垄断贸易，由以广州十三行代表的行商操纵，垄断进出口贸易，这种局面一直持续到鸦片战争爆发。这种闭关政策使对外贸易更加萧条，甚至衰落。这是一种自甘落后和慢性自杀式的政策，它只会导致落后挨打的被动局面。中国近代近百年的屈辱历史充分证明了这一点。

（四）关于我国古代对外贸易的几点认识

1. 纵观我国古代对外贸易历史，有以下几个特点：①我国古代的对外贸易先以陆路贸易为主（隋唐以前），后以海路贸易为主（两宋以后）；②官方贸易不以营利为主要目的，而着力加强友好往来和扩大政治影响。不管是陆路还是海路，带去的都是我国最精美的工艺品、丝绸和瓷器等，虽然畅销，但有不少是相赠送的，返航时不仅带回货物，而且常常有外国使臣搭船来中国访问；③古代对外贸易伴随着文化交流。在对外贸易的过程中，文化交流和人员往来、科技的传播，促进世界文明和经济的发展。同时，世界的宗教、文化也随之传入我国；④对外贸易发展也促进了我国与世界各国之间，特别是与西亚、东亚各国的经济交流。人类的文明就是在这种互相影响中发展和进步的；⑤对外贸易促进了民族融合。不少波斯人、阿拉伯人在我国定居，长期与中国人相处，互通婚姻，逐渐融合，在元朝时形成新的民族——回族。

2. 对外贸易发展与政治经济的发展有着密切的关系。在我国封建社会中前期，由于统治者在对外贸易和交往过程中实行较为开放的政策，促进了我国的经济发展，使当时的中国成为各国的交流中心，对外贸易异常兴盛。同时，对外贸易的发展也促使经济文化更加繁荣，如汉、唐等时期。但在明清时期，出于封建制度衰落，统治者实行闭关锁国政策，限制对外贸易和文化交流，导致闭塞和落后，也阻碍了资本主义萌芽的进一步发展和社会的进步，这是造成中国近代落后于世界发达国家的重要原因之一。

十四、我国古代的土地制度及土地问题

土地制度具体地体现了生产资料归谁所有和阶级关系，是我们掌握社会经济发展和生产关系的重点。

（一）中国古代土地制度的沿革

原始社会时期土地、房屋、牲畜为公有，社会成员共同劳动、共同消费，平等地生活。在春秋以前的奴隶社会，我国实行的是上地国有制度，即井田制。井田制既是一种土地规划制度，又是剥削关系。它在商朝时已经存在，西周时在黄河中下游地区进一步推广。在这种制度下，土地所有权属于国王，即所谓"普天之下，莫非王土"，把土地整理成较为整齐的方块田，阡陌纵横，像井字形状。受封的诸侯臣下——奴隶主只能世代享用，不得转让和买卖，还要交纳一定的贡赋。奴隶主强迫奴隶集体耕种并剥夺奴隶的劳动成果。这种制度是土地私有制不发达的产物，是与当时生产力水平相适应的。春秋后期，随着铁器和牛耕的出现，大量井田之外的荒田得以开垦而成为私田。奴隶劳动的积极性降低，采取各种方式反抗。奴隶主也纷纷破坏井田制，使之趋于瓦解。公元前594年，鲁国实行初税亩，承认私田主人的土地所有权，标志着井田制的瓦解和封建土地私有制的确立。战国时的商勒变法，从法律上废除了井田制，进一步确立了地主土地私有制。

在我国封建社会里，所有制关系主要是指土地所有制。就土地占有形态而言，我国封建社会同时存在着国有土地、地主土地和自耕农土地三种土地所有制形式。在这三种土地所有制形式中，占绝对支配地位的是封建地主土地所有制，它是封建生产关系的基础。地主阶级凭借对土地的垄断，迫使无地或少地的农民不得不依附于他们。自战国始，地主阶级对土地的经营（兼并）规模不断增大。西汉后期，土地兼并的情形十分严重，贵族、官僚、大地主占有大量良田沃土，广大农民却"无立锥之居"。到东汉后期，豪强地主势力迅速发展起来，他们控制大部分土地。北朝大地主占有大量肥沃土地；唐朝后期，皇室、贵族、大地主和寺院大量兼并土地；明朝后期土地兼并严重，出现了大量"庄田"等。这些都是封建地主土地所有制的表现。这种土地所有制在中国存在了两千多年，严重阻碍了生产力的发展，成为中国长期贫困落后的一个重要原因，

也是导致历朝农民起义的原因之一。

个体农民土地所有制一直不占主要地位，但它却如汪洋大海。春秋时期，一部分奴隶和平民以及在权力斗争中失败的贵族自己垦荒种地，获得了小块土地的私有权，成为一家一户的自耕农。这种小农经济同地主制经济一样，是专制主义中央集权制度建立和长期存在的重要基础。

我国封建社会的土地国有制大致有王田制、屯田制、均田制等具体表现形式。其中均田制在我国封建社会中实施的时间最长，影响最大，并且效果比较突出。新莽实行的王田制从形式上看与井田制相似，但本质上属于封建性质的土地制度，目的在于托古改制，限制土地兼并，缓和阶级矛盾。屯田制在中国许多朝代都实行过，如西汉东汉、曹魏、金、元、明和清初，尤以明朝典型。明朝屯田分为军屯和民屯两种，民屯是组织部分无地农民包括降民和罪犯从"狭乡"移往"宽乡"屯种。民屯与一般垦荒不同，屯田农民是官家的佃户，屯田效果明显。

均田制实际上是一种封建政府处理战后荒地的办法，其主要特点有：社会上存在大量无主的荒地和劳动力，这是均田制实行的前提条件；政府把掌握的土地分配给农民，并不触动贵族地主的利益；受田农民必须交纳租调服役，贵族地主却无此负担。均田制主要在北魏、隋、唐时期实行。从实行的情况看，它们都不触动地主阶级的利益；都是为恢复生产、增加政府收入、巩固封建统治；都把分配的土地分为两部分，一部分要在农民年老或人死后归还政府，一部分可以传给子孙；受田农民都必须向政府缴纳税调，服徭役和兵役；都在不同程度上促进了经济发展，巩固了封建统治。同时也可以看出，随着封建社会的发展和进步，妇女和奴婢在农业生产中的地位逐渐下降；随着人口的增加，耕牛受田被取消，土地买卖的限制在慢慢松动，统治政策也趋于宽松。

此外，还有明初太祖下令，农民已开垦的荒土，归开荒者所有，免除三年的徭役和赋税。1669 年，清朝康熙帝宣布明朝藩王的土地归现在耕种的人所有，名曰"更名田"，以缓和土地矛盾。

（二）几种主要土地制度的比较

1. 井田制与王田制的比较。

（1）相同点：A. 实施的根本目的相同：都是为了巩固统治。B. 内容基本相同：全国的土地都归"最高统治者"所有，都不许买卖。

（2）不同点：A. 实施的背景不同：井田制是在我国奴隶社会发展时期形成

的；王田制是在西汉末年阶级矛盾尖锐、土地兼并严重的社会背景下形成的。B. 实施的出发点不同：实行井田制是为了巩固奴隶社会的分封制；王莽实行王田制是为了限制上地兼并，缓和阶级矛盾。C. 实质不同：井田制是奴隶社会的土地国有制；王田制实质上仍属于封建的土地私有制。D. 实施的结果下同：井田制形成于商，盛行于西周，瓦解于春秋，几乎贯穿了奴隶社会发展的全过程。它在很长时间内适应了当时生产力发展的水平，促进了我国的奴隶制经济的发展；王莽宣布实行王田制后，贵族、官僚和大地主占有大量良田，反对这个办法；无地的农民实际上分不到土地，也不满意。因此，该办法根本无法实施，不久后即被废止。

2. 王田制与更名田的比较。

（1）相同点：都属于封建的土地私有制，都是为了巩固统治、缓和阶级矛盾而实行的。

（2）不同点：A. 实施的背景不同：王田制是在土地兼并盛行、阶级矛盾尖锐的背景下实行的；更名田是在长期战争后，生产遭到严重破坏的环境下实行的。B. 目的不同：王莽实行王田制是为了限制土地兼并，缓和阶级矛盾；清初实行更名田是为了缓和阶级矛盾，恢复发展社会经济。C. 作用不同：王莽王田制的实行，引起了社会的混乱，加速了王莽政权的败亡；清初更名田的实行，提高了农民的生产积极性，促进了农业生产的恢复和发展。

（三）对我国古代土地制度的一些规律性认识

1. 在土地制度方面，总的来讲中国实行的是土地私有制，允许自由买卖。但有时统治阶级为了缓和阶级矛盾、稳定统治秩序、发展生产，对土地的占有、买卖状况进行调节，如王莽改制中的王田制，北魏、隋、唐的均田制等。

2. 由于封建地租剥削收入丰厚以及传统的重地抑商观念、政策的影响，官僚地主一直把土地视为最好的财富，千方百计扩大自己的土地占有量，从而导致中国封建社会土地兼并成风。这种强劲的土地兼并浪潮使统治阶段本身所做出的对土地占有关系调节的努力归于失败。当然，调节失败的根本原因是未能也不可能改变封建土地私有制，在封建制度下是不可能解决土地占有方面的尖锐矛盾的。

3. 纵观中国封建社会的历史，土地占有关系（当时经济基础的主体）对生产的发展与衰落、阶级矛盾的尖锐程度、国家的统一与分裂、朝代的兴衰更替以及封建社会的面貌起着极为重要的制约作用。在中国古代史上的具体表现为：

封建的土地私有制决定了封建的阶级关系和维护封建地主阶级利益的上层建筑，即地主剥削、压迫农民并由国家的军队、法律、监狱及其他政权机关以及封建的伦理道德等维护这种剥削压迫，镇压农民的反抗。当土地集中的程度不高时（如秦末至汉初许多地主官僚被消灭，许多农民死亡，出现大量无主地和荒地；东汉初年，北魏、隋唐前期实行均田制；元末明初出现大量荒地），存在着大量的自耕农，不仅社会秩序相对安定，而且农民生产积极性较高，生产迅速恢复和发展起来，结果统治者政权巩固，阶级矛盾相对缓和，经济文化繁荣昌盛，国力强大，呈现一派兴旺景象。当土地兼并严重、土地集中程度高时，导致大量人口流亡、阶级矛盾激化、社会动荡、经济衰落，甚至引发大规模农民起义（如西汉后期、王莽统治时期、唐朝后期、明朝后期、清朝中后期等）。

（四）我国古代的土地问题——土地兼并

土地兼并是中国封建社会始终存在的现象。它的根源在于封建土地私有制的发展。在封建社会，由于土地占有关系不固定，加之土地买卖盛行，必然导致土地兼并现象的出现。

土地兼并对我国封建社会产生了深远的影响。在政治上，上地兼并直接导致国家财政收入的减少，加剧了社会的贫富悬殊、阶级矛盾尖锐、农民起义爆发，使一些王朝走向灭亡。经济上，对农民来讲，造成了他们普遍贫困，使之无力购买手工业品；对地主来讲，封建地租收入较高，其更乐于买田置地，这样就影响了手工业的广大再生产，阻碍了中国资本主义萌芽的成长。

见于土地兼并的影响，中国封建社会的统治阶级对土地兼并采取了不同的态度，但都无法根本解决这一问题。

土地兼并与封建政府有直接的利害冲突。由于国家占有小农的多少直接决定着国力的强弱，而土地兼并与封建政府的矛盾恰恰在于同国家争夺财源，因此历代王朝为了巩固自己的长久统治都曾实行过一系列抑制土地兼并的政策。这些政策的基本点有两个：一是确保国家控制一定数量的土地，以保证维护强大的国家机器所必需的赋税财政收入；二是安定农民，使农民获得一定的土地，以恢复生产、巩固统治。如西汉末年王莽实行王田制；北魏、隋、唐实行均田制；王安石变法实行方田均税法等。这些措施对于抑制土地兼并和促进社会经济发展起过一定的作用，但王莽的王田制违背了社会发展规律，均田制则是建立在国家掌握大量荒田的基础上的，而王安石的方田均税法损害了大官僚和大地主的利益，遭到他们的反对，导致最终失败。

土地兼并之所以能贯穿封建社会的始末，国家的任何政策都不可使之逆转，其根本原因就在于土地私有制和土地自由买卖制度的存在。在这种制度下，人们可以自由买卖土地，而人们之所以热衷于购买土地，又是由于在封建时代只有土地才是"不忧水火，不忧盗贼"的财富之本，只有土地才是各种形态财富的最终归宿。而封建国家往往是在不触动地主土地所有制的条件下争取延缓土地兼并的形势，因此它只能缓和这种形势，却无法从根本上解决这一问题。

针对土地兼并，农民阶级自身也尝试过进行解决。如李自成提出的"均田免粮"口号中的"均田"，触及了封建土地所有制；近代大平天国农民起义颁布的《天朝田亩制度》是农民阶级废除封建土地所有制的革命纲领，但由于农民阶级不是先进生产力的代表者，这种阶级的局限性使他们也不能解决土地兼并问题，不能完成废除封建制度的任务，当然也就不能实现劳动人民的解放。只有到了无产阶级的先进组织——中国共产党诞生后，才找到了彻底解决这一问题的方法，从根本上解放了农民。

十五、对中国古代重要改革的分析与认识

改革贯穿于中国古代国家历史发展的始终。尽管各个时期，不同朝代政治、经济和社会的情况不同，具体改革的内容、目的、手段各异，但有一个共同点是显而易见的，就是改革都不是固守已不适应新的政治、经济情势的旧的法制、体制或政策。或如秦商鞅所说："当时而立法，因事而治礼。"或如北宋王禹偁说"改辙更张，因时立法"，通过不断的改革求生存，求发展，求繁荣。今天改革开放是时代的主旋律，学习古代改革史（中国古代史新教材介绍的重大改革共有12起），认真总结历次改革成功的经验和失败的教训，对于我们具有积极的资政、借鉴意义。

（一）几次著名改革的比较

1. 商鞅变法与王安石变法的异同。

（1）相同点。①都有最高统治者的支持：商鞅变法有秦孝公支持；王安石变法有宋神宗支持。②性质相同：两次改革都同属封建地主阶级的社会政治改革。③都取得了一些改革成果：商鞅变法增强了秦国的实力，王安石变法使政府收入有所增加，增强了国家的军事力量。④二者都遭到保守势力的反对：商鞅最终为保守势力"车裂"而"诛"，王安石被迫辞职还乡。

（2）不同点。①背景不同：商鞅变法处于奴隶制向封建制的过渡时期，新

兴地主阶级实力增强，各国都在开展变法活动；王安石变法处于封建制的继续发展时期，北宋政府机构庞大，财力困难，农民起义为断爆发，辽和西夏威胁着北宋的安全。②目的、任务不同：商鞅变法是为了废除奴隶主贵族特权和奴隶制度，发展封建经济，建立地主阶级专政，为秦灭六国打基础；王安石变法是希望富国强兵，缓和阶级矛盾，挽救封建统治危机。③结果不同：商鞅变法是成功的改革，王安石变法基本上失败。

2. 王莽改制与王安石变法的比较。

（1）相同点。①性质都是中国封建社会地主阶级政治改革；②都是在土地兼并严重、阶级矛盾尖锐的背景下发生的；③目的都是为了挽救封建统治危机；④结果都以失败而告终；⑤失败原因都因为触犯了大官僚、大贵族的利益，遭到他们的强烈反对。

（2）不同点。①从背景看，前者是在土地兼并严重、阶级矛盾日益尖锐的情况下发生的；后者除此之外，还有财政危机、边患危机等。②从目的上看，前者为了限制土地兼并，缓和阶级矛盾，稳固封建统治；后者除了克服封建统治危机外，还希望通过变法达到富国强兵的目的。③从内容上看，前者侧重于改革土地制度，解决奴婢问题以及改革币制等；后者的措施侧重于解决财政困难、开源节流、兴修水利等。④从结果上看，前者加剧了社会各种矛盾，结果失败；后者一度取得一定成效，政府收入有所增加，但由于用人不当，出现了一些新法危害百姓的现象，再加上大官僚、大地主的反对，最终失败。

3. 北魏孝文帝改革与王安石变法之差异及认识。

（1）差异。①从改革的背景看：前者面临的问题主要是生产破坏严重，流民增加，人民负担沉重，阶级矛盾尖锐以及北方少数民族生产关系封建化和民族大融合的趋势；后者面临的问题主要是北宋的统治危机：军费、官俸、"岁币"引起的财政危机和土地兼并引起阶级矛盾。②从改革的举措看：孝文帝重在从法律上调整农民对土地的使用权与负担租调徭役的关系，接受汉族的先进文化；王安石则重在开源增收、富国强兵。③从改革的成效看：孝文帝改革在不触动地主土地私有制的前提下，改善了生产条件，减小了阻力，恢复了经济，缓和了地主阶级与农民阶级的矛盾，维护了地主阶级的利益，客观上顺应了北方少数民族封建化和民族大融合的趋势，获得成功；王安石变法主要目的是维护封建国家的利益，虽在一定程度上保证了农业生产，增加了政府的收入，但触犯了官僚、地主和高利贷者的利益，推行新法的阻力很大，使变法者处于孤立状态，加之用人不当，削弱了群众基础。在解决财政危机时，王安石只注意开源增收，而没有着力解决"三冗"问题节流减负，这就不可能从根本上解决财政问题和社会矛盾。总之，王安石变法没有解决好地主阶级内部的矛盾，也没有适时适度地调整封建生产关系，提高广大农民的生产积极性，反而出现了危害百姓的现象，从而使新法推行失去了群众基础，也为反对派提供了把柄，失败是不可避免的。

（2）认识。北魏孝文帝改革和北宋王安石变法一成一败，给我们的启示是：改革和变法的成败，首先决定于它是否顺应当时生产关系调整的趋势，这是根本的因素；二是看改革中变法是否抓住了当时的主要矛盾，措施是否得当；三是看改革与保守双方力量的对比，改革的力度应与此相适应。

（二）中国古代史上改革的主要类型及认识

1. 按照原因和性质的不同可分为以下四类：

其一，奴隶社会富国强兵的改革（如管仲改革）；

其二，地主阶级的封建化政治改革（如商鞅变法）；

其三，封建社会内部调整统治政策的改革（如王莽改制、周世宗改革、王安石变法、张居正改革等）；

其四，少数民族学习汉族先进文化和制度的改革（兼有封建化的性质，如孝文帝改革）。

2. 按改革发生的时间不同，可分为两类：

其一，王朝初期的改革（"建章立制"）；

其二，王朝中后期的变法改革（即狭义的说法）。

这两类改革，一般来说王朝初期的改革容易成功，而王朝中后期的改革大多失败。究其原因主要是：A. 新的封建王朝大多是在农民起义推翻旧王朝后建立起来的。农民起义风暴打碎了旧王朝的国家机器，陈章旧制受到猛烈冲击，旧秩序土崩瓦解，为新王朝的改革破除了阻力。B. 王朝初期，统治者吸取前代灭亡的教训，为了长治久安，大力调整统治政策。这种改革符合社会不同阶级、不同政治集团的共同要求。而王朝中后期要在不改变封建根本制度的情况下进行某些政策和具体制度的调整及利益再分配，必然会遭到旧制度和旧势力的顽强抵抗，许多改革家因顽固派的拒绝变法而抱憾终生。此外，王朝初期的改革有强大的皇权作保障，而中后期改革的主将则缺乏这种力量的支持。

3. 按改革产生的历史影响不同，可分为两类。

其一，使社会性质发生变化的改革。如战国时期的变法运动，使中国奴隶制向封建制的过渡最终完成，实质上是一场革命性变革；孝文帝改革也属此类，它使鲜卑等民族迅速封建化。导致社会性质变化的改革往往引起阶级关系、土地制度、经济形态、社会矛盾等一系列质的变化，如战国时期各国的变法运动。

其二，没有引起社会性质变化的改革。这类改革属于当权的统治阶级的自身行为。有的为了增强国力，如春秋时期的改革，其共同之处是改革内政、发展生产、强化军队；有的则是为缓和阶级矛盾、挽救统治危机，如王莽改制、王安石变法等。这些变法属于生产关系的自我调节，一般涉及土地占有、赋税徭役等方面的改革。生产关系的自我调节向适应生产力的方面调整，则能收到一定的成效（王安石变法）；若向更不适应生产力方面调整则达不到缓和矛盾、维护统治的目的，相反还会激化矛盾（王莽改制）；生产关系的自我调节能力是十分有限的，如王安石变法最终还是失败了。

（三）对中国古代政治改革的规律性认识

1. 中国古代历史上的社会改革，从狭义上讲，主要有姜尚改革、齐桓公改革、晋文公改革、七国变法运动（以商鞅变法比较彻底）、王莽改制、北魏孝文帝改革、后周世宗改革、王安石变法和金世宗改革等；从广义上讲，凡是统治阶级对政治、经济、文化等政策的调整，都称得上改革。

2. 改革是历史发展的要求和产物。改革的目的在于富国强兵、发展生产力、挽救危机、巩固统治、适应形势等；改革的内容涉及政治制度、土地分配、赋税征收、荒地开垦、水利兴修、发展军力和废除旧俗等方面；改革的结局是取得完全成功，或彻底失败，或取得一些成效，但最终失败了。

3. 历史是在不断变革中发展的。改革社会弊政是促进国家强盛的重要手段。革弊标新要有远见卓识，要坚决彻底。措施必须行之有效。改革中还要注意用人。

4. 适应生产力发展需要、符合社会发展规律和顺应人民愿望的进步改革，推动着社会进步和历史发展。反之，则阻碍历史前进，加剧社会矛盾。

5. 改革必然涉及某些人的特权和私利，因此，改革是会有阻力的，甚至充满了尖锐激烈的斗争。

6. 对改革全过程的认识。

（1）从原因上看：①旧的生产关系阻碍了社会生产力的发展；②为了达到某一政治目的、实现富国强兵；③顺应历史发展潮流或社会发展趋势；④少数民族进入中原地区后，为吸收汉族的先进制度和文化，加速本民族的封建化进程；

⑤统治阶级面临严重的统治危机，为抑制土地兼并、缓和阶级矛盾、增加财政收入。

（2）从目的上看：根本目的是巩固王朝政权的统治；克服统治危机，实现富国强兵。

（3）从内容上看：①调整生产关系、改革土地制度和赋役制度；②采取措施（如屯田、减免租税、兴修水利等）恢复、发展经济；③整顿政治、惩处贪官污吏（如后周世宗改革）；④改革军制，严肃军纪；⑤开源节流，增加财政收入；⑥吸收先进民族的政治制度和文化等。

（4）从失败原因上看：①违背了历史发展的潮流；②反对派的力量过于强大，改革触动了大地主、大官僚的利益，遭到他们的强烈反对；③用人不当或操之过急，新法反而危害百姓等；④一些措施不符合当时的客观实际条件，根本无法推行下去。

（5）从成功原因上看：①顺应历史发展的潮流或社会发展趋势；②改革者或为最高统治者，或赢得最高统治者的充分信任和支持；③制定了顺应社会发展潮流并切实可行的改革措施；④改革者必须具有坚强的意志和百折不挠的决心。

7. 一场改革的成功还是失败，不是看改革者的个人结局，而是看这一改革所产生的积极历史作用是否得以维持。如商鞅被"车裂"而死，但"商君虽死，其法未败"。

8. 在阶级社会里，任何改革无不打上阶级的烙印。但我们评价它只能从它对社会发展所起的作用去评价。为此，应该首先分析当时的历史条件、历史要求，再看这些改革在多大程度上适应或违背了这一历史要求，据此，对改革做出基本的肯定或否定。

十六、对影响中国的帝王将相的分析与认识

在我国封建社会的历史上曾经涌现出许多著名君主和名将贤相。这些君主和将相的政绩有的与国家统一局面的形成相连；有的同某一阶段的政治经济发展共生；有的同多民族国家的管理与巩固同步，而大多数是兼而有之。他们对中国历史的发展和进步都产生过重大影响。

（一）重要帝王将相的主要政绩归纳

1. 秦始皇：创建统一王朝；专制集权制度；巩固多民族国家；促进经济发

展；焚书坑儒暴政。

2. 汉高祖：参加起义建西汉；与民休息促发展；和亲匈奴边关睦；分封诸王坏集权。

3. 文帝、景帝：继承高祖搞休养，减轻田租节俭倡；刑罚减轻形势缓，武帝强盛应不难。

4. 汉武帝：改革官制皇权强，颁布推恩王国殃；卫霍出兵胜匈奴，西域西南管理强；改革币制行五铢，盐铁官营收中央；开凿六辅和白渠，治理黄河生产忙；三韩使臣来晋见，日本随之通于汉；张骞西域去"凿空"，陆上"丝绸之路"见；罢黜百家独尊儒，思想控制大一统；"太空历"法官学立，史哲汉赋创作忙。

5. 汉光武帝：参加农民起义，建立东汉政权；实行宽舒政策，形成中兴局面；会见倭奴使臣，赐之汉室金印。

6. 汉明帝：王景治理黄河，西域寻求佛法。

7. 曹操：善于用人挟献帝，实行屯田得发展；官渡之战战术高，统一北方大贡献；骄傲赤壁遭败绩，转重北方农桑田；军事政治才能高，建安文学大代表。

8. 诸葛亮：卧龙隆中对策献，运筹帷幄赤壁战；助备取得荆益州，三分天下功绩显；减轻赋税奖农耕，民族关系也改善；西南得到大发展，北伐多次未实现；辅佐蜀汉几十年，封建丞相大典范。

9. 唐太宗：建唐统一功劳大，玄武门前搞政变；总结教训能任人，勇于纳谏臣敢言；统治政策调整好，四大制度较健全；封建经济得发展，巩固中央与集权；民族政策很开明，设置安西搞和亲；天竺学习熬糖法，玄奘印度取佛经；日本多次遣唐使，太宗皇帝都接见；社会稳定经济增，国力强盛谓"贞观"。

10. 武则天：唯一女皇武则天，社会继续大发展；奖励农业重人才，经济发展社会安；设立北庭都护府，西北边疆得巩固。

11. 唐玄宗：玄宗一生功过明，前后两期判两人；选拔人才用姚宋，经济繁荣最强盛；黑水渤海都督府，册封南诏和回纥；府兵改为募兵制，前期开元全盛日；宠爱贵妃不早朝，重用奸臣政治糟；安史之乱乃发生，由盛而衰后期朝。

12. 宋太祖："陈桥兵变"灭割据，结束混战向统一；收回军财行政权，中央集权又发展。

13. 元世祖：建立元朝大统一，农业好坏作政绩；设立大司农司官，《农桑辑要》全国颁；统一国家疆域大，民族融合高潮现；行省制度济后世，河海运河都发展；实行对外开放好，丝绸之路重又兴；马可·波罗肯来华，泉州港口最为大；民族歧视搞分化，阶级压迫是真话。

14. 明太祖：红巾起义建大明，北伐灭元统一兴；两废两分强专制，内阁厂卫特务制；八股取士选奴才，文字狱兴齐咽哀；屯田垦荒丈土地，推广植棉兴水利；改革工匠服役法，功绩比起过失大。

15. 明成祖：靖难之役夺帝位，迁都北京改永乐；设置奴儿干都司，郑和出使西洋去。

16. 康熙帝：奖励垦荒"更名田"，固定丁数匠籍完；进军台湾并设府，平定叛乱噶尔丹；册封班禅联西藏，巩固统一最可赞；对俄雅克萨之战，《尼布楚条约》得以签。

17. 雍正帝："摊丁入亩""地丁银"，人头税制从此清；用兵须设军机处，继续大兴文字狱；驻藏大臣雍正立，康乾盛世之砥柱。

18. 乾隆帝：平定大小和卓叛乱，接待土尔扈特归还。

（二）对重要人物活动的评价及认识

上述历史人物都是影响中国古代的政治家，对他们做出客观的评价和认识，是历史学习要求掌握和高考测试考查的重要内容。笔者以为，要想对历史人物做出客观的评价，必须坚持唯物史观，树立评价历史人物的正确观点。

1. 摒弃英雄史观，树立人民群众才是历史创造者的观点。历史唯物主义认为，人民群众才是历史的真正创造者，是促进社会历史前进的决定力量。人民群众是物质财富的创造者，这一活动又为精神财富的创造发展奠定了基础。即这种创造是指全面的创造，包括生产斗争、阶级斗争、科学实验和文化活动等各方面。所以，唯物史观认为人民群众是推动历史前进的根本动力。任何夸大个人的作用，否定人民群众是历史创造者的观点，都是唯心主义的"英雄史观"，是应予摒弃的。如陈寿《三国志》中乔玄曾这样评述曹操："天下将乱，非命世之才不能济也，能安之者，其在君乎！"这里陈寿就片面夸大了曹操的个人作用，唯物史观并不否认杰出人物在历史上的重大作用。他们的重大作用主要反映在顺应历史发展潮流，推动历史的发展方面，所以，他们的出现既有历史的必然性（所谓应运而生），又有历史的偶然性，是两者的辩证统一，必然性寓于偶然性之中。所以，要善于把握个别人物身上所表现的偶然性，从中揭示出历史发展过程的内在必然性。同时，历史唯物主义从来不否认个人（主要历史人物）在历史上的作用，但对于个人的作用，必须区别他们活动的性质。

2. 确立评价历史人物的正确标准，即以其对于社会历史发展所起的作用去评价历史人物的历史地位。我们看一个人物的活动或举措，不能感情用事，也不能仅从道义的角度出发考虑，而要看其是否有利于生产力的发展、社会发展与时代潮流、民族团结与进步、经济文化的发展、人民愿望与利益等方面。凡是能顺应、符合、促进以上方面的，就应该肯定；反之，则要否定。这是一个科学标准，它和任何形式的阶级偏见划清了界限。例如封建史家总是带着仇恨的心理去评价农民起义，说他们是"盗""贼"等。还有以往的旧史家，评价历史人物，总是过分看重个人的天赋、性格、意志、品质等对于历史人物活动及这些活动结局的影响，这当然是不科学的。例如司马迁在《史记》中描述商鞅行法于秦，但终遭车裂的历史过程时写道："商君其天资刻薄也……卒受恶名于秦，有以也夫。"其实，商鞅一类法家人物"刻薄寡恩"，并非出于"天资"而是那个时代的产物，是阶级的品格。只有基于此，才能合理解释商鞅的被害，才能说明只有这种斗争才会带来当时的伟大社会变革。据此才能正确评价商鞅。

3. 具体地分析历史人物所处的历史条件，实事求是地评价历史人物。历史上有作为的人物都是时势造就出来的，而不是英雄造时势，同时也要承认人物的个性特点对事物的一定影响力。任何伟大的历史人物，归根结底总是时代的产儿，总和一定的时间、地点、条件相联系，离开具体的历史条件去评价历史人物，不是苛求古人，就是把古人现代化。因此，我们评价历史人物的地位时，首先要具体地分析当时的历史条件。例如评价秦始皇，离开当时的历史条件，我们看到的似乎仅仅是"好大喜功""暴虐无道"。可是，只要我们面对历史事实，具体分析当时的时代要求，就会看到封建制代替奴隶制、专制主义中央集权代替分封制、政治经济统一代替诸侯战乱纷争的历史要求，为秦始皇提供了施展雄才大略的历史舞台，为他一系列好大喜功的作为提供了历史依据，历史肯定了他顺应历史发展所迈出的步伐。

4. 辩证地分析历史人物的功过。评价历史人物常遇到功和过的问题，是功大于过还是过大于功，这都要作辩证的、具体的分析。坚持一分为二的、发展的观点，避免简单化、绝对化。要坚持两点论和重点论的统一，既要看到历史人物促进历史发展的进步的一面，又要看到其阻碍历史前进的反动的一面。还应看到两方面谁主谁次。如隋炀帝有功有过，但罪大于功。在封建社会中，一些帝王将相在特定的历史条件下，能够顺应历史发展做出积极的贡献。但由其阶级地位所决定，又有压迫奴役本民族或异族劳动人民的一面。只讲一面，一叶障目，则失之片面；如果功过不分，一团漆黑，那更武断。正确的方法是分析当时的社会矛盾，找出社会发展的趋向，分析历史人物的言行对解决社会主要矛盾，对历史发展所起的客观作用，并以此去判断他究竟是功绩占主流还是过失占主流。

5. 具体评价时还应注意处理好部和全局的关系。历史发展的客观规律性和历史人物的主观能动性之间的关系，主观动机与客观效果之间的关系。以秦征南越为例，战争使百姓深受其苦，这个战争本身是非正义的，但在客观上造成了各族的接触，加速了南越社会经济文化的发展，有利于民族融合和中华民族的形成。因此，从全面和长远来看它的客观效果，还要肯定它的巨大进步意义和秦始皇的历史功绩。

总之，在评价历史人物时，可采用下列思路：1. 分析背景，明确时代要求，从历史发展的角度论证其在历史上的贡献、地位和影响；2. 从现实需要的角度分析其措施和作用，论证其是否解决了现实问题，满足现实需要的程度如何，是否合乎时代的要求，是否推动了历史发展；3. 从时代和阶级特点的角度论证其时代局限、阶级局限和阶级实质。

十七、高中历史教材中六次币制改革的影响及认识

（一）秦灭六国完成统一后，统一货币是其巩固统一的重要经济措施

战国时期，随着铁器和牛耕等新式生产工具的使用和推广，社会经济发展，商品经济也随之兴盛起来，东西南北、四面八方各种商品在中原市场上广泛流通，各诸侯国都兴起了商业城市，如邯郸、大梁、临淄、宛等。为适应经济发展的需要，各诸侯国都铸造了大量的金属货币，一时间形质各异的货币充斥市场，如韩、赵、魏的铲形货币，燕、齐等国的刀形货币，秦、周等国的圆形方孔货币和楚国的铜质"蚁鼻钱"等。但是，币制的混乱又在一定程度上制约着商品交换的进一步发展。

公元前221年，秦统一全国后，制定了统一的货币政策，规定各种货币分为二等，原来各国通行的黄金为上币，以镒（二十两）为单位；铜钱（圆形方孔）为下币，以"半两"为单位，而废除其他。这次币制的统一具有重要的意义，不仅以后历朝金属货币的制造都仿照秦的样式（圆形方孔），而且消除了商品交换由于币制的混乱而造成的困难，促进了各地区、各民族间的经济文化交流，有利于商业的发展，有利于国家的统一和巩固。

（二）西汉时期的币制变化

西汉初，货币制度变化频繁，中央、郡国、私人都可以铸币。到武帝继位

后，针对币制混乱所造成的财政困难，于元狩五年（公元前118）下令铸造五铢钱。元鼎四年（公元前113），再次专令由京师统一铸造五铢铜钱，作为全国通用的标准货币。王莽篡汉后，为表天命所在，增铸大钱、契刀、错刀与五铢钱并行，后又废错刀、契刀和五铢钱，而更铸作金、银、龟甲、贝、钱、布，名为"二十八品"。在这次币制变化中，大钱不到五铢钱的两个半重，却要当50个五铢钱使用，以此来掠夺农民。又由于屡制屡废，失去人们的信任，致使货币流通停滞，社会矛盾更趋尖锐，终于引起了农民起义。

（三）北宋时期，世界上最早的纸币在四川地区出现

北宋时期，农业、手工业水平都较以前发达，以此为基础的商品经济也更加繁荣，兴起了洛阳、开封、扬州、杭州等著名的大商业城市。随着商业的繁荣和活动区域的扩大，货币的需求量逐渐增加，又由于每年输辽"岁币"致使金属货币出现了供不应求的现象。另外，金属货币笨重的特点，也给商品的大量流通造成了极大的困难。四川地区经济发达，但金银矿缺乏，交通不便，上述现象尤为严重。于是到宋真宗时，由成都16家富商主持印造"交子"，代替金属货币在四川地区市场上流通，世界上最早的纸币产生了。到了北宋末年，"交子"的使用地区逐渐扩大起来。

"交子"的出现，是商品经济发展的客观要求，也为商业发展提供了便利的条件，是我国货币史上的一次重大改革，在货币发展史上也有重要意义。

（四）明朝中后期，白银成为普遍流通的货币

明初太祖采取恢复经济的措施，使农业、手工业、商业都得到发展。在此基础上，商品经济异常活跃，商场上商品种类繁多，全国兴起了30多座商业城市。商品经济的繁荣发展，猛烈地冲击了明初通行"钱"（洪武通宝）和"钞"（大明宝钞），而限制用白银交易的政策。到英宗正统时，只得把江南田赋折成白银征收，从此，"朝野率皆用银"（《明史·食货志》），白银成为主要流通货币，只有零星小额交易才用铜钱。后来，官吏的薪俸、江南市场上的劳力都以银两计算。而神宗时张居正推行的"一条鞭法"中规定：赋役普遍折银征收。白银作为流通货币的法律地位得以巩固下来。

白银成为流通的最普遍的货币，是封建商品经济发展成熟的标志，促进了商品经济向资本主义萌芽的转化，标志着自给自足的封建经济开始走向衰落。

（五）国民政府实行的"法币"政策，是我国货币史上的又一次重大改革

鸦片战争以后，中国市场上有多种货币流通，如银两、银圆、铜币、纸币等，给商品交换、贸易发展带来很多不便。南京国民政府建立后，为适应经济发展需要，也为掌握全国的货币金融，加强官僚资本对金融的垄断，1933 年 3 月，南京国民政府发布《废两改元》令，随后通令全国一律用银币，不得再用银两。但由于中国不是产银国，易受世界银价影响，国民政府不得不再次进行币制改革。1935 年 11 月，国民政府在英、美财团支持下，公布《法币政策实施办法》，规定"以中央、中国、交通三银行（次年 2 月又增加中国农民银行）所发行的钞票为'法币'，所有完粮纳税及一切公私款项之收时，概以法币为限，不得使用现金"。同时又发表宣言，明确规定，"所有银圆持有人，立即将其缴存政府照面额换领法币"。

法币政策的实行，是中国货币史上一次重大改革，在客观上对中国恢复经济起了一定积极作用：全国货币统一，促进了国内外贸易发展，同时也增强了国民政府的财政力量，加强了官僚资本对国民经济的垄断。但到抗战和解放战争时期，国民党反动政府无限制地发行纸币，造成"法币"急剧贬值，物价上涨。1937 年"法币"100 元可以买两头牛，到 1947 年连一盒火柴都买不到了，广大人民群众在饥饿和死亡线上挣扎，国统区经济处于崩溃边缘。1948 年 8 月，国民政府发行"金元券"，以代替已崩溃的"法币"。

（六）新中国成立后，人民币成为我国唯一的统一法定货币

中华人民共和国成立前夕，国民政府的"法币""金元券"和各解放区的货币、甚至沦陷区的"伪币"都不同程度地存在，货币不统一的问题严重地影响着经济的发展，急需要有一种统一的货币产生。1948 年 12 月 1 日，中国人民银行在河北石家庄成立，开始发行人民币，人民币在解放区流通，原来各解放区发行的地方性货币被陆续收回。1949 年新中国成立后，中央人民政府规定，以中国人民银行发行的货币为唯一统一的货币，禁止黄金、银圆、美钞流通及买卖，并用收兑的办法回收了国民政府发行的各种货币。1955 年 5 月 1 日起，中国人民银行发行新版人民币，以代替原来的面额较大的人民币。中国人民银行发行的人民币符号为"￥"，取人民币"元"字汉语拼音"yuan"的首位字母加两横画成，读音用"元"。现在，人民币已经成为世界经济领域里一种坚挺的货币，"人民币不贬值"的承诺体现了人民币在国际经济生

活中的积极作用。

纵观我国自古以来的币制改革，可以说明以下道理。

1. 从金属货币的产生可以看出，货币源于商品，既具有商品所具有的使用价值和价值，又有与普通商品不相同的特点。它的出现有利于解决商品交换的困难，有利于商品经济的发展，体现着商品经济条件下人们之间的一定的社会经济关系。

2. 货币的发展和沿革具体地体现了商品交换和商品经济的发展过程，从铸币演变为纸币，是商品经济高度发展的结果和要求。币制的改革必以商品经济的发展为基础，以推动商品经济进一步繁荣为目标。

3. 纸币的发行量，必须以商品流通中所需的金属货币量为基础，如果纸币发行量超过流通中所需的金属货币量，就会出现货币贬值、物价上涨，以至于加深社会矛盾，产生经济危机。

十八、中国近代史上侵华战争的比较及认识

（一）几次侵华战争的比较（所做比较着眼于侵华史角度）

1. 两次鸦片战争的比较。

（1）相同点：①发生在工业革命后，自由资本主义时期；②目的都是为了打开中国的市场；③结果都强迫清政府签订了一批不平等条约，取得割地、赔款、通商等权益。

（2）不同点：①发动侵华的国家，前者是英国单独发动，美法乘机要挟；后者是英法联合发动，美俄伙同侵略；②目的上，前者为打开中国国门，后者是为了进一步扩大侵华权益；③发动战争的借口，前者是禁烟运动，后者是亚罗号和马神甫事件；④侵略地区，前者主要在东部沿海地区，后者占领广州，进入天津、北京等地；⑤影响上，对中国社会的半殖民地化的影响，前者是开始的标志，后者比前者进一步加深。

2. 中法战争和中日战争的异同。

（1）相同点：①都发生在自由资本主义向帝国主义过渡的时期；②都从侵略中国的邻国开始，战争从境外爆发；③都进行了海战和陆战，都使中国遭受重大挫折，前者使福建水师覆没，后者使北洋舰队覆灭；④都强迫清政府签订了不平等条约，都包含有资本输出的内容，加深了中国半殖民地化的程度。

（2）不同点：①从目的上看，法国发动中法战争的目的是为了打通越南进

入中国的通道；日本是为了借对外扩张来解决资本主义发展中的矛盾；②从战争结束时的形势看，中法战争是法国在军事上处于劣势的情况下，与中国签约；甲午战争是日本在摧毁了北洋舰队后，取得军事胜利的情况下强迫清政府签订《马关条约》的，因而《马关条约》的条款比《中法新约》更苛刻，以中国的危害更大。

3. 第二次鸦片战争与八国联军侵华战争的比较。

（1）相同点：①都是外来资本主义国家联合对中国发动的侵略战争；②两次战争中，都曾攻占清王朝的统治中心北京，并在北京进行了残酷的烧杀和劫掠；③都迫使清朝最高统治者离京出逃，都曾建立过殖民统治机构；④都迫使清政府屈服，促进中外反动势力勾结，签订不平等条约，加快了中国社会半殖民地化程度。

（2）不同点：①发生的时代背景不同，前者发生在自由资本主义时期，后者发生在向帝国主义过渡时期；②战争的直接目的不同，前者是为了进一步打开中国市场，后者以镇压义和团运动、保护教堂、使馆、维护在华侵略利益为目的；③战争的结果对中国的影响程度不同，后者较前者危害更大，影响更深，使中国完全陷入半殖民地半封建社会的深渊。

4. 日本两次侵华战争（甲午中日战争和抗日战争）的比较。

（1）相同点：①都是日本帝国主义对中国发动的侵略战争，都是为了解决资本主义发展中的矛盾而发动的对外战争；②都以征服中国为最终目的；③两次战争中日本都对中国人民进行了惨绝人寰的大屠杀（旅顺大屠杀和南京大屠杀等）；④都进行了残酷的经济掠夺。

（2）不同点：①从背景上，前者发生在 19 世纪末，向帝国主义过渡的时期；后者发生在 20 世纪 30 年代资本主义世界经济大危机时期。②从战争的时间和规模上看，日本法西斯侵华战争远远大于甲午战争，甲午战争的时间不到一年，侵犯地区多在沿海和辽东半岛、澎湖列岛一带；日本帝国主义侵华战争前后长达 15 年之久，战火燃烧大半个中国，给中国带来的灾难更为严重。③前者战胜了中国，勒索大量的财富，加强了日本帝国主义的力量，致使中国的国际地位大大下降；后者中国胜利，日本无条件投降，大大提高了中国的国际地位。

5. 抗日战争与近代五次侵华战争相比所具有的突出特点。

①具有连续性和持久性，如敌后战场和正面战场未间断的抗日活动；②是第一次全民族的有组织的自卫战争，如统一战线的旗帜、国共两党合作、各阶

级各阶层一致参加等；③是第一次取得完全胜利的自卫战争，抗日战争彻底打败了日本法西斯并迫使其无条件投降，以弱胜强；④具有双重性质，既是一场民族解放战争，又是一次反法西斯战争；⑤与世界人民的斗争连成一体，如中国战场是世界反法西斯战场的重要组成部分，中国的抗日也反映了当时国际关系中的主要矛盾等。

（二）对外来资本主义国家侵华战争的认识

1. 侵华战争对中国的影响。发动武装侵略战争是近代外来资本主义侵华的首要手段，目的是通过武力征服，以达到政治控制、经济掠夺、压迫中国人民的目的。侵略战争给中华民族带来深重的灾难，使中国的主权、领土和人民生命财产都遭受重大损失，是造成近代中国长期贫困落后的重要原因。

2. 几次侵华战争的时代特征。近代史上几次大规模侵华战争的发生，与世界资本主义发展有着密切的关系，带有明显的时代特征。

（1）两次鸦片战争。这两次侵华战争都发生在工业革命后，处在自由资本主义时代。由于英、法、美等国在 19 世纪中期都完成了工业革命，生产规模迅速扩大，资产阶级急切需要在世界范围内开拓更为广阔的商品市场，抢占更多的廉价原料产地，两次鸦片战争就是出于这种需要发动的，带有商品侵略的特点。

（2）中法战争和甲午中日战争。这两次侵华战争都发生在世界资本主义向帝国主义的过渡时期，帝国主义各国争夺殖民地和势力范围的斗争更加激烈。这两次战争都是帝国主义性质的侵略战争，带有争夺殖民地的特征，法国企图从越南向中国扩张，日本企图朝鲜向中国扩张。资本输出是帝国主义阶段经济侵略的特点，这两次战争后所签订的不平等条约中，都涉及资本输出的内容。

（3）日本法西斯侵华战争。日本法西斯侵华战争从"九·一八"事变开始，一直到 1945 年世界反法西斯战争胜利为止。这一战争带有法西斯侵略战争的时代特征。从它发生的背景上看，是在 1929 年—1933 年资本主义世界经济危机的影响下，日本法西斯专政建立，为摆脱经济危机而发动的。从战争的过程看，日本同德、意法西斯结成同盟，相互配合，妄图征服全世界，是世界法西斯侵略战争的一部分。从战争的结局看，它是在世界反法西斯联盟的配合下，随着德意法西斯的灭亡而最后灭亡的。日本侵华战争从开始到结束都和世界法西斯势力的兴亡有着密切的关系，它的灭亡是世界反法西斯战争胜利的结果。

十九、中国近代史上不平等条约的比较及认识

（一）近现代不平等条约的内容特征分类

1. 有关割地的条约。

（1）中英《南京条约》割香港岛给英国；（2）中俄《瑷珲条约》割黑龙江以北、外兴安岭以南 60 多万平方公里的领土给俄国；（3）中英《北京条约》割九龙司地方一区给英国；（4）中俄《北京条约》割乌苏里江以东，包括库页岛在内的 40 万平方公里的领土给俄国；（5）《中俄勘分西北界约记》割巴尔喀什湖以东以南 44 万平方公里的领土给俄国；（6）《中俄改订条约》及以后五个勘界议定书，割中国西部 7 万多平方公里的领土给俄国；（7）中日《马关条约》割辽东半岛、台湾、澎湖列岛及附属岛屿给日本。

2. 有关赔款的条约。

（1）中英《南京条约》赔款 2100 万银圆；（2）中英、中法《天津条约》赔款 600 万两白银；（3）中英、中法《北京条约》赔偿英、法军费各增至 800 万两白银；（4）中日《马关条约》赔偿日本军费 2 亿两白银（外加赎辽费 3000 万两白银）；（5）《辛丑条约》赔款 4.5 亿两白银。

3. 有关开埠通商的条约。

（1）《南京条约》开广州、厦门、福州、宁波、上海五口；（2）《天津条约》开放牛庄（后改为营口）、淡水、汉口、南京、镇江、汕头、九江、台湾、琼州、烟台 10 口；（3）《北京条约》增天津为商埠；（4）《中法新约》在中越边界开埠通商；（5）《马关条约》开放沙市、重庆、苏州、杭州。

4. 有关攫取重要特权的条约。

（1）《南京条约》附件中，英国取得"领事裁判权""片面最惠国待遇"，在通商口岸租赁土地、房屋和永久居住的特权；（2）《望厦条约》美国取得兵船到通商口岸"巡查贸易"的特权，在通商口岸"开设医院，建立教堂"等特权；（3）《黄埔条约》允许法国天主教在通商口岸自由传教的特权；（4）《天津条约》规定外国军舰和商船可以在长江各口岸自由航行，外国人可以享有到内地游历、经商、传教的特权；（5）《中法新约》中法国取得在中国修筑铁路的特权；（6）《中俄密约》俄国取得修筑中东铁路的特权，并攫取铁路沿线的行政权、采矿权和减免商税的特权；（7）《淞沪停战协定》日军取得"可暂驻扎"上海的特权；（8）《中美友好通商航海条约》，美国攫取了中国政治、经济、军

事和思想文化方面的特权。

（二）近代不平等条约的比较

1.《南京条约》和《马关条约》比较。

《南京条约》和《马关条约》在近代不平等条约中都占有非常重要的位置。《南京条约》是中国近代史上第一个不平等条约，它使中国开始沦为半殖民地半封建社会；《马关条约》是进入帝国主义时代签订的一个对中国影响巨大的不平等条约，它使中国社会的半殖民地化程度大大加深。这两个条约在内容上有许多相似之处：都涉及割地、赠款、开商埠等内容，但《马关条约》的规定对中国的损害远远大于《南京条约》，从割地面积和战略地位、赔款数额、通商口岸的位置都可以看出对中国危害大大加深。《南京条约》的签订为西方资本主义国家进行商品侵略打开了大门；《马关条约》的签订则开辟了对中国资本输出的时代。

2.《马关条约》和《辛丑条约》比较。

（1）相同点：都是在19世纪末20年代初，资本主义向帝国主义过渡的时代签订的；都是在大规模侵华战争后，强迫清政府签订的不平等条约；日本帝国主义都参与了这两个条约的签订；内容上，都向中国掠夺了巨额的赔款；都对中国社会造成了巨大危害。

（2）不同点：《马关条约》是日本单独强迫清政府签订的；《辛丑条约》是英、俄、德、法、美、日、意、奥等八国联合强迫清政府签订的；从内容上，《马关条约》主要着眼于割占土地、勒索赔款、开埠通商、开设工厂等内容，《辛丑条约》除勒索赔款外，主要着眼于镇压中国人民的反帝革命斗争，维持帝国主义列强在华统治秩序；从影响上，《马关条约》使中国半殖民地化程度大大加深，《辛丑条约》对中国的危害较《马关条约》更深了一步，它使清政府变成帝国主义在华的统治工具，使中国社会完全沦为半殖民地半封建社会。

（三）平等条约的废除

1. 辛亥革命时期，南京临时政府在"告各友邦书"中，承认清政府与帝国主义各国签订的一切不平等条约继续有效。

2. 南京国民政府建立后，为了缓和中国人民的反帝斗争，制造对外"自主"形象，也为扩大税源，解决内战军费、围绕实现关税自主和废除领事裁判权的问题，发起了要求帝国主义支持的"改订新约运动"。美国等列强相继同中国缔结了关税关系条约。在废除领事裁判权问题上，列强借故拖延，迟迟不肯签约。改订新约的运动，恢复了一些中国长期丧失的主权，但很不彻底，距彻底取消帝国主义在华的一切特权还相差很远。

3. 新中国成立后，废除了历史上的不平等条约。

（四）对不平等条约的认识

1. 近代不平等条约大都是外来资本主义列强强迫清政府或当时的反动政府签订的，多是在侵略战争之后，是发动侵略战争的结果。对中国来说都是带有屈辱性的，是民族耻辱的象征。也有少数条约是因为当时的反动统治者出于某种政治需要，对外来侵略进行妥协或中外反动势力的勾结的结果。如《二十一条》《中美友好通商航海条约》等。

2. 近代不平等条约对中国的危害是巨大的，它将列强的侵略要求合法化，成为列强向中国掠夺领土、勒索赔款、攫取特殊权利的合法依据。

3. 不平等条约里掠夺性和奴役性的条款，导致中国国际地位的下降，是中国沦为半殖民地社会的标志。

二十、历史、政治、地理三科相关知识交叉点图表

地理部分知识点	政治相关知识点	历史相关知识点
1. 天体；恒星；天体系统；星座；太阳系在天体系统中的位置。 2. 太阳和太阳系；太阳概况；外部结构；太阳对地球的意义和影响。	1. 唯物主义与唯心主义；联系的、发展的观点。 2. 唯物主义与唯心主义；客观与主观。	1. 中国古代著名天文学家及其成就，在人类历史上的地位。在天文方面有世界上最早的日月食记录、哈雷彗星记录、浑天仪、地动仪、测量子午线长度等成就，在历法方面有夏历、十二气历、《授时历》等；中国古代思想史上有关思想家。 2. 哥白尼、布鲁诺、伽利略在天文学上的贡献；宗教史。
1. 季风的成因；我国气候的特点；季风气候对我国农业生产和工业布局的影响。 2. 人类活动与气候；气候影响人类活动；人类活动影响气候。 3. 改善气温的有益行为，有害气候的行为及防治措施（结合环境保护）	1. 按事物的客观发展规律办事；一分为二；走向世界的中国经济；对外开放。 2. 对立统一；客观事物与主观愿望，走可持续发展道路；依法治国。	1. 郑和七下西洋出航、返航时间与季风关系，与沿途各国的经济、文化交流。 2. 新航路的开辟。 3. 对外关系。 4. 战争等特殊事例与季风关系。

地理部分知识点	政治相关知识点	历史相关知识点
1. 水平衡原理；径流的变化；调节措施；我国水资源总量和人均占有量；我国水资源时空分布特点。 2. 水资源的时空分布；世界和我国的用水紧张现实；缓解用水紧张的措施。	1. 一切从实际出发，尊重事物的客观发展规律，人的主观愿望，实事求是；尊重规律与发挥主观能动性相结合。 2. 客观与主观；主观能动性；走可持续发展道路；国家职能；公民权利与义务；社会主义制度优越性。	1. 人类社会发展；古代著名的治水和引水工程；其他相关知识。 2. 古代劳动人民的聪明才智；相关历史知识。
1. 地壳变化和地质作用；地壳运动和地质构造；沉积作用及形成的地貌；等高线地开图；地形对农业生产和工业布局的影响。 2. 板块构造学说的形成过程；火山、地震、地热的分布规律；金属矿产的形成和分布。	1. 透过现象看本质；联系地、发展地看问题。 2. 客观事物的存在；事物的发展规律；联系的发展的观点；辩证唯物主义。	1. 古代地理学家的事迹、著作；历史上地形与政治、经济、军事的关系。 2. 相关知识。
生态系统和生态平衡；城市生态系统；我国城市发展的特点和基本方针。	1. 矛盾分析的方法，对立统一，一分为二，全面与片面，联系地、发展地看问题。 2. 国家职能。	1. 著名历史名城被毁；玛亚文明消失的原因；屯垦制度。 2. 我国社会主义市场经济发展中的若干重大问题。
地理环境及其组成；环境问题；协调人类发展与环境的关系的主要途径；参加国际协作，保护世界环境。	1. 客观存在和主观愿望；对立统一；走可持续发展道路；联系地、发展地看问题；从实际出发；我国的对外关系；国际社会和我国的对外政策。 2. 资本主义的发展趋势；社会主义制度的优越性。	人际交往、民族交流、国际关系等相关历史知识。

地理部分知识点	政治相关知识点	历史相关知识点
1. 我国土地资源的特点；合理利用和保护土地资源；核心问题，利用原则和国策；土地利用的方向；我国各类土地的分布。 2. 世界矿产资源的开发、利用；我国矿产资源的特点；人类与矿产资源的关系。	1. 客观事物与主观愿望；对立统一；走可持续发展道路；实事求是。 2. 国家职能；联系的、发展的观点；社会主义制度优越性。	1. 不同历史阶段的保护和利用土地政策；屯垦制度。 2. 历史上世界和我国开发矿产的发展史片段；我国重要的矿产利用开发成就及冶金史。 3. 资本主义发展史。
能源分类；世界和我国的能源消费构成；我国能源的利用开发前景。	1. 按规律办事；重视发挥人的主观能动性。 2. 人类开发利用能源体现了什么哲学道理。	我国不同历史阶段各时期的主要动力来源。
1. 影响农业生产的三大因素；世界农业发展概况；世界粮食问题及其实质。 2. 新中国的农业成就；目前我国农业存在的问题；现代高科技农业和生态农业。	1. 三大产业；社会主义制度的优越性；资本主义发展趋势。 2. 事物的客观存在；事物的客观发展规律；社会主义制度优越性；实事求是；主观与客观，科教兴农。	1. 世界农业发展；我国古代农业的成就。 2. 我国历史上影响农业发展的因素；古代有名农学家及成就，古代农业成就。
1. 三次工业技术革命；影响工业布局的主要因素；城市规划和工业布局（加环境保护内容）。 2. 旧中国工业生产和分布的特点；20世纪80年代调整工业生产和布局；主要工业区和工业地带。	1. 联系的、发展的观点；全局与局部的关系，必须从整体上把握事物的联系。 2. 联系的、发展的观点；社会主义制度优越性；走向世界的中国经济；对外开放。 3. 资本主义发展趋势。	1. 人类历史上三次工业革命。 2. 世界工业的发展史。 3. 民族工业的发展道路。 4. "科教兴国"的战略方针。

地理部分知识点	政治相关知识点	历史相关知识点
1. 世界人口分布特点；我国人口分布特点；影响人口分布的因素。 2. 城市的发展和城市化问题；新中国城市发展的特点和基本方针。	1. 民族与宗教；辩证唯物主义；事物的客观存在和发展规律…… 2. 了解国情，立足国情；从实际出发。 3. 资本主义的发展趋势。 4. 社会发展简史的相关知识。	1. 世界和我国历史上经济、自然条件、政治、军事、宗教、传统等因素与人口分布之间的关系。 2. 中国古代的民族关系。 3. 中国古代的有关人口发展的知识。

二十一、七大古都与七次迁都

（一）七大古都

我国历史上经历过许多朝代，每个朝代都有都城。都城也叫国都或首都，是每个朝代最高政权所在地，是当时的政治经济和文化中心。我国最著名的古代都城有：西安、洛阳、开封、杭州、南京、北京，这些城市曾是不少朝代的都城，因而有"六大古都"之称，20 世纪 80 年代，又加上安阳，称"七大古都"。

1. 七大古都建都王朝及当时的名称。

（1）西安：西周（镐京）、西汉（长安）、前赵（长安）、前秦（长安）、后秦（长安）、西魏（长安）、北周（长安）、隋（大兴城—长安）、唐（长安）。

（2）洛阳：东周（洛邑）、东汉（洛阳）、曹魏（洛阳）、西晋（洛阳）、北魏（洛阳）、隋（洛阳）、武周（洛阳）、后梁（洛阳）、后唐（洛阳）。

（3）开封：战国魏（大梁）、后梁（开封府）、后晋（开封）、后汉（开封）、后周（东京）、北宋（东京）。

（4）南京：东吴（建业）、东晋（建康）、南朝（建康）、南唐（金陵）、明朝（应天府）、"中华民国"（南京）。

（5）北京：战国燕（蓟）、金（中都）、元（大都）、明朝（北京）、清朝（北京）、"中华民国"（北平）

（6）杭州：吴越（杭州）、南宋（临安）。

（7）安阳：商（殷）。

2. 有关问题。

（1）洛阳国都地位不长的原因：①面积有限；②粮运较为困难；③地势不够险要。

（2）开封作为都城的优劣：①优势：开封位于黄淮海大平原和华北平原之间，水陆交通发达，地势平坦，自战国时起，即为有名的经济城市；交通便利。②缺陷：处于两大平原之间，无险可守，防御和粮饷压力大；处于中原腹地，远离边关。

（3）北京地区的自然环境对其崛起所起的作用：①山脉、关隘：房山、昌平段称"西山"，北京北部和东北部属燕山山系，称"军都山"；西面是太行山脉，地理位置重要。②河流水系：北京地形西北略高，缓向东南渤海倾斜。河流对北京小平原的形成作用较大，这些河流的存在对北京地区原始居落的兴起和发展起了很大的作用。③北京市的气候条件：北京虽然距海洋不远，却是标准的温带大陆性气候，冬季寒冷干燥，夏季高温多雨，70%的降雨量集中在夏季，对农作物生产有利，从而能在一定程度上满足北京的物质需求。

（4）西安国都地未丧失的原因：①自唐以后经济重心南移。自安史之乱开始，北方经济遭到严重破坏，而南方经济却得到发展。北人南迁使长江中下游得到发展，故经济中心由黄河流域转移到长江中下游地区。②军事冲突中心的转移。唐以后，特别是五代北宋以后，西北地区相对平稳，而东北地区民族矛盾相对尖锐。③关中平原相对比较狭小，经济基础相对比较薄弱。从历史上看，建都西安须从江南漕转粮食，耗资巨大。④西安的地理位置不太适中。西安地处关中，虽然有山河之固的优势，但地理位置偏西，不利于对广大关东及江淮地区的控制。而洛阳地处中原，有四通八达的水陆交通条件，便于对全国各地进行控制，因此，西安的国都地位首先被洛阳取代。

（5）都城选址的标准。从各朝政权的都城选址及发展变化看，都城选址主要依据经济、军事、地理三方面的条件。①经济：都城周围或附近肥沃富饶，能够在很大程度上满足国都大量人口的物质需要。②军事：都城的所在应既便于治内，又便于御外。治内一是便于都城的防守，一是便于镇压内乱，抵御外侵。③地理位置：大体上位于王朝的地理中心，距离全国各地都不太远，便于首都与地方的联系。

（二）七次迁都

1. 公元前14世纪，商王盘庚把都城从奄（今山东曲阜）迁到商殷（今河南安阳西北）。都城的稳定有利于商朝的社会稳定。对商朝多次迁都的原因的通常解释是：由于生产力的落后，商朝人既依赖于黄河水，又无法制服黄河水患，因此只能频繁迁都。史学家对此争议很大，有水患说、战争说、王位纷争说、阶级斗争说、寻找青铜说、游牧说、游农说，等等。

2. 公元前 770 年，周平王把都城从镐京（今西安西）迁到洛邑（今河南洛阳），以逃避少数民族犬戎的侵袭，史称东周。

3. 494 年，北魏孝文帝把都城从平城（今山西大同）迁到洛阳，以接受汉族的先进文化，加强对黄河流域的控制。

4. 1141 年宋金讲和以后，金把都城从会宁（今黑龙江阿城县南）迁到燕京，改名中都（今北京），以加强对内地和黄河流域的控制。

5. 1421 年，为加强北部边疆军事防御力量，明成祖朱棣把都城从应天（今南京）迁到北京。

6. 后金夺取辽河流域的大片土地之后，1618 年，努尔哈赤把都城从赫图阿拉（今辽宁新宾）迁到沈阳。

7. 1644 年，清军入关占领北京，清政府把都城从沈阳迁到北京，开始了对全国的统治。

第三节　积极面对历史考试与检测

一、怎样对待模拟考试

每年 9 月到次年 6 月是高考备考阶段。在此过程中，进行适度的模拟考试、模拟训练是十分必要的，对教师复习课教学和学生复习都具有重要参考意义。

具体说来，模拟考试的作用主要有四个方面。第一，帮助学生寻找不足，增强复习的针对性。对学生来讲，模拟考试最大的意义在于找出自己复习中的漏洞，以便补救。模拟考试在形式和数量上接近高考，又充分考虑复习进度，在很大程度上是对前一阶段复习内容的检测，通过模拟考试，学生在学习中的弱点和不足清楚地表现出来，从而得到及时补救。鉴于此，很多学生建立起"错题档案"，从而有效地防止了"一错再错"的现象。第二，帮助学生正确评估自己。通过模拟考试。每个同学对自己的成绩位次如何，都有了一个大致的了解，自己哪门强，哪门弱，也都心中有数，从而以此为基础，把自己的复习调整到最佳状态，奋斗的目标、努力的方向也就更明确了。第三，模拟考试可以锻炼学生的考试心理。高考是选拔性考试，高考的最佳心理状态应是紧张中有乐观、压力下有自信、平静中有兴奋，适度的紧张感十分必要，可以防止麻痹大意。通过模拟考试，对高考的形式和内容有一定的了解、有助于确立自信，从而在考场上保持一种健康的应试心态。第四，可以掌握一定的应试技巧。应试本身就是一种能力，怎样在有限的时间内（两小时或两个半小时）把掌握的知识灵活自如地应用到解题过程中，除了健康的应试心理外，还应有科学的应试方法，如怎样合理安排时间、如何根据自己的优势正确安排答题顺序等等。这些问题都可以在模拟考试中有所解决，以便在考场上胸有成竹。

考试是竞争，而模拟考试更侧重复习训练和巩固提高。为此，要用正确的态度对待模拟考试。

首先，不要因胜利而陶醉。如果模拟考试成绩不错，的确可以增强信心，缓解紧张情绪。但此时要注意不能自我满足，要比较一下自己在班上、年级里的相对位置，要提醒自己考试的结果有一定的偶然性，不要总沉浸在胜利的喜悦里。同时，还应及时找出各门试卷中不会做的题目、本该做对但却失误的题目以及一些你认为自己解得很好的题，仔细将它们都研究一遍，设想如果高考中出现这些类型的题该如何解，该如何避免失误、提高解题速度等。只有这样，才能保持冷静，并在高考中再次考出好的成绩。

其次，不因失利而失去自信。比较每年的模拟试卷和高考试卷，不难发现模拟试题的难度常常大于高考试题。一般情况下，考生的高考考试分数都比模拟分数要高，即使模拟考试成绩不理想，高考成绩也不一定不好。所以要慎重对待模拟考试，但不要为它背上思想包袱。老是陷在自责的圈子里是很不明智的。这毕竟不是高考，你还有时间和机会吸取教训、总结经验，在高考中取得好成绩。

最后，不要轻视模拟考试。有一部分同学眼高手低，盲崇一些高难度题，而对很有复习针对性的模拟试题满不在乎，在考试中草率作答，对考试成绩淡漠。长此以往，就会养成一种懒散的应试习惯，到正式高考时，即使想认真，也会因习惯不良而导致容易出错，且卷面混乱。同时，不注重对成绩和答卷的分析，也会使复习缺乏针对性和科学性，使自己处于一种盲目的自信之中，而对自己的不足浑然不觉。这都是复习中的大忌。

总之，适度的模拟训练是必需的。正确对待模拟考试，可以提高复习的效率，增强应试能力。否则，因对待模拟考试的不良态度而影响到高考，那就得不偿失了。

二、在备考中教学相长

编辑同志：我在学习中国古代史的过程中遇到一些问题，特向您求教。在《高中文科班历史复习精要》一书中中古史第 4 章第 11 题：

韩非子的思想核心是：A. 君权至上 B. 以法制国 C. 厚今薄古 D. 中央集权

书后答案选"B"，而我在翻看另一份刊物登的陈伟国老师编写的连载中也有这道题，但陈老师认为选"D"项。对此，书中也无明确的解释，特请您帮助解答。

另外，在《精要》中，中古史第 3 章的第 14 题：

以下诸侯国不是周初分封的是：A. 秦   B. 楚   C. 赵   D. 燕

显然"赵国"不是周初分封，但我认为 B 项却也值得商榷。在郭沫若先生主编的《中国史稿》中讲：楚人是属随武庚叛周的熊族，后被周人压迫南下建国，与周王朝对抗并多次发生战争。在谭其骧先生主编的《简明中国历史地图集》中，商代全图中商代诸侯国中就有楚国。虽然以上两种说法不尽相同，但都表示楚国本非周所封。所以这道题的 B 项确实值得我们共同考虑。

我本人学识有限，不知所提意见是否正确，还请编辑同志指教。祝贵刊越办越好，能够给予全国广大文科生以更大的帮助。

北京市第十中学高三（文）　　宋一凡

特约徐赐成老师答复：

第 4 章第 11 题答案应为 D 项。韩非子的思想是在战国争雄、封建制渐立和趋于统一的背景下产生的，代表着新兴地主阶级的政治和经济要求，其"学说以专制主义中央集权的政治政府为中心"（张岂之著《中国思想史》第 198 页）。韩非子理想的政治局面是"事在四方，要在中央，圣人执要，四方来效"（《韩非子·扬权》），其中央集权理论强调君主把法、术、势三者结合起来，缺一不可，法指成文法，术是君主驾驭群臣的权术，势即权势地位。所以，"君权至上""以法治国"都是维护中央集权的重要手段。（此题在重修版中已修改更正——编者注）

第 3 章第 14 题确实值得怀疑，若此题是单项选择题，不是你把题目抄错，就是题目本身有问题。严格说来，除燕国外，楚、秦、赵都非周初分封的诸侯国。楚国原是芈姓贵族建立的一个自立的古国，始祖鬻熊，原居淮水下游。商高宗武丁曾出兵深入荆楚境，楚成为商的盟国，故《简明中国历史地图集》商代全图中有楚国。武王伐商时，其国君熊绎归附武王使楚国继续存在。后武庚叛乱时，楚追随武庚，失败后，受周人压迫沿长江西上，开拓了长江中游大片土地，后不断扩大土地，正式立国号为楚，成为周的对手。秦国是西周后期扶植的一个嬴姓小贵族，周平王东迁时，秦襄公护送有功，故被列为诸侯，占有今陕西中部和甘肃东南部。赵国则是在春秋争霸以后，晋国被内部实力派韩、赵、魏三家瓜分建立的政权。（此题重修版修改时漏掉，此前已有文章说明，在此请同学注意。——编者注）你的怀疑和探索精神应该肯定！

三、高考备考应得法

备考有法，但无定法。从长期高考备考的实践效果来看，综合运用以下几种备考方法较为适宜。

（一）考试目标导引法

根据考试的目的与要求，认真研读各科考试大纲和《考试说明》所提出的认知能力目标的层次结构，弄清相应的教材内容；再将拟出的目标转换成与层次结构相同的考试目标；随之细化到所考科目教材中去；最后，以备考细目表为"导游图"进行复习。

（二）知识点面兼顾法

标准化考试因考试目标是通过众多分散的测试点来反映，这些点即是所考科目教材的知识点和能力点。标准化考试的面，是由各知识、能力点之间的关联脉络所形成的网状结构体系。所以，弄清"两点"（教材内容所含知识点、能力点），摸清脉络（各知识、能力点之间关联线索）、明确结构（知识能力点的网络结构），是标准化考试运用点面兼顾法备考的基本要领。具体地讲，要把教材知识归类，形成知识体系，理解知识的点与点、体系与体系之间的关系。对系统性的知识，要根据高考考查的能力要求熟练掌握，加深理解和认识。

（三）内容交替推进法

高考是多科目考试、若采用单科独进的方法备考，不仅时间持续期长，容易造成复习一科目内容忘记前一科目内容的弊端，而且会导致大脑疲劳、思维定式。应采用交替推进的方法备考较为适宜。具体应把握两点：其一，备考内容的交替及时间的间隔期不要固定不变；其二，要严防内容的交替缺乏科学性而导致打乱仗，要把内容、特点近似的科目合理调配，或者根据自己对所考科目所掌握程度的差异，交替安排科目次序，如按易—难—易—难—易的模式交替排列，波浪式地向前推进，使大脑在规律性的张弛运动中最大限度地发挥作用。

（四）巩固回忆反思法

复习备考是一个连续不断的知识信息吸收、加工、贮存过程，影响备考效果的关键就是连续性的中断，为避免此种现象，可采取回忆反思的办法：在结束当天计划完成的有关备考内容后，用3—5分钟时间浏览一下备考细目表上前后两天的备考内容，以便当天备考内容与前次尚未记住或欠准确的内容于入睡前再看一遍，这有利于深化记忆。

（五）备考优势互补法

在备考过程中应克服单一主体观念支配下的两种消极备考方法：一是把备考的主动权、责任感全归于老师，一切按照划定的圈圈挖洞；二是自我封闭、孤立自主、不思借鉴。应采取的做法是：第一，以自身为第一主体，选一位同班或同级备考者为第二主体，以指导老师为第三主体。第二，第一主体和第二、第三主体相结合，从而使第一、第二主体在复习中得到提高。第三，第一主体和第二主体根据各自优势，相互质问、检测，针对未掌握的问题共同分析解决，最后进行一次终结性检测，这样，将比单一主体对备考内容的掌握和理解得更为全面、深入。

四、高考历史学科内综合复习提要

历史学科内综合在"3＋2"的高考模式中就有所体现，例如将中外历史联系起来，考查学生的比较能力（1995年高考试题中把中国与埃塞俄比亚、西班牙三国的反法西斯战争进行比较）。在"3＋X"高考文科综合考试中，学科内综合更成为考查的重点，而且考题综合的程度也进一步加强了。下面笔者就来详细谈一谈历史学科内综合的几种情况。

（一）阶段综合

认识历史发展的阶段性和阶段特征，是历史学科复习的基本要求和方法之一。阶段综合涉及同一时期的政治、经济、民族关系、军事、对外关系、文化等方面的内容，可以是其中一个或几个方面的综合，也可以是全面的综合。不过，无论是哪种阶段综合，其复习的基本步骤和要求都是：（1）按照要求对知识分类并进行规律性的、系统的、合理的和周密的整理；（2）在比较的过程中加以归纳、概括，用简洁的文字概括出某一阶段的历史特征和历史发展趋势；

（3）揭示其内在的联系，理解所包含的辩证唯物主义和历史唯物主义观点。

（二）专题综合

专题综合是发掘知识间潜在联系，研究高考命题角度的重要环节。具体讲，第一，专题综合应以适应中学生的知识基础、思维能力及学科考试要求为根本，保证专题的有效性；第二，要根据知识的共同特征和发展趋势确定专题，按专题整理知识，组织要点，进行分析理解；第三，专题复习要以揭示历史现象的内在联系、历史规律为主要目标，并从中掌握识记、理解知识的方法和思维的技巧。

（三）历史与现实的综合

学习历史是为了更好地认识现实，学科知识与现实的综合越来越受到人们的重视，这是近几年来高考改革的总趋势之一。培养和考查应用性和创造性能力是素质教育对"教"和"考"的统一要求。结合社会热点和现实问题进行历史教学，不仅可以发挥史鉴资政功能、德育教化功能，而且有助于激发同学们在动态的历史学习中学习的兴趣和探索新知的欲望，提高历史思维能力，在两者的完美结合中感受浑厚的历史感和鲜活的时代感。历史学科与现实的综合有两种类型：一是通过与现实有关的知识编制试题，历史尤其是现代史本来就与现实联系得比较紧，有些问题既是现实的问题，也是历史的问题。如：苏联解体后世界格局的变化、台湾问题等。二是通过创设问题情境引导学生关注现实问题，如：史称"得贤者昌，失贤者亡"。试结合唐代前期百余年用人方面的史实加以说明，并总结其经验教训。不管是哪种类型，历史知识与现实的结合都是通过知识的变式来考查学生运用知识的能力，同时，考查学生思维的灵活性与深刻性，其难度一般比单纯考学科内知识的试题要大。

（四）国家、地区、民族间的综合

世界历史既有其基本的历史发展规律，又有国家、地区、民族历史发展的差异性；既有总体的发展趋势，又有国家、地区、民族历史发展的独立性。综合国家、地区、民族间的历史知识，既要从历史发展的差异性中概括归纳出世界历史整体发展趋势，又要善于识别国家、地区、民族历史发展的独特性，并从中分析二者间的关系，进而认识到：国家、地区、民族历史的发展必须符合世界历史的整体发展趋势，不同国家、地区、民族的不同发展道路是由各自的具体历史条件决定的，也是可以相互借鉴的。

（五）历史与历史地图的综合

这种史图联系自古就十分密切。古代学者研究历史时，十分重视地图的使用，有"左图右史"的说法，认为应该"置图于左，置书于右，索象于图，索理于书"。恩格斯指出："一切存在的基本形式是空间和时间，时间以外的存在像空间以外的存在一样，是非常荒诞的事情。"历史是过去的"存在"，历史离不开时间和空间。历史学科的这种属性应该是历史学习的基本要求和方法，要学会通过地图理解历史，把历史事件与具体的空间相联系，把握不同时期空间条件的变化及其对历史发展的影响，从而掌握读图、识图、用图的方法和技巧，把图、史结合作为我们建构历史知识体系的一个支撑点。

（六）学科内部分重点、难点问题例析

1. 清朝前期的中国与同时期的英国相比，在政治、经济、思想和对外政策等方面的主要不同之处及其带来的影响有哪些？

（1）主要不同。政治上，清政府进一步加强了封建专制统治，但清王朝日益腐朽没落；英国通过资产阶级革命，成为先进的资本主义国家。经济上，中国自给自足的自然经济仍占主导地位，资本主义萌芽因受到封建制度严重阻碍，发展缓慢；英国已完成工业革命，生产力迅速发展。思想上，清朝统治者大兴文字狱，加强思想文化统治，反封建的民主思想力量很弱；英国资产阶级自由民主思想已普及。对外政策上，清朝实行闭关政策，严格限制对外交往；英国实行对外扩张政策，殖民势力遍及世界各地。

（2）影响。使清朝统治下的中国与世界隔绝，日益贫穷落后；英国发展成为世界上最强大的殖民国家。两者的差异成为中英鸦片战争爆发及中国战败的根本原因。

2. 19世纪末中国维新变法思想的基本内容与18世纪法国启蒙思想相比，两者在促进社会变革作用上的不同之处及其原因有哪些？

（1）中国维新变法思想的基本内容：要求抵抗帝国主义侵略，摆脱民族危机；反对封建专制统治，主张兴民权，实行君主立宪；发展资本主义经济；学习和传播西方科学文化。

（2）不同之处：法国启蒙思想为18世纪末法国资产阶级革命作了充分的舆论准备，成为强大的思想武器。革命摧毁了封建专制统治，建立起资本主义制度。中国维新思想促成了戊戌变法，力图改变中国贫穷落后的现状，以实现独立、进步和富强。但变法却如昙花一现，很快夭折了。

（3）原因：19世纪末中国资本主义经济发展的程度远不如18世纪后期的法国，而且，中国的民族资产阶级具有软弱性和妥协性，因而维新思想缺乏坚实的社会基础，其革命性也远逊于法国启蒙思想。同时，法国启蒙思想经过近一个世纪的发展，形成了完整的体系，而维新思想则是在中国封建统治十分顽强和民族危机急剧加深的条件下仓促形成的，缺乏比较成熟的理论基础。

3. 比较地主阶级洋务派、顽固派与资产阶级维新派基本主张的异同点。

（1）在保留君主问题上主张相同。洋务派、顽固派维护君主专制，而维新派则主张实行资产阶级性质的君主立宪制。

（2）在向西方学习问题上，顽固派因循守旧盲目排外，反对向西方学习；洋务派与维新派主张向西方学习。但洋务派把学习西方先进技术作为维护清朝统治的手段，而维新派则主张以西学来挽救民族危亡，发展资本主义。

（3）在要不要兴民权问题上，洋务派与顽固派反对兴民权，极力维护君主专制制度；维新派主张兴民权，认为实行君民共主的君主立宪政体，是历史发展的必然趋势。

（4）在变法问题上，顽固派反对变革，洋务派主张在科技方面进行局部改良，维新派则主张在政治、经济、文化、军事、科技等方面进行全局性改革，以挽救民族危亡。

4. 辛亥革命的功绩及其失败的原因。

（1）功绩：①辛亥革命是中国近代历史上的一次伟大的资产阶级民主革命。②它推翻了清朝的封建反动统治，结束了中国两千多年的封建君主专制制度，建立了资产阶级共和国。③它使人民获得了一些民主和自由的权利，使民主共和的观念深入人心。④南京临时政府颁布了一系列有利于发展民族资本主义经济的法令，为中国民族资本主义的发展创造了条件。⑤它在一定程度上打击了帝国主义的侵略势力，对近代亚洲各国被压迫民族的解放运动，产生了比较广泛的影响。

（2）失败原因：①资产阶级的软弱性和妥协性；②不敢发动和依靠人民群众；③敌人的强大和革命力量的弱小；④没有充分掌握有组织的革命武装等。

5. 比较1949—1952年的中国与1917—1925年的苏俄（苏联）在政治经济形势方面的异同。

（1）相似点：①都面临巩固新生政权的任务。新中国成立后，外部受美国发动侵朝战争的威胁，内部有反革命破坏活动。1950年开始了三年抗美援朝战争和镇压反革命运动，巩固了人民民主政权。苏俄在当时，外部受到帝国主义武装干涉，国内有反革命叛乱。1918 年开始了三年反对外国武装干涉和镇压国内反革命叛乱的斗争，并取得胜利，巩固了政权。②都面临着恢复国民经济的任务。新中国成立初期，经济严重困难，通过开展"三反""五反"运动和土地改革运动，国民经济明显好转。苏俄在 1918 年为了战胜敌人，实施了战时共产主义政策，使国民经济迅速恢复、发展。

（2）不同点：中国在完成巩固政权和恢复经济的任务时，两者是同时进行的，所以三年内基本完成任务。而苏俄是先完成巩固政权的任务，再进行恢复国民经济的工作，完成时间较长。1918—1920 年先实行战时共产主义政策，1921 年后再实行新经济政策，在一定限度内发展资本主义，以发展商品经济来促进农业和整个国民经济的发展。

6. 比较文艺复兴与启蒙运动的异同。

（1）不同点：①背景不同。文艺复兴发生于资本主义萌芽时期，启蒙运动发生于早期资产阶级革命时代。②主要内容不同。文艺复兴提倡"人性"，启蒙运动崇尚"理性"。③方式不同。文艺复兴时许多思想家借用宗教的外衣，启蒙运动已提出了无神论思想，公开向宗教神学挑战。

（2）相同点：就其性质而言，都是资产阶级性质的反封建的思想启蒙运动，而启蒙运动比文艺复兴影响更广泛，意义更深远。

7. 垄断组织的影响。

随着第二次工业革命的推进，资本主义生产社会化趋势的加强，企业间的竞争更加激烈，少数采用新技术的企业挤垮了大量技术落后的企业，促使了生产和资本的集中。生产和资本的集中到达一定程度时便产生了垄断。垄断的形成对资本主义经济和世界发展产生了深刻影响。垄断组织的出现，在一定程度上促进了生产力的发展。但在另一方面，控制着垄断组织的垄断资本家越来越多地干涉国家的政治、经济生活，资本主义国家逐渐成为垄断组织利益的代表，这加速了主要资本主义国家的对外侵略步伐。

8. 发展中国家的崛起及其面临的问题。

发展中国家多是亚洲、非洲、拉丁美洲国家，占世界国家总数的四分之三。18 世纪晚期到 19 世纪初期，拉丁美洲国家独立运动兴起。20 世纪初期到中期，亚洲、非洲绝大部分地区获得独立。20 世纪晚期，资本主义世界殖民体系彻底崩溃。由于这些地区曾长期遭受欧洲殖民国家的侵略掠夺，所以，造成这些地区贫穷落后，民族、宗教矛盾突出，政治局势不稳。在复习时，可结合地理知识，分析东南亚、南亚、西亚、拉美、非洲经济发展的有利条件和不利条件。

发展本国经济，改善人民生活，稳定政治秩序，消除殖民主义残余，保持可持续发展，保护生态平衡等，这些都是当前发展中国家的共同任务。

（七）典型试题分析

例1　资本主义生产方式在中国的产生和发展经历了一个漫长的过程。据此回答1~4题。

1. 明朝中后期资本主义萌芽产生的主要标志是（　　）

A. 出现了不少工商业繁荣的城市

B. 白银成为普遍流通的货币

C. 制瓷行业中出现很细的技术分工

D. 纺织行业中出现由/机户0开设的机房

2. 中国近代资本主义（　　）

A. 是由封建社会中的资本主义萌芽发展而来的

B. 与明清手工业在行业分布上基本相同

C. 是在外国资本主义入侵的刺激下产生的

D. 从根本上破坏了封建土地所有制

3. 下列关于甲午战争后民族资本主义初步发展原因的表述，不正确的是（　　）

A. 自然经济进一步瓦解

B. 民间资本大量投资铁路

C. 清政府调整经济政策

D. 早期维新派/商战0思想的促进

4. 下列关于1927—1936年中国资本主义经济发展的表述，正确的是（　　）

A. 轻工业得到了较快发展

B. 民族资本受益最大

C. 官僚资本对金融的控制削弱

D. 没有得到国民政府的政策支持

【命题意图】此例题考查了从明朝中后期资本主义萌芽的出现到国民政府统治前期资本主义经济的发展，前后涉及中国资本主义发展500余年的历史。例题通过设置的4个选择题，考查了学生对中国资本主义产生、发展及其原因的认识和理解情况。

【答题思路】资本主义萌芽产生的主要标志应是雇佣关系的出现，机户和机工之间就是雇佣关系；中国近代资本主义产生的一个重要原因和突出特点是受到外国资本主义入侵的刺激；关于甲午战争后民族资本主义初步发展的原因和 1927－1936 年中国资本主义经济的发展问题，根据选项，运用排除法较为方便。

【参考答案】1. D　　2. C　　3. B　　4. A

例 2　孙中山是中国伟大的民主革命先行者。据此回答 1－4 题。

1. 在 20 世纪初出现的资产阶级革命组织中，孙中山领导的中国同盟会是第一个资产阶级政党，因为它（　　）

A. 成立时间最早

B. 实现所有革命团体的大联合

C. 使资产阶级民主革命进入了一个新阶段

D. 有明确的纲领、公认的领袖和全国性的组织系统

2. 孙中山领导的辛亥革命实现了 20 世纪中国第一次历史性剧变，因为这次革命（　　）

A. 推翻了统治中国两千多年的君主专制制度

B. 确立了资产阶级民主共和制度

C. 给予了人民充分的民主与自由权利

D. 结束了帝国主义在中国的殖民统治

3. 孙中山的新三民主义成为国共两党合作的政治基础，它（　　）

A. 发展了联俄、联共、扶助农工的三大政策

B. 增加了反对帝国主义侵略和平均地权的内容

C. 与中国共产党民主革命纲领的基本原则相一致

D. 是在中国共产党和共产国际指导下形成的

4. 中国共产党继承了孙中山的未竟事业，这主要表现在（　　）

A. 完成了反帝反封建的历史任务

B. 建立了人民民主专政的国家政权

C. 实现了平均地权，把土地分给了广大农民

D. 没收了官僚资本，建立了公有制

【命题意图】例题设置了 4 道选择题，考查了孙中山作为“中国伟大的民主革命先行者”的主要历史功绩和影响，要求考生能对这些知识准确理解，从而在整体上把握历史人物。

【答题思路】例题要求考生对历史结论进行深入理解，答题时准确把握题干的关键词含义，并且紧密与课本相关内容联系。

【参考答案】1. D　　2. A　　3. C　　4. A

例3 十七八世纪，先后发生了英国资产阶级革命、美国独立战争和法国大革命。据此回答1~4题。

1. 这三次革命的共同之处是（　　　）

A. 都体现了封建制度必然过渡到资本主义制度的历史规律

B. 革命武装都打败了王党军队

C. 都处死了国王

D. 都建立了资本主义政治制度

2. 这三次革命各有特点，下列表达不正确的是（　　　）

A. 英国资产阶级革命是资产阶级和新贵族领导的

B. 雅各宾派专政是法国大革命的高潮

C. 英、法两国资产阶级革命过程中都出现过旧王朝复辟

D. 美国独立战争得到国际上的支援

3. 下列关于这三次革命成功的表述，正确的是（　　　）

A. 英国靠战场上的胜利完成了资产阶级革命

B. 大陆军攻克英军最后据点随即宣告美国独立

C. 法国大革命的胜利是由于人民群众的积极参与和历次议会的努力抗争

D. 都以颁行宪法为革命成功的标志

4. 这三次革命具有重大意义，它们（　　　）

A. 共同代表了世界近代史的开端

B. 标志着英、美、法进入了资本主义时代

C. 引发了第一次工业革命

D. 直接导致资本主义世界市场的形成

【命题意图】例题从共性、个性、成功标志和历史意义四个角度，宏观梳理了早期资产阶级革命的基本内容，旨在考查考生对知识的比较分析能力和灵活运用能力。

【答题思路】首先必须熟练掌握这三次资产阶级革命的基本知识，然后根据题干要求和选项提示，进行综合比较和灵活分析。

【参考答案】1. D　　2. C　　3. C　　4. B

例4 20世纪国际关系格局发生了三次大的变动。指出这三次变动发生的时间及标志，结合史实说明当每次变动发生后中国的国际地位是怎样的。

【命题意图】例题以20世纪国际关系格局的三次变动为切入点，考查学生宏观把握历史和综合分析问题的能力。例题要求说明每次变动后中国的国际地

位，旨在考查学生微观分析历史的能力。

【答题思路】三次国际关系格局变动的时间及标志是识记性的内容。每次国际关系格局变动后中国国际地位问题，要求同学们结合教材中每次国际关系格局变动中及变动后与中国有关的条约、会议及其内容来分析。

【参考答案】20世纪一二十年代，第一次世界大战后凡尔赛—华盛顿体系建立；20世纪40年代，第二次世界大战后雅尔塔体系建立；20世纪八九十年代，两极格局解体，多极化趋势加强。巴黎和会上中国提出收回山东主权、废除"二十一条"，遭到拒绝；华盛顿会议签订的《九国公约》，肯定了美国提出的"门户开放"政策，作为战胜国的中国仍处在帝国主义列强的共同支配之下。中国人民取得抗日战争的完全胜利，对世界反法西斯战争做出了重大贡献，中国成为联合国创始国和安理会五个常任理事国之一。（考生若答出美国妄图在中国建立亲美政权，继续控制中国；新中国成立，极大地增强了世界社会主义力量，也可酌情给分）20世纪八九十年代，中国综合国力增强，国际地位提高，成为建立国际新秩序的重要力量之一。

【练习题】

（一）单项选择题

外儒内法而剂之以道，这是自汉武帝以后统治阶级所选择的主要治国思想。但在不同时期又呈现出不同特点。据此回答1～3题。

1. 战国时期与儒家学说影响相近的墨家学派在秦汉以后中断的根本原因是（　　）

①秦汉推行/重本抑末0政策　②受到法家和儒家的排挤　③墨家代表手工业者的利益　④墨家学派思想比较保守

A. ①②③　　　　　B. ①②④　　　　　C. ①③　　　　　D. ②③

2. 突出体现了"外儒内法而剂之以道"治国思想的朝代是（　　）

A. 汉　　　　　B. 唐　　　　　C. 明　　　　　D. 清

3. 唐太宗与明太祖是受民本思想影响较大的两位皇帝。下列反映两者统治措施不同的是（　　）

A. 调整统治政策，恢复发展经济

B. 采用科举制度选拔人才

C. 吸取前朝教训，重视调整君民关系

D. 重用谏臣及安抚少数民族首领

对外贸易是一个国家社会经济的重要组成部分。根据相关历史知识回答4～

5 题。

4. 我国古代唐、宋、元三代对外实行开放政策，外贸活动繁盛，其共同之处为（　　）

　　A. 瓷器、丝绸、纸张是外贸的主要商品

　　B. 都以海路贸易为主

　　C. 三代的都城都是亚洲各国经济文化交流中心

　　D. 其贸易范围达到东欧地区

5. 以下叙述符合我国近代外贸状况的是（　　）

　　A. 直至 1860 年在中英贸易中，清政府仍处顺差

　　B. 甲午中日战争结束后，中国外贸开始由顺差转为逆差

　　C. "改订新约运动"结束后，南京政府的对外贸易状况大为改观

　　D. 外贸是孙中山等资产阶级革命派进行革命活动的主要经费来源

我国历史源远流长，史学十分繁荣，史书浩如烟海。结合所学知识回答 6 ~ 7 题。

6. 下列说法不正确的是（　　）

　　A. 凭借《史记》可以了解商鞅变法、楚汉之争、光武中兴

　　B. 科研人员确定夏商周三代历史纪年，主要依据的是文物考古和文献记载

　　C. 唐朝史学上的最大成就为刘知几撰写的《史通》和杜佑的《通典》

　　D. 《资治通鉴》是一部编年体的通史巨著

7. 中国近代出现了史学革命，其实质是（　　）

　　A. 介绍西方史学思想和著作

　　B. 探求历史发展的客观规律

　　C. 以资产阶级史学观研究历史

　　D. 确立唯物史观的指导地位

我国是以汉族为主体的统一的多民族国家，民族关系、民族政策对我国历史发展至关重要。根据相关知识回答 8 ~ 9 题。

8. 宋元时期，民族关系所具有的特征包括（　　）

①既有战争也有议和，和平相处、共同进步是主流　②由多民族政权对峙到走向统一　③民族融合进一步加强　④形成新的少数民族　⑤封建生产方式进一步向边疆扩展

　　A. ①②③④　　　　　　　　　　B. ①②③⑤

　　C. ①③④⑤　　　　　　　　　　D. ①②③④⑤

9. 目前，我国部分少数民族地区还比较贫困，其主要原因是（　　）

A. 国家政策倾斜不够

B. 少数民族人民的思想还不够解放

C. 交通闭塞，生态环境恶化

D. 民族平等原则还没有较好落实

爱国救亡是近代中国社会的主题。据此回答 10～13 题。

10. "苟利国家生死以，岂因祸福避趋之"直接反映出林则徐（　　）

A. 是近代中国睁眼看世界的第一人

B. 是严禁鸦片的英雄

C. 个人利益服从国家利益

D. 是中华民族的英雄

11. 从洋务运动到辛亥革命，中国人向西方学习内容的先后顺序是（　　）

①自然科学理论　②工艺技术　③社会科学和政治制度

A. ①②③　　　　　　　　　　　B. ②①③

C. ①③②　　　　　　　　　　　D. ②③①

12. 江泽民同志在纪念辛亥革命九十周年大会上的讲话中指出："中国共产党人是孙中山开创的革命事业的忠实继承者，始终把自己为之奋斗的事业视为辛亥革命的继续和发展。"之所以这样说是因为（　　）

①孙中山具有与时俱进的革命精神，是伟大的爱国主义者　②孙中山为追求民族独立、民主自由和民众幸福贡献了毕生精力　③孙中山敢于向皇权制度和一切阻碍社会进步的反动势力宣战　④辛亥革命集中反映了当时中国人民争取民族独立、振兴中华的深切愿望

A. ①②③④　　　　　　　　　　B. ①②③

C. ①②④　　　　　　　　　　　D. ②③④

13. 新文化运动兴起的首要条件是（　　）

A. 北洋军阀用封建思想禁锢人们的头脑

B. 资产阶级维新派和革命派没有彻底批判封建思想

C. 中国资本主义经济进一步发展

D. 西方资产阶级启蒙思想的影响

组织最广泛的统一战线，团结一切可以团结的力量，是中国革命和建设的基本经验之一。根据相关知识回答 14～15 题。

14. 抗日民族统一战线能坚持到抗战胜利的根本原因是（　　）

A. 中共正确的决策

B. 广大人民的强烈愿望

C. 英美迫使国民党与共产党合作

D. 中、日民族矛盾占主要地位

15. 新时期爱国统一战线的组织原则是（   ）

A. 政治信仰相同　　　　　　　B. 经济地位相同

C. 阶级利益相同　　　　　　　D. 爱国立场相同

16. 在总结历史经验教训方面，与党的"八大"相比较，十一届三中全会所取得的新突破是（   ）

A. 认识到大力发展社会主义生产力的重要性

B. 确定了坚持综合平衡中稳步前进的经济建设方针

C. 提出要多方面地改变同生产力发展不相适应的生产关系和上层建筑

D. 提出国内的主要矛盾是先进的社会制度同落后的生产力之间的矛盾

欧洲曾先后出现过几次伟大的思想解放运动，对人类历史的发展和进步起了极大的推动作用。据此回答17～19题。

17. 文艺复兴时期一位作家说："人是能够随心所欲地改造自己的"。这反映了（   ）

A. 肯定人的价值及其创造性的思想

B. 资产阶级自私自利的思想特性

C. 人文主义藐视宗教神学的思想

D. 提倡追求物质生活幸福的思想

18. 启蒙运动在政治上产生了极大的影响，下列最能体现这一影响的是（   ）

A. 三权分立的原则为当时很多国家所引用

B. 对法国、北美、拉美革命都起了推动作用

C. 它所倡导的君主立宪制在各国都变成了现实

D. 极大地推动了自然科学的发展

19. 法国大革命胜利后，所确立的资本主义社会秩序与启蒙思想家提出的"理性王国"之间的差距导致了社会的失望情绪。反映这种社会情绪的文学流派是（   ）

A. 古典主义文学　　　　　　　B. 浪漫主义文学

C. 批判现实主义文学　　　　　D. 现代主义文学

19世纪六七十年代，欧美掀起了资产阶级革命和改革的浪潮。据此回答20～21题。

20. 推动19世纪六七十年代资产阶级革命和改革浪潮形成的主要经济和政治因素是（　　）

A. 商业革命和科学社会主义诞生

B. 商业革命和维也纳体系崩溃

C. 工业革命和法国大革命

D. 工业革命和资本主义世界体系初步形成

21. 美国南北战争和俄国亚历山大二世改革前两国经济发展的共同障碍是（　　）

A. 资金不足　　　　　　　　B. 企业设备陈旧

C. 缺乏技术人才　　　　　　D. 缺乏可自由雇佣的劳动力

22. 请认真观察下列世界工业与贸易年均增长率统计表

年代	世界工业增长率	世界贸易增长率
1870—1900	3.7%	3.2%
1913—1929	2.7%	0.7%
1929—938	2.0%	−1.2%
1938—1948	4.1%	0.0%

对表内两个"增长率"的理解正确的是（　　）

①经济危机年代，工业和贸易的增长率或低或降　②工业革命时期，两者的增长率都高　③世界性战争年代，工业增长率高，贸易增长率低　④世界大规模战争和科技革命时期，都促进了世界经济的发展

A. ①②③　　　　　　　　　B. ①②④

C. ②③④　　　　　　　　　D. ①②③④

23. 20世纪六七十年代亚洲出现新加坡、韩国等新兴工业国家，这种变化表明（　　）

A. 整个第三世界经济地位的提高

B. 发展中国家与发达国家经济差距缩小

C. 发达国家经济走向衰退

D. 发展中国家经济发展不平衡

24. 下列有关科技革命推动了国际经济格局调整的叙述，不正确的是（　　）

A. 世界各国经济相互依存，联系日益紧密

B. 科学技术在国际竞争中的地位日益重要

C. 科技强国之间的友好关系获得空前发展

D. 扩大了发达国家同发展中国家的经济差距

（二）非选择题

25. 明清之际的思想家黄宗羲、戊戌变法时期的启蒙思想家和新文化运动中的民主主义者就封建专制问题提出了许多思想主张。请回答下列问题：

（1）他们的基本观点分别是什么？

（2）上述基本观点有何不同？

（3）产生上述不同观点的经济、文化背景是什么？

26. 下图所示是外资和民资两种经济成分在我国经济中所占比重变化曲线。（实线为"外资企业变化曲线"，虚线为"民族资本主义企业变化曲线"）

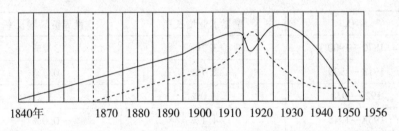

1840年　　　1870　1880　1890　1900　1910　1920　1930　1940　1950　1956

依据以上图表，分别说明 1900 – 1920 年，1930 – 1940 年，1945 – 1956 年变化的情况，并分别分析变化的原因。

27. 西欧在国际关系中的中心地位是怎样确立的？后来发生了什么变化？为什么会有这样的变化？联系 17 世纪晚期到第二次世界大战结束时有关国家的史实概括说明。

［参考答案］

（一）选择题

1. C　2. B　3. D　4. A　5. A　6. A　7. C　8. D　9. C　10. C　11. B　12. A

13. C　14. D　15. D　16. C　17. A　18. B　19. B　20. C　21. D　22. A

23. D　24. C

（二）非选择题

25.（1）黄宗羲批判君主专制，主张限制君权；启蒙思想家反对君主专制

制度，主张实行君主立宪；民主主义者以民主反对专制，主张把中国建成真正的民主共和国。

（2）黄宗羲主张限制君权，未涉及制度；启蒙思想家提出用君主立宪制取代君主专制制度；民主主义者主张实行真正的民主共和制度。

（3）明清之际资本主义萌芽缓慢发展；戊戌变法时期资本主义初步发展，西方文化传入中国；新文化运动时期资本主义进一步发展，西方思想文化大量传播。

26.（1）1900—1920年，外国资本主义在华企业经历了平稳发展、大幅下降和回升的过程；中国的民族企业发展速度比较快，但到后期出现了下降的趋势。

原因：清末新政鼓励兴办实业；辛亥革命为民族资本主义的发展创造了条件；第一次世界大战期间，帝国主义国家忙于战争，暂时放松了对中国的侵略；民族资产阶级倡导实业救国；一战结束后，帝国主义重新加强了对中国的侵略。

（2）1930—1940年，中国的民族资本主义企业和外国在华企业都大幅度下降。原因：官僚资本主义的形成压制了民族资本主义的发展；日本对中国的侵略不断加剧，直至发动全面侵华战争，对外资企业和中国民族企业都造成了严重的破坏。

（3）从1945年到1956年，外资企业下降直至消失，民族资本主义企业在经历了短暂发展后也消失了。原因：两种企业都受到了内战的影响；人民政府没收帝国主义在华企业，肃清其在华的经济势力；中华人民共和国成立后的和平环境和人民政府的有利政策使民族资本主义企业得到发展，1953—1956年的社会主义改造中，对民族资本主义企业实行公私合营。

27.（1）在早期的殖民战争中，英、法等国长期居于欧洲霸主地位，拥有世界殖民霸权。英、法工业革命完成后，经济实力迅速增长。德国统一后，经济迅速发展，英、法、德经济均居于世界前列。在帝国主义重新瓜分世界的斗争中，西欧国家之间的矛盾成为国际关系中的主要矛盾。西欧国家凭借强大的经济、军事实力对外侵略扩张，到一战前，一直在国际事务中起支配主导作用。

（2）一战后欧洲国家中心地位动摇。德国战败，英、法势力严重削弱。美国大发战争横财，日本趁机极力发展工商业，经济实力和欧美接近。战后巴黎和会和华盛顿会议的召开，完成了帝国主义重新瓜分世界的/凡尔赛—华盛顿体系。随着经济的恢复和发展，英、法仍保持着强大的军事力量，德国后来也重新崛起，西欧国家在政治上仍具有重要影响。

（3）二战后，西欧国家中心地位完全丧失。德国两次战败，英、法势力衰落，西欧列强已无力解决其内部矛盾，美国军事和政治实力大大膨胀，以强大的经济、军事力量，取代了西欧在国际社会中的地位。

五、以课程为"目镜"观察高考试题——以《2010年普通高等学校招生全国统一考试（陕、宁、卷）》历史部分试题为例

以前总是很羡慕课改较早省份的课程改革高考试题，觉得它们很新颖、很有趣味性，但是，当要在备考教学实践中研究课程改革高考试题应对课程改革高考时，不由得感觉到那是一个巨大挑战。我认为，对高考历史试题的评价、研究、琢磨和体会必须要有课程意识。一方面，年年对高考试题做出诸如"稳中求变""注重主干知识考查""注重考查学生能力""注重设置新情境、使用新材料"之类的评析已经没有多少意义；另一方面，不从课程的高度来理解试题和命题变化，就不可能真正把握高考历史命题的特点和要求，就不可能对高中历史教学和高考备考实践有实际意义。对于高中文科生来说，熟悉和认识高考试题，根据高考命题的特点和要求来进行复习备考，就其重要性和难度要求来讲，绝不亚于学习一个必修模块。

"课程"就是为实现一定的教育目的而设计的学习者的学习计划（或学习方案）。它包括课程目标、课程内容、课程组织、课程的反思和重建等要素。

高考历史科考查目标是对高中历史课程目标的提炼和升华。1992年的《历史科说明》（即《考纲》）第一次明确提出了历史科的十项能力要求，此后，历史学科的能力考查要求逐步确定为四个方面：获取和解读信息；调动和运用知识；描述和阐释事物和人物；论证和探讨问题。这也时高考历史命题和中学历史教学所遵循和追求的目标。比如"24. 西周封国国名"题，就是对分封制内容的"调动和运用"；"32. 余量收集制"题，就是考查获取和解读信息的能力，考生必须把握材料的关键语意是城市的工人、水兵等到农村征粮；"40. 明清手工业发展"题，在中外联系比较中揭示世界背景下中国工业文明的发展历程，在考查获取和解读信息能力的基础上，考查描述和阐释事物的能力。由此可见，在新旧课程高考命题的诸多转型中，坚持了"能力立意"的考查要求，并进一步强化和具体落实了历史学科能力考查目标。

高考历史试题所涉及的考查内容，依托于课程内容又高于教科书内容。在恢复高考的初期，高考命题坚持以"以纲为纲，以本为本"的原则，无论是试题还是参考答案，从内容到表述都不越雷池一步，把是否超纲超本作为衡量试题质量的一个重要标准。到20世纪90年代末，高考命题逐步提出了"依据教材但不拘泥于教材"的原则,"脱教材"的特点日渐突出:试题题面来源并不属于学生所学过的教科书的内容,但答题所需要的知识和能力又完全是通过教科书的学习所积累形成的。这类试题的优点是,只要学生在日常历史学习中掌握了一定的阅读理解、分析综合、比较评鉴、文字表达等基本能力,就不用太担心对学科知识的掌握是否全面系统,一定程度上提高了试题考查的公平性。这类试题对历史教学的启示是,要把教材作为学材,作为学生提高能力的一种素材,而不是要把教科书视作知识本身。今年的必修和选修部分的五道题都不同程度地体现了这一特点。

"课程组织就是学习方案中所设计的学习方式。"① 纵观近几年的高考试题,有些试题强调史实和理论的结合,有些试题注重对学生的独立思考能力和主观意识的考查,有些试题则体现了研究性学习的思想,如 2010 年的"35. 中日丰岛海战"题,"45. 近代社会的民主思想与实践"题等。高考历史试题对历史学习能力的考查,是对课程改革教学方式和学习方式转变的积极回应,同时也要求日常教学中注重让学生自主研究,独立发现问题,学生通过亲历处理信息,获得知识,发展情感与态度,体现出课程改革历史学习的问题性、开放性、参与性特点。在研究性学习中,"论从史出,史由证来"更是历史教育培养现代公民素养的重要内容,在研习史料中引导学生辨析史料、尊重史料、运用史料,并根据史料得出或证明相应的结论,考查了学生的史学"证据"意识。

"课程的反思与重建就是对已有方案中确定的学习目标、择定的学习内容以及设计的学习方式进行反思和重新确定、重新选择和重新设计。"这即说明"课程"是一个动态的体系,有助于我们突破旧有的"课程即教材"的观念,也说明课程需要我们在实践中不断调整和完善。我们重视和研究高考试题,从根本上说是为了"课程的反思和重建"。例如,今年高考历史选考部分的"第五琦和刘晏所推行的榷盐法""托克维尔""曹操"都不是来自具体的教科书,但又属于高中历史课程的内容范畴,这与我们日常教学中对具体模块内容的理解是不同的。因此,就需要"反思和重建"我们对课程内容的理解和把握。

从课程的角度来认识高考历史试题,有助于转变我们对高考试题的态度和备考心态:首先,课程内容是动态的,是需要反思和重建的,那么在复习备考中,就需要积极的学习、拓展、深化课程内容,而不是像以往那样把课程内容视作具体不变的备考任务,从而有助于改变猜题押题的心理需求。现在很多学

① 钱家先,太俊文. 中学历史课程改革教学论［M］. 昆明:云南大学出版社,2007.

生、家长甚至学校领导对历史学科复习备考的意见，主要就是猜题押题心态造成的。比如常听有人说，"历史科高考复习和不复习没有什么区别"，这对历史老师常常构成很大伤害。但我们要明白，所谓"没有什么区别"其实指的是押题猜题，不是经常见有的学校、教辅编写机构、报纸等列表统计他们押中了多少高考题吗！我们必须承认，压中题的概率是微乎其微的，属于绝对的偶然，绝对不能把押题作为复习备考的目标。否则结果就可能很"惨"。

其次，高考注重能力考查的目标是既定的、坚定的，是我们教学中应该全力追求的。实践中，正因为有"猜题押题"心理，常常会凭经验或假科学（比如上一年考了哪些考点，今年哪些会是热点知识等），在主观认为重要的知识点上久久徘徊不忍离去，进行大量的重复性，最后变成简单的体力劳动的复习。其结果就可能出现这样的抱怨："十二年的寒窗苦读只为高考，谁想到题目竟然这么难，高考这一次错的选择题比高三一年任何一次错的都多。"复习备考中必须精心选择、改造、命制有针对性的练习题，做真正有效的工作。

最后，不管是高考大纲中的能力考查要求，还是高考历史试题，无不需要学生的阅读能理解能力。正如我校2009届薛笑同学所说："从前面的选择题要求提取和分析信息的能力，到后面大题给出的大段材料要求阅读速度、阅读技巧等一系列的能力，都需要平时阅读习惯的培养。通过阅读积累历史知识，会是高中的历史学习在理解、记忆上更加容易。"①

是非功过任评说，关键在于有所得。评析高考历史试题的目的主要在于改进我们的教学备考实践。我从"有所得"的角度谈了自己的浅见，请大家对我的评析再评析。

六、鱼和熊掌得而兼一会考与高考关系初探

普通高中毕业会考制度（简称"会考"）是国家认可的省级普通高中文化课水平考试，是对高中生基本人文素质是否合格的检测，是毕业考试。普通高等学校招生全国统一考试（简称"高考"）是由合格的高中毕业生参加的选拔性考试，是升学考试。这是目前基础教育中两种不同性质的考试，起着对基础教育进行量化评估的作用，一定程度上引导并决定着基础教育教学的发展方向，同时也是基础教育教学改革的突破口。探讨这两种考试制度间的关系，有利于充分、科学地发挥这两种考试的社会功能，也有利于基础教育教学改革，从而

---

① 薛笑. 我看2009年全国文综卷Ⅰ历史试题［J］. 中学历史教学参考，2009（8）.

推动以创新精神为核心的素质教育的全面落实。

（一）会考与高考在培养人才目标上的一致性

1983 年原教育部在《关于进一步提高普通高中教育质量的几点意见》中提出："毕业考试要和升学考试分开进行，有条件的地方可按基本教材命题，试行初、高中毕业会考。"可见，实行会考制度的目的在于"进一步提高普通高中教育质量"。

自 1977 年恢复高考制度以来，我国教育事业获得了巨大发展，但在发展中，高考的负面影响日渐显露：以升学为目的教育模式对办学方向的左右越来越明显，出现严重的偏科现象，导致智育残缺不全，德、体、美、劳教育萎缩；学校不断增大的课业负担，使青少年失去欢乐和自信，压抑了青少年个性的发展。总之，这些负面影响不利于中学生的身心健康，危及国家和民族的前途。实行高中毕业会考制度，就是要改变上述种种不正常的现象，为经济建设培养素质全面的"四有"新人。

高考的目的是在合格的高中毕业生中为高校选拔优秀的、有学习发展潜能的新生，为国家培养高质量的建设人才。高考的选拔作用主要是为高校招生提供依据，保证高校新生的质量，从而为培养高素质人才提供保证。而高考对"合格的高中毕业生"的要求就是会考对高中生的人文素质要求。

由此可见，会考和高考的区别是考试性质和水平要求不同，本质上都是全面贯彻国家教育方针，全面提高学生素质，保证国家对建设人才的需要。会考与高考在本质上的一致性，决定了它们在教育实践中的正相关性，又具体外化为会考促进高考。以陕西省商南县为例，实施高中会考对提高高中教学质量起到了促进作用，保证了学生整体素质的提高，有利于高考的选拔。具体计况见下表。

陕西省商南县 1993—1997 年升学率比较表

届别	上省线人数	上线率	应届生上省线人数	应届生上省线占上省线人数比率
93	82		20	24.4%
94	128	56%	34	26.6%
95	144	75.6%	44	29.5%
96	107	30.1%	37	35.9%
97	164	50%	90	54.9%

(二) 会考与高考在中学教学改革中的相关性

作为毕业水平考试的会考和作为升学考试的高考，在不同层面上承担着对国家教育方针的落实及检测，同时也是基础教育教学质量高低的一个重要参考指标。它们以国家的教育方针为指导，以基础教育为存在的基础。因而，基础教育中的教育教学改革必然反映在会考和高考之中，会考和高考又反过来推动基础教育中的教育教学改革，它们从不同侧面和水平上反映着改革的进程，从这点上讲，二者有着密切的相关性。

一方面，会考往往是基础教育教学改革的出发点和实验田，并用教育教学改革在会考实施中的经验教训来科学地实施高考，保证国家人才的选拔。基础教育教学改革包括教育教学指导思想、课程教材、教学方法和手段、教学评价和考试形式等方面的改革，无论是哪一方面的改革，都可以在会考中首先实施。从客观上讲，会考贯穿高中的每个年级，在高中全部课程都完成会考的基础上进行高考，必然要借鉴会考的得与失。从主观上讲，高考是选拔性考试，事关国家人才选拔、社会稳定、国家和民族的前途，因而对高考的改革应是审慎、准确的，故广泛借鉴各种考试的经验教训是十分必要的。

另一方面，高考作为我国最大规模的全国统一考试，其产生的影响是绝无仅有的。体现在高考中的正确的教学思想、能力要求、命题方式等，都会极大地推动基础教育的发展和各方面的改革。从实践上说，高考是在基础教育改革和实施会考的基础上进行的，各方面的改革成果和会考经验都高度概括地体现在高考的各环节上。在改革中，会考与高考密切相关，相辅相成。

(三) 会考与高考在考试内容上的互补性

会考是水平性检测，高考是选拔性考试，两种考试的不同性质决定了二者在考试内容上有较大差异。

一方面，会考检测的是考生是否达到了高中毕业的培养目标，它是对考生高中三年学习成绩的确认和评估，对高中阶段九门必修课和物理、化学、生物实验与劳技课，以及德育、体育进行整体、全面考查，范围大、周期长。高考是根据国家对人才培养的要求、各高校、各专业特点来决定考试科目和难度，尽管这种思想在以前高考中未得到充分体现，主要以"3＋1"或"3＋2"的方式进行，但随着"3＋X"高考科目方案的推行，这种考试思想必将日益凸现出来。由此可见，会考的实施扩大和加深了高考的内容。

另一方面，会考和高考在对考试内容要求上有很大落差，一定程度上讲，高考是对会考内容的深化和综合。会考的性质决定其要面向大多数学生，考查大多数学生所应具备的知识素质水平，因而会考命题侧重对知识的掌握程度及初步理解、运用的能力，考试要求是一般性的、浅层次的。高考是在高中毕业生中为高校选拔优秀的、有发展潜能的新生，这种性质决定高考有自身特定、严格的要求和标准，在群体中选拔择优。同时，为突出考查学习潜能，高考命题更侧重对知识的归纳、概括、提炼、创新，即重视学科能力的考查，是高标准、深层次的。

因此，会考和高考在考试内容上的互补性表现在：会考可以保证考生的整体文化素质水平，以纠正单纯高考所造成的偏科现象，从而利于素质教育的实施；高考可以有效选拔高素质的、有发展潜能的新生，有利于人才的选拔和培养，同时推动会考和基础教育改革。

（四）会考与高考在考试改革中的协调性

高考改革和会考制度的实施是我国考试制度改革的两个重要方面，是普通教育良好运行和正常发展、提高的重要条件。会考的实施和高考改革是密切相关、互相协调、彼此促进的。

首先，会考可以淡化高考指挥棒的负面影响。过去，高考的指挥棒作用形成了基础教育以高考升学率为评价学校教学质量和教学管理的唯一标准的状况，从而导致学校教学中加班加点、题海战术、偏重考分、严重偏科、分科过早等不正常现象。会考的实施，强调对绝大多数学生整体素质的全面考查，扭转了以上状况，保证了各学科的教学和学生各方面素质的提高，从而保证了高考功能的有效发挥。

其次，实施会考制度是高考改革的基础。目前，正是高考改革不断深化阶段，从考试内容上讲，正由单科测试趋向综合测试，科目设置正由"3＋2"趋向"3＋X"，高考命题正由以知识立意为主向以能力立意为主过渡等等。高考的每一方面改革，都离不开会考实施，综合测试要求考生具备基本的人文素质水平，"3＋X"模式中的"X'科目必须参加会考，也正是有了会考的测试要求，才能保证考生根据自己的特长、爱好自由地在"X"中选择，高考命题以能力立意为主正是以会考侧重对知识的考查为基础的。因而，会考是高考改革的基础。

最后，高考改革的深入反过来推动会考，促进会考水平的提高。从目前情况看，由于各地教学条件和教学水平的差异，各地的会考要求和水平也存在一定的差异。高考作为全国统一考试，客观要求教育教学水平的整体提高，随着高考各项改革的深入进行，各地必然要因地制宜地按照高考的要求，以素质教育为导向，对教育教学工作和会考制度进行改革，推动各地的教育发展，从整体上提高中学生的人文素质水平。

（五）充分发挥会考和高考考试功能的几点思考

会考与高考的内在必然联系是客观存在的，既有差异和不同侧重，又有辩证地统一，共同构成了我国考试制度的主体。探讨会考和高考的关系，目的在于充分发挥二者在基础教育教学和改革中的各项功能，从而推动教育事业的发展和以创新精神为核心的素质教育的全面实施。

首先，充分发挥会考作用。自20世纪80年代开始会考试点起，会考制度已实施十多年了，十多年来积累了大量的经验，取得了一定成效，但会考工作仍有许多不尽人意之处。如命题水准把握不准，施考不够规范，评价不全面等，从而影响会考功能的发挥。会考作为我国普通高中教育的一项重要改革和考试制度，其效能能否充分发挥，主要取决于会考自身的信度和效度，因此，依法治考、规范施考、科学评考是加强会考工作的关键。

其次，综合运用会考和高考两个评分标准。实施会考的目的之一就是纠正高考单一评价体系的弊端，就是要提高中学生的人文素质水平，因而国家在选拔人才，录取新生时，就要注重会考这个标准的运用，这是会考功效发挥的重要体现，对此应有科学、详细的界定。就目前看，高考仍是录取新生的唯一标准，尽管做出了会考成绩决定高考资格这一规定，但在实践中却常被人为地弱化。随着大学招生网上录取，可望对中学生的会考和高考成绩做出科学的分析。总之，从会考和高考的内在关系上讲，综合运用这两条标准是必要且科学的。

最后，不断挖掘、开发会考和高考的新形式、新功能。一定的教育思想、教学方法和考试制度是由一定社会历史阶段的政治经济发展状况决定的，并随着政治经济的发展而发展。在知识经济来临的今天，社会发展日新月异，教育的最终目的是为社会发展服务的，因而，教育必须不断发展变革。会考和高考作为考试制度必须适应社会和教育的发展变化，不断开发考试的新形式、新功能，不断完善会考和高考的考试环节，科学、充分地利用好会考和高考的这些内在必然联系。作为基础教育，尤其是高中阶段教育，应紧紧围绕会考和高考，优化管理和教学措施，争取二者得而兼，以推动素质教育的落实，保证国家人才的培养，为知识经济时代中国的发展和社会主义建设服务。

七、会考与高考改革

实行高中毕业会考十余年来，其功能和作用已为社会所充分肯定和广泛接受。会考作为我国基础教育考试制度的一项重大改革，已步入科学、规范的轨道，正走向成熟和完善。它和高考共同作为我国基础教育中的两种考试制度所承担的社会重任和发挥的历史作用是不言而喻的。目前，探讨会考与高考之间的关系及更科学、充分地发挥二者的作用，推动它们健康发展，使之更加适应21世纪培养人才的需要是当务之急。

（一）会考与高考改革的关系

"高考改革和会考制度的实施是我国考试制度改革的两个重要方面，是普通教育良好运行和正常发展提高的重要条件。会考的实施和高考改革是密切相关、互相协调、彼此促进的。"① 具体说来，就是要处理好会考与高考间的矛盾，发挥好各自的独有功能，共同达到提高学生素质，培养创新能力，选拔优秀人才的目的。在具体的考试实践中，二者是相互依存，彼此促进的。

一方面，高考改革是以会考实施为前提和基础的。高考改革的方向是侧重学生能力考查，尤其是考查学生对知识的应用、组合及创新的能力。这一测试目的是否达到，关键在于学生是否具有了足够的、必备的知识和获取新知识的能力、方法。会考作为对高中生基本人文素质是否合格的检测手段，它为高考改革做了基础性工作和必要的准备，它是高考改革能否成功的关键。

另一方面，规范、加强会考可以弥补高考及其改革中的不足。高考是以选拔人才为主要目的的考试，选拔性是其主要特点。这决定了高考难以做到水平测试和选拔人才的完全统一，这种不足及其产生的负面影响是有目共睹的。实施会考的目的之一就在于弥补这种不足，消除其负面影响。同时，高考改革是社会发展的需要，时代的要求，而改革是不可能一蹴而就的，也很难保证改革的尽善尽美，改革本身就是一种探索和取舍的过程。因此，要加强会考来为高考改革保驾护航。

（二）会考与高考"3＋X"考试

"3＋X"高考模式已在广东试行并开始推广。"3＋X"科目考试和教学改革是在中学生全面实行高中会考的基础上进行的，以体现高校选拔新生为主要目

---

① 徐赐成．鱼和熊掌得而兼——会考与高考关系初探 ［J］．会考，1999（3）．

的的选拔性考试。"3＋X"考试的本意是达到基本文化素质要求的合格高中毕业生依据自己的兴趣和爱好，根据高校的要求，选取"X"科目接受高校的选拔。其主要意义之一就是在一定程度上尊重了学生的兴趣和爱好，适于培养创造型人才。在具体的操作实践中能否达到考生的愿望，实现高考选拔人才的目的，关键在于会考搞得是否扎实，是否给高考招生和考生报考提供了充分的自由和空间。因此，"3＋X'考试的成败与会考息息相关。

同时，实行"3＋X"科目考试，必须加强会考的水平测试功能。为适应高考的选拔性要求和促进中学教学，会考的水平测试功能就必须加强并进一步发展。不加强会考的水平测试功能，就容易形成变相的"3＋X"或"3＋2"，造成新的"偏科"现象，就达不到高考改革的目的和要求。基于此，中学必须端正教育思想，在执行教学大纲并认真组织会考的前提下为考生选择高考科目。另一方面，不顺应形势发展进一步开发会考的测试功能，就会使会考失去其本身的意义和功能，就不利于中学教学和高考改革。

（三）会考与"高考综合能力测试"

"高考综合能力测试"是《中共中央、国务院关于深化教育改革全面推进素质教育的决定》关于改革"高考的科目和内容"在实践中的产物，是适应培养具有创新意识、创造能力的新世纪人才需要的产物；是20世纪90年代以来在高中全面推行高中会考后的高考"注重能力考查"的发展结果。目前已有1998、1999年保送生"综合能力测试卷"和1999年上海"综合能力测试"卷三份。

从"综合能力测试"的动因和目的，以及以上三份"综合能力测试卷"的特点来看，它仍是以会考作为基础的，尤其是保送生考试，本身就以学生的会考成绩作为是否保送的重要资格条件。首先，这些"综合能力测试题"的最大特点是强调学科知识的交叉、渗透和综合，突出综合能力。考生如果没有对各学科内容进行专门的学科学习，就很难理解试题运用各学科知识为背景所创设的新情境，更谈不上对所学知识的相互作用与综合。这不仅反映了会考的重要意义，也体现了会考在素质教育中的重要作用。

"综合能力测试题"的另一个重要特点是强调理论与实际相结合，以及理论在实践中的具体运用，考查学生解决实际问题的应变能力，加大了考查学生创造思维的力度。"综合能力测试题"大多选取与现实联系较紧密的内容和材料，要求学生运用各种学科知识和能力来多途径地解决问题，强调各科思维的综合应用，这在学科学习中是少有的。学生是否具有这种能力，关键在于学生是否具有扎实的学科知识和学科能力。从这点上讲，"综合能力测试"不仅和会考密切相关，并要求强化、提高会考的测试功能。

（四）会考与创新能力的培养

"考试就要研究什么是创新能力、创新能力与其他能力的关系以及创新能力在考试内容中的体现问题，然后付诸评价实践。"① 可见，培养学生的创新能力，侧重对创新能力的考查，是高考改革的一个主要目的和要求。所谓创新，是根据一定的目的，运用一切已知信息，产生出某种新颖、独特、有社会或个人商品价值的智力品质。培养学生创新能力是指在教学中，通过让"学生感受、理解知识产生和发展的过程，培养学生的科学精神和创新思维习惯，重视培养学生收集、处理信息的能力，获取新知识的能力，分析和解决问题的能力"②。一个人要具有创新意识和创造能力，必须具备必要的知识、必要的能力和必要的信息量三项条件。对于学生来讲，就是要具备必要的学科知识、学科能力和获取新知识、新信息、解决实际问题的能力。因而，让学生掌握扎实的学科知识和能力是至关重要的。

由此可见，在高考不断改革的过程中，会考不仅要加强，而且要进一步开发其考试功能，它与高考改革是密不可分的统一体。只有搞好会考，高考改革才有了前提和基础，才能保证高考改革的方向和目的的实现。面对高考改革，立足中学实际，只有扎实教学，搞好会考，才能保证高考功能的有效发挥，才能继续推进素质教育，从而培养出创新型人才来。

八、高考考生舞弊心理及对策

高考是国家在全社会范围内组织的选拔优秀人才的考试。公平竞争是高考的根本属性，因而高考在社会上有"一方净土"之称。但近年来，高考考场舞弊现象时有发生，对学校教育教学、管理以及考试改革都产生了极坏影响。本文拟就高考考场舞弊心理的产生原因及如何纠正谈些粗浅看法。

考试作弊的原因是多方面的，但其心理原因占重要地位，而且纠正起来也较为困难。因此，谈到考试作弊，不能只停留在考风考纪上，而且应该从中学生考试作弊的心理原因角度加以分析，并在日常教学中采取适当的对策，以减

---

① 刘芃. 浅议考试改革［N］. 光明日报，1999 - 08 - 04（6）.
② 中共中央、国务院关于深化教育改革全面推进素质教育的决定.

少乃至根治中学生的考试作弊行为。

（一）高考考生舞弊的心理诱因

高考的性质决定其严肃性和神圣性是其他任何考试所无法比拟的，公平竞争对于高考尤其重要。部分考生和人员敢冒天下之大不韪，是由来自社会、学校、家庭等多种不良因素的影响共同造成。具体来讲，有以下几方面：

第一，不正确的人生观和应试教育的副作用是考生作弊的根本原因。人生观是人们对人生目的、意义的看法和观点，人生的目的在于实现自身社会价值和个人价值，这需要人一生的努力。中学生的学习动机是以直接的近景性动机为主，他们渴望成功，因为一定的成功总能获取一定的地位，成就的大小决定着所获取地位的高低。同时，一定的地位又决定着他的自尊心。成功便会得到父母和老师的赞扬，朋友和同学的羡慕，在班级中的地位提高，因而使其尊重的需要得到满足。高考只是人生中的一小步，对自身价值的实现不起决定作用，部分考生平时所受的政治思想教育和培养不够，未能形成正确、科学的人生观，不能正确看待个人前途和社会需要间的关系，不真正理解自身价值的含义，而把高考"跳龙门"当作个人价值实现的唯一途径，沦为考试的奴隶。应试教育的最大负面影响是把考试作为教育的重要目的，以考试成绩论英雄，从另一方面过分渲染了高考对人生的作用，从而加深了学生对高考的错误认识。他们渴望和需要成功，但更害怕失败，过多的失败会将人推到自卑的深渊之中，成为破坏人格的一种力量，而且，"考核的动机力量，更多的是在于失败的威胁，而不是在于成功的希望"。因此，他们对分数十分敏感，如果思想教育跟不上，在缺乏学习实力和基础的条件下，一遇到有作弊的机会，也就可能陷入错误的泥坑，从而获取好分数，以取悦于家长、教师和同学或得到表扬等，同时避免遭到冷遇。

第二，社会、家庭对考生的影响和要求是考生作弊的重要外因。随着知识经济的来临，对人才的需求也更加强烈，具体到社会就业方面，文凭和学历是就业的第一道关卡。这样的就业观念，加之不良的就学观和人才观势必加剧了考生在高考"独木桥"上的竞争。部分家庭过分看重高考，尤其是在农村和落后地区，家长把考生高考成功视作光宗耀祖、炫耀于人的一件大事，客观上增加了考生的心理压力，使部分考生大有"背水一战"的感觉，难免有些考生"奋不顾身"。随着时代的进步和发展，社会对人才提出了更高的要求。现代社会竞争的日趋激烈也对人们的知识水平提出了更高的标准。中学阶段是学习的黄金时期，因此，无论是家长还是教师，都对中学生的学业寄予较高的期望。但是，期望值过高往往导致部分中学生缺乏自己的人生奋斗目标。他们未能充分认识到如何通过努力去实现自己的思想和师长的期望。他们错误地认为学习只是为了应付家长和教师，因此虽然表面上屈从于家长和教师的权威而努力完成任务，但其内心愿望并不是去接近和实现，而是逃避。只有当个体自觉地提出目标任务，他们才能为此而不懈努力。所以，行动目标的选拔必须适中，如果目标过高，或者个体自身水平较低而不具备实现的可能性，将最终导致失败。这样，中学生为了实现父母和教师的高期望，只能采取作弊手段。

第三，社会、学校滥施不规范的考试，误导了学生。近年来，由于社会上名目繁多的滥考，不良社会风气在考试中猖狂盛行，影响了考试的权威性和可信度，作弊的心虚感和羞耻感较之过去下降。同时，部分学校不注重严肃考风考纪，平时考试监考随便，使得部分考生养成了作弊的习惯。更有甚者，有少数学校为使会考过关，在会考和会考补考中纵容学生作弊，更增大了高考严肃考风考纪的难度。这些现象对学生产生了误导，认为作弊是小事一桩，故人未能考场，先怀作弊的动机。

中学生自我意识迅速发展，他们希望自己能在同伴群体和成人群体中获取相当的地位。他们强烈地意识到自我的独立存在，同时也产生要求别人意识到其自身的意识和愿望。他们急切地需要周围人们尊重他们的言行，希望能在老师、家长、亲友和同学中挣得"面子"。与此同时，中学生的自我价值观念逐渐形成，但是他们的价值取向易流于浅显和失当，往往会以表面的虚荣为自我极大的满足。伴随着道德认识的发展，中学生的道德判断和道德意志发展却远远滞后，他们往往认为作弊行为可以理解，在关键的时候可以使用。在考试中，他们为了获取较高的分数和由此带来的"自尊"，往往会因为意志的坚持性水平不高，自我控制能力薄弱，或者道德水平较低，而通过作弊来满足一己之利。

在现行的中学教育体系中，教学大纲、课程计划与设置、教学安排等，从总体上看，多为知识形态，且培养目标和培养方法均着眼于学生的知识水平及其认知技能的训练和提高，却较少关注中学生的人格素质。教师也只关注学生认知方面存在的问题，而对人格这一深层次、实质性问题缺乏足够的认识。这样，中学生往往表现为人格素质不健全，缺乏社会责任感，缺乏理想和热情。通过考试能折射出一个人的人品和思想意识，考试作弊是自私和不诚实的表现。很多中学生在考试中作弊都是因为其人格意识扭曲、品行修养较差、纪律观念淡薄造成的，而且，他们很少有人因为作弊而感到羞耻，甚至有的还以作弊手段的高明和作弊成功为荣。其实，这是因为"他们的知识层次与精神世界的构建往往处在一种不协调，甚至相游离的状态"。

第四，侥幸心理是考生作弊的直接原因。近年来，由于上述原因，在各类考试中作弊猖獗，作弊的手段和方式花样百出，手法更加巧妙，甚至利用高科技进行作弊，作弊的成功率增大。部分考生抱着侥幸心理，既就是本无作弊习惯的学生，也想通过这难以被发现的作弊手段进一步提高考试成绩，以"更利于"竞争。

第五，部分监考教师不负责任和个别考生"不服气"心理也是考生考试舞弊的一个原因。由于受不良社会风气的影响，少数监考教师不安于本职工作，以至于在高考监考工作中不认真负责，客观上给了考生作弊的机会。也有个别的监考教师由于受某种利益的驱使，帮助个别考生作弊。同时，还有少数考生发现他人作弊又无勇气揭发，担心自己在高考竞争中失利，也铤而走险。

（二）中学生考试作弊的心理分析

1. 侥幸心理。这是最常见的考试作弊心理。受社会的不良影响，部分学生人生价值取向发生畸变，而且学习本身的艰苦使得部分意志力薄弱的学生懒于学习，投机取巧。他们平时学习不用功，喜欢碰运气，总希望自己能碰上好运，希望能逃过监考老师的眼睛，获得作弊成功。

2. 虚荣心理。一方面，有的中学生为了保持或提高自己的既有地位，或者为了获取荣誉称号、奖学金、当学生干部等，另一方面，他们为了避免考试失败而为父母所冷淡，为教师所遗弃，为同学所轻视，他们总想在考试中取得好成绩，并希望借此达到预定目标。但是，一旦在考试过程中发现难以达到自己的预定目标时，就可能借助于作弊这条"捷径"。

3. 冒险心理。冒险心理多见于学习较差的学生或是在关键性的考试中。中学生冒险好胜，易于冲动，他们心理动荡不安，常常做出越轨之举。对于学习较差的学生而言，他们知道自己经过正常途径难以通过考试，而且一旦失败将给他们带来诸多麻烦，因此他甘愿铤而走险，以放手一搏。另外，在关键性的考试中，往往"一纸定终生"，为了前途，为了避免失败带来的巨大压力，他们只能采取作弊手段。

4. 强化心理。一些平时学习不认真，寄希望于考试作弊的学生，一旦作弊获得成功，初步尝到"禁果"的甜头之后，就会不断总结"经验"并改进"方法"，就会反过来滋生不劳而获的不良心理，从而一发不可收拾。这样，在学习

——考试中会产生恶性循环，导致作弊成性，即使冒很大的风险也在所不惜，甚至作弊时的羞耻、内疚和自责全然消失。

5. 从众心理。大部分中学生考试开始时并未打算作弊，但是由于监考不严导致极个别学生作弊而伤及整体的公正感。这样，有可能自己成绩反倒不如作弊的，在这种心理下，加之"模仿和心理感染的社会心理机制在青少年团体中起着重要作用"。于是有的中学生便会产生"谁不作弊谁吃亏"的错误观念，行动上也改变了自己的初衷，纷纷加入作弊者的行列。而且，如果多数人作弊而自己仍不参与则难以承受群体的巨大压力。考试作弊的从众心理易于导致出现"群体无意识现象"，即大家都对此表示默认。

6. 同情心理。表现在学习较为优秀的学生帮助差生作弊，为差生提供作弊材料。中学生对同学关系相当重视，他们富有同情心。成绩优秀的中学生看到差生老是不及格，受到家长和教师的冷遇、斥责甚至体罚，于心不忍。因此，在考试这样最重要的时刻，如果同情并"帮助"差生，不仅会密切同学关系，而且还能显示自己，使自我得到心理满足。于是当这类同学请求帮忙时，就会帮助他们作弊。

7. 偏差心理。很多中学生对考试作弊理解偏差。有的中学生认为只要中考或者高考不考的学科就可以作弊；帮助同学作弊的不能算是作弊；甚至还有学生认为这是一种英雄行为。有的中学生认为，考试作弊可以理解，必要时可以使用，他们对作弊者持有同情态度，在行动上则表现为不检举或协同作弊。这样，他们在考试中会"理所当然"地进行作弊。

8. 逆反心理。中学生希望独立自由，他们具有较强的逆反心理，当然也毫不例外地表现在考试作弊上。中学生因反抗心理而作弊的人数也相当多，可以说是"一种心理防御机制在行动上的反应"。有的学生明知道作弊不对却偏偏去作弊，甚至于还有的学生是为了表现自己是敢于作弊的英雄而去作弊。有的中学生对个别教师有意见，遇到这个教师监考，这个学生一定要找机会作弊跟这个老师对着干。

9. 害怕心理。中学生害怕考试失败给他们带来的巨大压力。如果经常性失败，将会使其产生一种失败者的不良心态，他们虽然也有成功的需要与愿望，但在实践中往往化为泡影，他们虽然也需要尊重和尊严，但结果只能是自卑。在这种情况下，为了避免失败，他们就会进行作弊。另外，考试成为学生学习的一种强制力量，最终使学生把考试视为自己的对立面，以至于学生们谈"考"色变，特别是那些平时学习不太认真的或心理素质较差的学生，一进考场就因心理紧张而发生"暂时性遗忘"现象，而曾经有过类似经历的学生更会产生害怕心理，于是便会产生"夹带"以"备忘"的作弊。

10. 强迫心理。个别中学生由于经常遭受失败，他们往往会产生无助感。他们不堪忍受学习的压力，极度自卑、丧失信心，自制力低下，产生较严重的强迫型人格障碍，以至于不管考什么学科，不管试卷难不难，满脑子想的就是找机会作弊。他们明知作弊不对，可就是管不住自己，非要和书上对一下才放心。

（三）对考场舞弊行为的教育和防治。

高考考场舞弊行为既然是多种因素共同影响的结果，在教育和防治时应对高考考场舞弊行为采取综合治理。具体应加强以下几方面工作：

1. 认真贯彻落实素质教育思想，注重培养学生思想品德，形成正确、科学的人生观和考试观。

学校在教学过程中应以素质教育思想为指导，注重全体学生各种素质的全面提高，使学生认识到提高自身素质的重要作用，从而端正学习态度、明确学习目的。在传授知识、培养能力中，进一步加强思想品德教育、前途理想教育，正确理解人生和人生价值，形成正确、科学的人生观。在竞争和考试的问题上，帮助学生理解各类考试的特点、目的及作用，形成正确的考试观。提高中学生的人格素质是解决考试作弊问题的关键所在。学校必须加强对中学生的人格教育，提高中学生的人格素质。人格教育应侧重于培养自我调节与控制的能力。教育因素只有内化为学生的心理信息并在心理结构内发挥有效的调控作用时，教育才能表现出实际的效果。对此，学校应加强对中学生进行理想、动机、人生观和价值观的教育，增加中学生的责任感和使命感，帮助中学生明确学习目标，端正学习动机，培养坚强的学习意志。

同时要提高中学生对作弊的性质和危害的认识。要让他们认识到考试作弊是一种不道德的行为，要帮助他们树立良好的道德意识，加强自身修养，要加强对中学生的正面教育，提倡从我做起，自觉抵制考试作弊。

2. 注重平时考试中的挫折教育，增强考生参加考试的自信心。

学校平时考试一律要严肃考风考纪，帮助学生正视考试中的挫折和失败，只有战胜挫折，才能取得最终的胜利，通过作弊既就是侥幸成功，也难免最终失败，通过帮助学生克服一次次挫折，使考生在挫折中不断成熟，知识不断丰富，从而增强考生的自信心。同时，教师要通过每一次考试，帮助学生总结考试的成败得失，在对成功经验和失败教训的总结中，使学生形成正确的考试心理，掌握科学的应试技巧，进一步增强考生的自信。这样，考生的作弊心理就会渐渐烟消云散。教育者要使学生了解意志在成长过程中的作用，有意识地进行意志训练。一方面，要善于引导中学生抵抗不符合行动目的的主客观诱因的干扰，另一方面又善于激发其长久地维持已经开始的符合目的的行动。要努力培养中学生具有自信、自治、果断、持久性和勇于克服困难的意志品质，注重引导学生克服盲目从众、言行不一等不良意志品质。教育者可以人为地给学生创设一些挫折情景，让学生自己去处理，以锻炼他们的意志，发展学生的自制力，不产生盲目的冲动，增加学生的行动导向能力和自我控制能力。此外，还要有意识地加强对学生进行意志磨炼教育，有目的地引导学生参加各种社会活动，通过实践，增加中学生的抗挫折力和抗诱惑力，养成不畏困难的精神。

适度的心理压力是学生进步的内驱力，是促进学生主动发展的动力。但是升学的压力以及教师和家长给中学生的压力太大，持续时间过长，将会使压力成为阻力，从而不利于中学生的学习和身心健康。社会、学校和家长都有责任去缓解中学生的心理压力。教师要教育学生正确认识自己、学会学习，能给自己设立一个适当的努力目标，从学生本身减小内在的心理压力。家长对子女的期望值应恰当，要根据子女的实际情况，引导子女自己提出恰当的奋斗目标，激发其自我教育的愿望。

3. 加重对考试中违纪考生和人员的处罚，以法治考。

招生考试部门应制定出更科学、更周密、更严格的考试纪律，而且应加快考试立法，使招生考试工作有法可依。对考试中的不正之风，加重处罚的打击力度，对公然违反考风考纪的人员和考生严惩不贷。同时，应加强对监考等施考人员的教育培训，提高其工作和思想水平，以保证高考的规范进行。

4. 净化社会环境，营造良好氛围。

我们要不断净化社会大环境，抵制假、丑、恶，提倡真、善、美，创造社会育人的良好氛围。学校要把教书育人、管理育人、环境育人的工作落到实处，努力营造优良的育人环境和干净清洁的小气候，教育学生主动学习、刻苦学习、勤奋学习，树立正确的学习观念和职业道德观念。同时，严格考试全过程管理，堵塞可能产生作弊行为的漏洞。

5. 继续推进考试自身的改革。

在考试中应把对基础理论知识的考核与对学生实际应用能力和创造性思维的考核有机地结合起来。在严格考试管理和加强监督检查的同时，要把考试改革纳入教学改革的范畴中统一考虑，认真研究，大胆实践。

班主任要掌握学生的思想动向，进行必要的考前教育，对重点学生进行重点思想工作，力求通过深入细致的思想工作，解决中学生存在的思想问题，调整其情绪和心理状态，消除精神负担。教师和家长应发挥考前教育的优势，以培养中学生健全人格和高尚的品质为切入点，联系中学生实际，帮助中学生树立正确的人生观、世界观和价值观，提高道德水平，从根本上解决作弊问题。使中学生认识到自己在考场上的责任，提高他们的自尊心、自信心和自制力，教师也要充分发挥中学生自我管理、自我约束和自我教育的作用。

高考事关民族前途，国家发展，社会稳定。只有杜绝高考中舞弊等不正之风，才能保证高考的公平竞争和最高权威性。全社会应共同行动起来，协同合作，共同来维护这"一方净土"。

补记：2004 年 5 月 20 日，教育部召开新闻发布会，公布了教育部部长周济签署 18 号令，颁布了《国家教育考试违规处理办法》。新的处理办法统一了目前高考、自考、成考、硕士研究生入学考试等全国范围的教育考试违规处理办法，从根本上解决了不同的考试违规处理"松紧"不一的情况。但考试"违规"的动因复杂，加强对其研究，进行综合治理显得十分必要。

九、素质教育与高考复课教学

在一些人的心目中，有一种把高考与素质教育对立起来的看法。好像要高考就必须进行应试教育似的，说到素质教育，就认为既要高考，就无法实施。其实，高考和教育一样，在改革之中，教育重在提高素质，高考也重在检验素质。高考始终为教育提供最有力的导向，激励教育向着国家规定的目标前进。

高考《考试说明》指出："高考是由合格的高中毕业生参加的选拔性考试。""高考应有较高的信度、效度、必要的区分度和适当的难度。""高考不仅要检测考生已经掌握的知识面，而更重要的则在于考生具备的学科能力及其在今后可能的发展潜能。"一句话，高考就是要把不同层次的考生成绩拉开距离。高考必须有"区分度"，其核心就是为高等教育选拔高素质的人才，而高素质的人才的培养则需要教育过程中起主导作用的教师把握住教育的坐标。20 世纪 90年代以后，教育的发展已经确立了有中国特色的教育坐标，即对学生进行素质教育。因此，高考指导教师应该在素质教育的总体要求下进行高考复课工作。

（一）高考复课工作需要素质教育的指导

人的素质是指一个人在生存与成长过程中所体现的必需的基本素养和特征。经济的发展，社会的进步都以人的素质提高为基础，人的素质的高低又取决于后天的社会环境、教育训练等因素。教育是为社会经济的发展服务的，培养高素质的人才是教育的主要任务。进入 20 世纪 90 年代，在我国的教育改革过程中，逐步把素质教育确定为 21 世纪中国教育发展的目标和方向，这是与中国特色的社会主义建设相适应的，符合现代化教育规律的更高层次的教育，也是时代的要求，是我国经济发展和繁荣富强的需要，是中华民族强立于世界民族之林的重要保证，因而素质教育是今天基础教育的头等大事。

素质教育是与单纯片面追求升学率的应试教育相对的，是指后天素质的培养，它是以全面提高人的思想品德、科学文化、心理等多种素质，培养能力、发展个人特长的基础教育，其实质就是培养学生的生存能力，强化学生的特长，让学生成为符合社会需要，对社会有益的人才。素质教育揭示了"全面发展"的精神，就中小学而言，其基本内容包括科学文化素质、生理素质、心理素质，以及思想政治素质和道德素质，它们互相联系构成了一个有机的整体和完整的体系。因而在中小学实施素质教育时，必须要做到内容的全面性、方法的有序性和结构的完整性。

由此可见，素质教育的内容相当广泛。我国教育发展纲要所指出的"德、智、体、美、劳"就是对素质教育的最根本的概括。围绕这一基本内容，现代社会所必需的各种生存能力的培养均属素质教育。高中阶段，是中学生世界观初步形成的关键时期，其思维已开始由感性认识向理性思维发展，各方面素质都具备了一定的基础，是全面提高学生素质的重要阶段，也是巩固素质教育各项成果的攻坚阶段，这就要求我们彻底摆脱应试教育那种搞填鸭式、满堂灌、死记硬背、疲劳战术等不科学的做法，转变观念，更新认识，大力实施素质教育。高三学年是学生的各种素质充分发展，趋于巩固成熟的非常时期，作为教师要因势利导，从而使素质教育的各类目标得以实现，因而，用素质教育思想指导高考复课工作，是跨世纪教育改革的要求，是为社会培养合格人才的需要。

（二）怎样用素质教育思想来指导高考复课工作

把素质教育思想与高考复课备考相结合不可能是一蹴而就的，它需要全体教学工作者的通力协作，勤于实践，敢于坚持，勇于创新，不断探索，从而克服那种把高考复课工作完全等同于复习应试的错误观点。这里就我校的高考复课工作实践作以概述。

针对高考试题的变化及其改革方向，以及考生在新高考模式下出现的思想、思维方式上的错误和偏差，我们认为首先应注重培养学生思想素质。培养学生思想素质是把所学知识转化为智能的前提条件。思想素质是人的素质的深层内蕴，包括人在精神上、意识上的特征品质，包括智力、非智力的因素。良好的心理品质的形成取决于自身的努力及精心、科学的教育和辅导。正确的人生观、价值观的树立，高尚道德情操的培养，知识、技能的增长，审美意识、美的创造力的获得，无不以思想素质的水平为基础，思想素质的内容包括心理素质、道德素质，一分为二，实事求是，不怕吃苦，勤奋学习的精神，还包括对祖国、对人民的深厚感情；以及正视现实，开拓进取的精神等等。有了这些完好的素质，才能身担大任，知难而上，才能发奋图强，自觉地投身到备考考生的队伍中来，才能成为未来的栋梁之材。总之，培养思想素质是有效复习备考的前提和基础。同时，在近几年的高考试题中，也充分体现了对学生思想素质方面的考查要求。近几年高考试题内容上的一个突出变化就是以现实问题为背景，以考查考生的人文关怀为突破口，很难想象一个没有科学价值观、人生观的考生能对现实问题有正确的态度，能有解决现实问题的科学方法。例如，传统观念上的"郑和下西洋"与长城的修建一样，都是作为中华民族的骄傲与自豪而载入史册的，倍受歌颂的，但在2000年的高考语文试卷中，却意在引导考生认识长城的"封闭"与"愚钝"，触及政治文化与民族心理的思考；同年高考历史卷"郑和下西洋"题，将其放之于地理大发现的比较中，让考生比可比之处，见不可比之点，追根溯源找出历史的症结所在，深化了思想教育的内涵。

其次，按《考试说明》中的能力要求，在教学中努力提高学生各项能力素质。综合分析学生在高考中的失误表现，主要在于学生素质单一、能力水平低造成的。针对高考要求，在复习备考中，除传授和巩固知识外，还应注意培养学生多种能力素质。根据对1990年以来高考试题的研究分析，在备考中应着重培养学生的记忆能力、理解能力、论证能力、归纳概括能力、分析能力、运算能力、动手实践能力、问题阐释能力和文字表达能力等。原国家教委考试中心刘芃先生曾针对历史学科高考说："高考……对史实的记忆强调了准确性的丰富程度……从教学角度说，重要的并非考虑用什么方法让学生记住，而是要采用科学的认识去思考。"这就是培养能力的方法和目的。

再次，要发展学生的智能水平。所谓高素质的人才，是指有很好的思想文化修养和创造性思维能力的人才。创造性思维能力的培养，就是智力水平的提高。为此，就要引导学生学会比较、综合、概括、记忆等方面的能力，使学生在学习和训练的过程中得以提高，使学生的立体思维和多维能力得以发展，全方位地提高学生的能力素质。高考复课备考阶段，学生已经比较全面地了解了各科各类知识，这正是培养学生思维能力的大好时机和重要基础。我们应该在巩固基础知识的水平上，以适当的形式、科学的方法训练学生的思维，有针对性地、有计划性地帮助学生对所学知识进行分析、比较、综合、概括，这样做既能提高学生认知水平，又有利于记忆，同时也符合素质教育及高考要求。

复次，帮助学生涵养一些基本的科学精神和人文精神。中学各科知识是人类思想文化宝库中自然科学和人文科学的基本知识。自然科学是一个知识体系，强调客观性；人文科学既是一个知识体系，又是一个价值体系、伦理体系，更多地教人求善求美。前者急功近利，但它创造出来的物质文明无疑是精神文明的厚实基础；后者通过学习哲学、历史、文学、艺术，熏陶出一种人文素养，使科学技术创造出来的财富服务于人与自然，人与人的和谐相处、共生共荣的生存方式。从教育的目标上讲，不论是基础教学还是高考复课，都应以涵育学生的科学精神和人文精神为目标；从高考考查的主要方向上讲，涵育学生的这两种精神和意识也有利于提高学生的"应试"能力，也符合高考改革的方向和要求。

最后，有意识地培养学生的应试能力。应试能力是素质教育诸种能力的一种，培养学生应试能力而不以应试为主要目的，是符合素质教育的要求的，也是应试教育与素质教育的一个重要区别。一般来讲，在学生知识和能力基本巩固、掌握的基础上，训练学生各类型题目的解题技巧，使学生的知识和技能相结合，培养其思维的敏捷性和知识的迁移能力，从而提高学生解决问题的能力。同时，还应注意学生心理素质的培养和训练，如竞争的欲望、适度的紧张感、自信心及对前途的正确态度，形成对考试的正确认识，从而使学生以正常的心态从容、镇定地应试，充分发挥出自己应有的水平，减少非智力因素的不良干扰。

（三）用素质教育思想指导高考复课工作的成效

1. 可以缓解中学学科教学滞后高考改革的矛盾。

高考是国家组织的升学考试，其直接目标是为高等学校选拔有潜能的合格新生，因而高考的突出特色是选拔功能。在科举考试的千余年中，反复争论的一个重要问题，就是注重能力考查还是单纯考知识。毛泽东批评高考，其中一个重要方面就是备考上的死记硬背。随着素质教育思想的酝酿和提出，高考命题自 1988 年起已进行了十余年的改革，目前高考最突出的改革是注重学科能力、创新精神和实践能力的考查，高考的这种改革方向，概括地讲，主要表现在以下三个方面："一是大大加强了学科能力的考查，特别是思维能力的考查的比重和力度；试卷中旨在考查思维能力的试题属于主体地位；二是强调知识更新，打破了中学课本的'绝对权威'，试题设计和答案不拘泥于教材，无论是试题背景的取材和表述，还是观点的分析，都力求更科学；三是反映学科的基本规律、基本特征和内部联系，即侧重于知识结构、学科理论和学科体系的考查，尤其注重体现学科的主体内容，即中学教学和大学教学相关性比较强的重点内容的考查。"（《中学历史教学参考》1998 年 5~6 期张传若文）高考的这些改革正是适应素质教育的要求，在高考复课过程中，只有不断巩固和提高学生的各种素质才能适应高考。

2. 有利于巩固和发展中学素质教育的成果。

用素质教育思想指导高考复课工作，不仅是高考改革的要求，更是素质教育自身的内在规定性。中学素质教育是一项综合性的系统工程，不同阶段的素质教育有不同的目标、任务和方法，高三学年既是中学生各种素质的巩固提高阶段，又要对学生各种素质进行综合运用和全面检测。只有在高考复课教学中采取符合素质教育的方法和途径，才不致使应试考试卷土重来，从而使素质教育的各项目标和高考任务得以顺利完成。

3. 可以减少考生在高考中的失误。

据全国高考命题组对 1996—2000 年全国高考试题答卷的典型失误及其原因的研究表明，造成学生在高考试题答卷中失误的主要原因有：对基本知识掌握不够扎实；重要的概念理解不够准确；阅读能力差，难以提取有效信息；审题能力差，不能形成正确的解题思路；归纳、比较、概括知识的能力差；独立思考和理论水平低；动手及运算能力不足等。考生所缺乏的上述能力，正是素质教育所着力培养的，因而用其指导高考复课教学可谓是对症下药。

4. 可以为社会培养合格的建设人才。

社会的开放发展，使机遇增多，但只有高素质的人才才具有更强的竞争力。素质教育正是着眼于人的素质的提高和全面发展。通过高考复课教学，把中学阶段的各种素质巩固下来，提高上去，从而培养出符合社会各种需要的人才。

实施素质教育，完成其各种能力目标，是当前中学教育的主要任务。高三复课教学工作，既要巩固初中以来教学中素质教育的成果，又要有利于提高高考中的应试能力，用素质教育的思想来指导高考复课工作，按素质教育的要求进行复课教学是最有效的途径和方法，那种认为高考复课教学阶段不能搞素质教育的想法和做法是极其错误的。实践证明，把素质教育的各项能力目标切实落实到高三复课备考的各个环节之中，能为高校输送合格的有潜能的学生，亦能为当前的经济建设培养出高素质的人才，同时也有利于中学素质教育的巩固提高，有利于基础教育水平的全面提升。

十、2011 年课程改革高考历史试题考查风向分析

2011 年高考课程改革历史试卷共 11 套，其中文综卷 8 套、历史单科卷 3 套。课程改革、新材料、新情境、新理念、新史观的命题总体方向更趋明显和成熟，微观上的命题调整和变化也在稳定中悄然进行。对 2011 年高考历史试题进行整体而微的研究十分必要。

（一）2011 年课程改革高考历史试题的四大特点

1. 课程改革理念更加具体。

（1）试题内容体现课程改革理念，命题点向课外延伸。课程改革高考强调"坚持以问题为中心，运用新材料，创设新情境，注重考查学生的知识迁移能力和历史学科意识"的命题理念，具体说来，高考命题就是要从以教材为据转向以课程为据，即"脱教材"。五年来，课程改革高考历史试题在摆脱教材限制方面的力度越来越大，试题命制逐渐从更加广阔的领域选取密切联系我国和世界政治、经济、文化、科技教育、社会发展的素材进行命题，命题点由课内向课外延伸。综观 2011 年课程改革历史试题，大多都是依据新材料，创设新问题。例如选择题，主要以材料型选择题为主，单纯考查知识简单再现的试题非常少。选材普遍新颖，除了文字材料外，还有历史照片、广告、信件、时事新闻、历史著作、人物言论、报纸报道等，形式灵活、多样。就考查而言，要求学生按照"新材料、新情境"作答。

也就是说，学生要形成正确答案，仅仅依靠教材知识是远远不够的，必须运用"获取和解读信息、调动和运用知识、描述和阐释事物、论证和探究问题"的思维能力，对"新材料"进行具体分析，并与相关历史事件、现象等进行关联。这种考查方式有利于学生摆脱死记硬背的桎梏，培养学生具体问题具体分析的思维习惯和方法，符合课程改革理念。例如，课程改革全国卷第 29 题，该题涉及太平天国运动前、后期对"孔学"态度的变化。

考查内容似乎属于课本知识，但问题求解过程却在课本之外。又如第31题，"东南互保"这一内容课程改革教材上没有论述，但这个事件与义和团运动、八国联军侵华战争这一内容有着密切关系。要回答这一问题，不仅需要学生在学好教材的基础上，对教材知识做进一步拓展和深化，还要在平时的历史学习中注意知识的相互联系和社会背景。再如第45题对"盟旗制度"的考查，第48题对钱玄同思想转变的考查等，就其试题内容言，基本上都属于课外内容，但只要了解历史学科的特点以及相关历史阶段的特征，基于教材知识而延伸思考，还是可以做出正确判断的。还有像江苏卷20道选择题中，有19道属于材料型选择题；海南卷25道选择题中，20道是以各种材料为情境来设计问题的。这些材料也大多取自教材之外，普遍高于教材要求。

这一命题方向需要学生具有相对广博的知识视野和较深的知识积淀，这对今后的历史教学来讲是一个严峻的挑战。

（2）突出能力考查，学科素养要求越来越高。能力考查是高考永恒的主题。2011年各类课程改革高考历史试题尤其突出对学生概括能力、评价能力的考查，当然，这是建立在获取和解读信息等基本能力基础上的。概括能力是历史学习的重要能力，它需要学生对所学知识、史料进行充分的理解，经过缜密的提炼和总结，最后形成精练的结论。历史学习的重要目的之一是要学生通过历史学习，形成对历史的正确认识和评价。

2011年课程改革高考历史试题非常关注对学生历史评价（述）能力的考查。毫无疑问，概括能力、评价能力是建立在学生对历史、对历史材料准确阅读和理解的基础上的，同时还需要学生运用正确的历史观、价值观，对历史和材料进行分析，最后形成正确的历史认识和判断，这是一种综合能力。对学生的概括能力、评价能力进行考查，既能一定程度上体现学生的学科素养，又能更好地实现课程改革高考选拔人才的目标。

2. 史观的价值更加彰显。

随着课程改革的实施，史观在历史教学的地位更加突出。全球史观、文明史观、现代化史观、社会史观等在历史教学中得到有效运用，其价值在于促进思维方式的创新和认识的提升。2011年高考历史试题突出了课程改革以文明史观、现代化史观和全球史观为学科主脉和专题史的形式，中外关联、古今贯通，打破了以往的中外割裂、古今分列的局限，使学生能够从时间、空间上对世界历史的发展有一个纵向和横向的整体印象。如课程改革全国卷第41题，所选择的两段材料体现了两种不同的历史观，一种是欧洲中心论，认为欧洲的崛起是欧洲自身发展的结果；另一种观点则体现了全球史观，认为欧洲的崛起离不开其他地区文明因素的影响。鼓励学生根据所学知识对材料所述的观点展开评论，在合理引用史实的基础上大胆阐释、创新理解。

又如山东卷第33题，列举了三则关于农奴制改革的材料，从材料内容看，具有一定的多样性。而且，设问是开放的，给考生留下了多角度思维的空间。答案也不是唯一的，考生只要能做到史论结合、自圆其说就可得分。应该说该题体现了原则性和灵活性的和谐统一，有助于考生创新思维的发挥。

3. 试题的探究性更加明显。

有效的课程、教学、考试，都应该是开放的，探究式学习方式对应的也只能是开放的情境和环境。2011年课程改革高考历史试题在不同程度上都具有一定的开放性，鼓励学生各抒己见，为学生思维发展提供空间。如全国卷第41题从欧洲文明到其他文明；天津卷第12题所用材料展现了古代希腊、近代英国、现代中国三个不同地区、不同时期民主政治发展的情况，其中第（4）问要求学生"结合所学知识，谈谈民主政治不断完善的社会条件"；广东卷第39题以中国经济体制改革为基本线索，同时联系世界历史，引导学生思考中国发展与世界的关系，并"通过上述探究学习，你获得什么历史启示"等设问，为考生创设了一个极其开放的思考空间。这种问题的解答必须根据材料提供的背景和问题指向，进行探究和思考。

4. 试题的时代性更加凸显。

历史只有通过现实才能汲取营养，历史思考须以历史问题为参照。高考命题的重要原则之一就是"以问题为中心，以人类所面临和关心的现实、重大的社会问题为素材"。2011年课程改革高考历史试题体现了高考命题贴近时代脉搏、关注社会现实话题、突出历史学习的功能的主导思想。如全国卷历史试题的考点涉及中国经济重心南移、古代思想发展、近代民主革命、中共领导社会主义建设、全球化等一系列重大话题，紧紧把握住时代主题。再如山东卷以"发展、进步"为主题，向考生展现了一幅人类社会发展的历史长卷，所涉及的科举制、古代农业生产力的发展、五四以后的民族主义思潮、改革开放、雅典的民主政治、工业革命、世界格局的多极化、明清之际的进步思想、启蒙运动、中国近代工业发展等，都是推动或深远影响了人类社会历史发展的重大历史事件。

制度革新是推动社会发展的重要因素，2011年课程改革高考历史试题在这一方面多有体现。如天津卷第12题考查了古今中外各个时期民主政治的发展，让考生通过作答来思考政治发展对社会的影响。又如浙江卷第38题、安徽卷第36题也都在这方面进行类似的考查。值得一提的是，在2011年历史课程改革高考中，多套试卷中不约而同地关注到人才问题。如全国卷第40题考查了中国古代历史上选官制度的演变和近代人才观的变化；安徽卷第36题考查了古代东西方选官制度的变化及其对社会观念的影响；山东卷第9题通过钱穆的一段评论考查学生对中国科举制度的认识与评价；广东卷第13题、江苏卷第2题也有这方面的考查。

2011年历史课程改革高考不回避热点，并从不同的角度对热点问题进行了考查。如全国卷第46题、海南卷第17题和第30题、广东卷第16题、安徽卷第15题、天津卷第6题、浙江卷第38题、福建卷第38题、江苏卷第6题和第17题等，从不同角度对辛亥革命爆发100周年这一热点问题进行了考查。而且，对中共成立90周年这一话题，很多试卷也有一些不错的设计。如全国卷第33题和第34题、北京卷第39题、天津卷第7题、浙江卷第38题、福建卷第19题、广东卷第39题、海南卷第34题等，有的从中共领导民主革命的角度进行设计，有的从中共领导新中国经济建设的角度进行设计，有的从政治文明建设的角度进行设计等，虽然角度与切入点有所不同，但设计意图与内容考查目标还是相对集中的。

如此多的试题在关注社会热点、焦点话题，努力实现历史与现实的对话，这不能不引起我们的思考——在今后的历史教学中，不能只看到历史课本知识，还应该看到历史对现实的价值，一定要把历史知识和现实问题有机联系起来；通过历史教学，让学生把历史知识转变为历史智慧。这也是历史学习的真正价值和目的所在。

（二）2011年课程改革高考历史试题的四大趋向

1. 命题的触角从课内延伸到课外。

在"一标多本"的情况下，历史高考不可能以教科书为考试测量的依据，"'脱教材'是今后考试测量的方向"。高考试题涉及的知识范围应该以课程标准为准，而不是以教科书为依据，在考查学生对基础知识掌握情况的同时，需要超越教科书的具体内容，以基础知识为背景，更多地提供新材料，设计新情境，考查学生能力（见北京师范大学考试测量研究中心编著《高中历史考试测量新坐标》）。

近几年的高考试题在这个方向上，可以说是不遗余力和坚持不懈地探索着。

2011年课程改革高考历史试题在这点上呈现出新的气象，那就是试题引用大师的经典作品入题。大量经典的引用，使历史试题内容变得厚重，所蕴含的思想也更加凝练，历史味醇酽而引人思考。例如，北京卷第37题围绕"社会变革与国家发展"这一主题，精选赵翼、黄遵宪等名家论述，使得主题鲜明、材料精当、情境独特、思路开阔，给考生提供了充分的思维条件和空间，同时，实现了历史与现实社会发展的水乳交融。由此可以看出，优秀试题所牵涉的具体知识不一定很多，但情境与任务必须有新意，只有这样，考生才能把精力真正集中到解题策略与方法的应用上，从而实现对能力的考核。而且，这种试题考查的不再是简单的、对教科书进行"填空式"的回忆、死记硬背的能力，而是在新情境下灵活运用知识的能力。这样的命题方向，随着课程改革的逐步深入将会成为常态。

2. 命题的视角上彰显了公民教育。

"立足于公民教育的历史课程是一门以社会生活为研究对象、以人文社会科学知识为基础、培养公民的基本资质的综合性课程。"这就意味着它与传统的历史教育有很大的区别，更多地注重时代性和现实性的思考，更多地注重价值观和人生观的引导，更多地注重课程内容的综合性和分析问题的综合性。2011年课程改革高考历史试题在命制视角上更加注重公民意识的培养，除了引导学生关注现实、理解和认识现实问题外，更加注重在价值观和人生观方面引导学生。如全国卷第40题贴近社会转型时期的热点问题，注重价值观的引导。在物质经济迅速发展且处于社会转型的今天，社会上的道德价值取向、人生价值评判标准发生了变化，"金钱观""利益至上"等观念冲击着传统的文化理念，"有才无德""腐败问题"等现象冲击着大众的审视标准。本题通过三则材料，巧妙地以秦至唐的选官标准为切入点，设置问题情境，引导考生说出对"德""才"的认识；又以清末这一社会转型时期为背景，考查考生对"德""才"的进一步认识。这一命题视角注重引导学生树立正确的"德""才"观，也一定意义上培养了学生的社会问题意识。

3. 在价值取向上从隐性介入到直奔主题。

近年来高考历史试题的一个显著变化是，注意兼顾政治史、经济史、文化史内容，重视普通而广泛的社会生活史，并在考试实践探索中取得了良好的效果——逐步改变以往排斥或忽略社会生活史的误区，家庭史、人口史、社会结构变迁史、抗灾赈灾史等都进入了命题者的视野，涉及更多社会下层人们的角度，体现了命题对"从生活走向历史，从历史走向社会"理念的追求；通过增大社会生活史的分量，实现关注民生试题命制理念；在不回避热点考查的基础上，强调考生对社会热点的正确认识和开放认识，培养学生树立正确的价值观和健康的社会认知能力。

4. 在学科专业性上从单一型走向复合型。

对高考试题的研究，一般比较重视知识点覆盖面的统计，进而得出高考命题的热点、重点和主干知识。但近几年的考试实践表明，高考命题在知识点上的跳跃性非常大，"脱教材"的趋势越来越明显，想从高考命题重点知识上把握高考是不现实的，这在本质上还是一种猜题押宝的心理表现。因此，我们必须从更广的视角来研究和认识高考。从2011年课程改革高考历史试题来看，注重历史事实、历史结论、历史方法和历史观的综合化考查趋势增强，而且，命题视野开阔，越来越凸显对新的史学范式的考查。如广东卷第38题，通过历史常识（史书体例、史学观点、历史分期）、梁启超的思想、文艺复兴、西方资本主义萌芽、新航路开辟、近代国家的出现、十月革命等，考查考生对历史常识的理解和论证分析、综合分析历史知识的能力。从学术视角看，本题着重从史观、史学认识、历史分期考查历史事实和历史认识，渗透了中国古代、中国近代、世界近现代等史学观和史学认识本身，具有极强的冲击力。试题涉及纪传体史学、梁启超的史学观、人文主义史学观、世界近现代史不同分期法等，考生如果没有受过这方面的专门熏陶和训练，就会感觉这道题很难，因为一般在大学本科甚至研究生阶段才会去专门接触这些知识。从学科基础看，本题考查了考生对古代中国的"古代中国政治"，近代中国的"戊戌变法""维新思想"，近代世界的"文艺复兴""英国君主立宪制的确立""新航路的开辟""工业革命"，现代世界的"俄国十月革命"等知识点的掌握和理解程度。从命题特点看，采用主题设问，实现了模块整合和古今贯通。引导考生从下而上的思考历史，树立整体史观和文明史观等多样史观，关注史学本身特点，增强历史洞察力。另外，这道题将课本知识与课外知识、课标要求与教材内容有机结合，注重能力考查和历史知识的迁移运用，且能力考查是逐层深入的，立意高，跨度大，是2011年高考历史试题的一个最大亮点和创新之处。

（三）2011年课程改革高考历史试题的四大热点

1. 注重对过程与方法目标的考查。

课程改革提出了"三维目标"，认为学生历史学习的过程与方法比掌握若干现成的结论更重要，要求课程改革教学"以学生为本，关注学生的学习过程"。

课程改革高考力图在这方面发挥引领作用，而通过命题实现这一追求的主流做法是大量采用经典的"新史料"，注重史料的客观性（真实性）、针对性、局限性和充分性，让考生在阅读材料、联系所学、提升思维的基础上作答。近年广东、上海、北京等地的高考历史试题特别强调史学探究能力，突出的表现是注重区分史料、史料解释、历史叙述、历史观点和历史评价等基本的史学要素，注重信息提取、史论一致、孤证不立、史料辨伪等原则和方法，注重问题形成、史料收集、史料整理、历史解释等基本环节等。而且，历史材料来源广泛，除了史家论述外，还有地方志、回忆录、书刊、碑帖、墙体标语等，需要通过辨别、感知才能得出结论。这既是高考命题的要求，也是体现其"指挥棒"作用的重要途径。如山东卷第 27 题，不仅在"过程与方法"目标的考查上做出了突破，而且体现了参与命题的高校教师对高中课改的期望，瞄准史学研究的前沿，综合体现了现代化史观、文明史观，增加了题目的开放性、创新性，融入了对"情感、态度和价值观"的考查，这也反映了课程改革关注学生多角度、多层次创新思维能力的考查。再如浙江卷第 14 题，意在考查学生的历史证据意识，强调孤证不立，即需要互证，最大限度地占有史料获取实证，正如梁启超在《清代学术概论》中所指出的："孤证不为定说。其无反证者姑存之，得有续证则渐信之，遇有力之反证则弃之。"体现历史学科"论从史出，史由证来"的实证特点。

2. 重视对历史学科素养的考查。

高考历史学科命题的一个突出特点就是致力于体现自身的专业特色，强调历史探究方法的应用，以及终身学习历史所需的一些方法，比如史料的收集、研究、分析等方面的考查。选择题多以材料式呈现，灵动轻巧，非选择题也多以考查历史趋势与阶段性特征为主，旨在引导高中历史教学重视透过历史现象探求历史规律。历史学科的课程改革改革要求"尊重历史，追求真实，吸收人类优秀文化成果"，视野开阔。显然，文明史范式已成为课程改革高考历史试题设计和命制的主导范式，人类文明的演进过程以及人类所创造的重要的文明成果，已成为历史学科反复考查的重点。

3. 重视对情感态度价值观的考查。

高中历史课程改革的核心理念是以人为本，培养学生健全的人格，促进个性的健康发展。基于这一理念，课程改革教学在强调知识与能力、过程与方法的同时，特别重视情感态度价值观的培养目标。高考试题不可能像中学教学那样长效发挥情感、态度、价值观方面的教育功能，但是通过命题可以渗透这方面的教育，进而起到一种引领的作用。

4. 重视历史的现实性和时代感。

2011 年课程改革高考历史试题充分关注人类历史发展进程中的重大社会问题。如全国卷第 41 题以"西方崛起"为主题，引导学生关注中外人类生存与发展进程中的重大问题，通过运用学科知识去分析、认识社会问题，在作答中感悟历史学科的社会功能及社会价值。在"指挥棒"方面，此题有三大特点：一是要求学生史论结合进行评述。二是让学生选择其中某一观点进行评述，提倡自主思考，利于学生发表个人见解，发挥学生的主观能动性。三是要求学生能够从多角度分析问题，而不是只局限于某些教材或权威性著作的观点。而且，此题没有"参考答案"，也在一定意义上增加了考生思考问题的广度与范围。这与课程改革所提倡理念是相符的。

2011 年课程改革高考历史试题适度关注时代主题与社会热点，学科特点和时代特征有机结合，科学性与人文性相得益彰。如全国卷第 28 题（巴黎公社革命爆发 140 周年）、29 题（太平天国运动爆发 160 周年）、31 题（八国联军侵华、中共成立 90 周年）、33 题（1962 年中共中央发表文件的规定在当时的作用）、34 题（1985 年《关于国有企业工资改革问题的通知》的主要目的）等，这些不仅是热点，同时也是重点问题，就其考查而言，从一个侧面体现了学科特点和时代特征有机结合。

基于以上分析，笔者认为，2011 年课程改革高考历史试题侧重于考查学生的基本素养和综合能力，从更深的背景上看，在课程改革日渐深化的今天，中学历史教学不是为了培养历史学家，而是更多地培养学生的国民素养——爱国热情、感触历史的能力、民族文化认同的程度、自我心理的成熟等，关注学生学会学习、学会生活、学会做人。要达到这样的目标，需要学生历史认知结构的系统性和完整性，因为历史本身就构筑在系统的时空基础上，只有具备良好认知结构，才可能具备宽广的思维视野和健康的文化心态。也只有这样，学生才可能真正赢得考试。如果学生在历史学习中能够正确看待古代中国的君主专制制度和大一统、明确希腊民主和罗马法律的进步和局限、把握西方代议制的产生和发展、正确认识现代中国的多党合作的政治协商制度等，也就能准确理解现代中国的政治制度。那么，就要求历史教学必须做到两点：一是注重建构良好的教材知识体系，在知识结构中理解知识。二是注重教材知识体系的开放性，能及时、有效地与现实问题建立有机联系。

十一、课程改革高考历史命题趋势及意蕴

历史高考是历史教学、历史教育和历史课程改革的联结点，历史高考既是"指挥棒"，也是"风向标"。在历史教育教学实践中，要根据"风向标"判明正确的方向，采取正确的行为。同时，历史高考也必须根据历史教学、历史教育和历史课程改革的时代要求，做出积极的反映。

历史、历史学、历史教育，是内涵不同的三个基本概念。一般认为"历史"有三层含义：一是指过去发生的事情，即人类发展的客观历程，是历史的客体；二是历代人们对过去发生的事和人的记载；三是人们对历史的理解和认识，是主观对客观的能动反映。而对于历史的专门性研究，就是历史学，简称史学，也可以称之为历史科学，它不仅包括历史本身，还应该包括在历史事实的基础上研究和总结历史发展的规律，以及总结历史的方法和理论。① 历史教育则是指历史学的功能和价值，以及人们研究历史、学习历史的目的和意义。

但这样的一种概念区分，在内涵上有很多交叉，在理解上就会存在一定的混乱。我们可以对这三个概念进行界定：历史就是指人类发展的客观过程，它是一种客观存在。历史学是指历代人们对过去发生的事和人的记载以及对历史的理解和认识，是人的主观意识按一定的历史观对客观历史现象的筛选和重构。它还应该包括在历史事实的基础上研究和总结历史发展的规律，以及总结历史的方法和理论。历史教育则指历史学的功能和价值，以及人们通过历史学所获得历史理解和历史认识。

因此，所谓的历史学科能力主要指的是通过历史学获得认识的能力及水平。历史学、历史教育和历史高考都应该以历史学科能力为中心。

近年来，历史高考的考查方向越来越注重历史学科教育功能，越来越强调历史学的教育价值和综合运用能力。历史高考试题变化的趋势是能力考查更全面、更灵活、更深刻。那么，历史教学就要坚持培养学生的综合运用能力。但能力培养是一个很大的问题，也是教育要着力解决的核心问题。在中学里，历史学科的设置最为根本的目标就是要通过对历史学基本特性的掌握从而提升学生的基本能力。② 随着课程改革的深入推进，历史高考的这种考查趋势主要表现为五大特点。

---

① 葛剑雄，周筱赟. 历史学是什么？[M]. 北京：北京大学出版社，2002：71-72.
② 李宏图. 回归历史——谈历史学特性与能力培养[J]. 历史教学问题，2007（1）.

（一）从考查知识掌握为主，转变为考查学习能力为主，对学生学习能力的考查越来越突出，越来越全面

《普通高中历史课程标准（实验）》对普通高中历史课程进行了明确的定位："是用历史唯物主义观点阐释人类历史发展进程和规律，进一步培养和提高学生的历史意识、文化素质和人文素养，促进学生全面发展的一门基础课程。"这样的课程定位自然就成为课程改革高考命题的考查方向和目标。若从恢复高考以来的高考历史命题来看，高考历史命题立意经历了"以知识立意为主"到"以能力立意为主"的转变，在"以能力立意为主"的基础上，更多地表现为"问题立意"，"课程标准"的课程定位，实际上设定了课程改革高考命题是以"素养立意为主"的。"课程标准"所提到的人文素养，严格地说，是一个接受了基础教育后，一个合格公民的基本素养，涉猎甚广，包括科学、政治、道德、文化等各方面素质的养成。① 高考命题立意的这一逐步探索和演变的过程，也是历史教学不断创新、历史课程不断丰富、师生素养不断提高的过程。

1977—1988 年，高考命题坚持传统观点，重视阶级斗争史，强调思想性和教育性；坚持知识立意，重视基础知识考查，试题和参考答案从内容到表述都不能超纲超本，是典型的以"知识立意"。在这种背景下，学生的历史学习以"记诵"教材为主，教师的教学以帮助学生提高"记诵"效率为主，教师的业务素质体现为"熟悉教材"为主。在当时那种学"知识"能彻底"改变命运"的年代，这种教学和学习方式大行其道，经久不衰，影响至今。

1989—1991 年，推出史料分析题。1989 年高考历史试题首次推出"史料分析"题，尽管只有 4 分的分值，设问非常平易，却标志着一种具有历史学科特征的重要题型的诞生。随着命题技术的提高、观念的更新和视野的扩大，史料类型不断丰富，设问日渐灵活和深化，对能力的考查要求越来越高，分值也迅速增加。"史料分析"题的出现不但创生了新题型，而且史料应用逐步渗入选择题和问答题，出现材料型选择题和材料型问答题。这种改革的实质是凸现历史试题的学科特色，促进试题实现知识和能力并重的考查目标。这样，原来以"记诵"为主的教与学都不得不做出积极的适应性调整，从而实现了高考与教学的良性互动，高考的"指挥棒"的正效应更加明显。

1992—1999 年，高考历史试题的能力要求全面提升。题型进一步改造，填

① 成学江，李晓风，张增强. 六论 30 年历史高考的得与失——关于试题"素养立意"的再思考 [J]. 中学历史教学参考，2011（5）.

空题退出历史舞台，多项选择题消失（1999），单选、材料解析题、问答题三足鼎立格局形成。1998 年高历史试题中程度选择题占了很大比例，学科内综合力度加大，出现一批长期为业界称道的经典试题。从 1992 年起，史学新观点大举渗入试题，如 1992 年高考历史试题"48. 清代史学家赵翼在《唐女祸》中说：'开元之治，几于家给人足，而一杨贵妃足以败之。'结合你对唐朝由盛转衰原因的认识，分析评论赵翼的这一观点"。在这一时期，还出台了一个影响深远的举措，那就是从 1992 年起，国家教委（今教育部）考试中心制订了与全日制中学历史教学大纲有别的《考试说明》（即《考纲》），指导高考命题和复习备考。它明确规定了考试的性质、范围、题型、能力要求等内容，是我国高考进入规范化新时期的重要标志。后来，《考试说明》几经修订，对历史学科的考核目标和能力要求越来越明确（《2011 年高考课程标准实验版考试大纲（历史）》列出了四项"考核目标"和十二条"要求"），从不同层次、不同角度强调了历史思维能力的要求，从而树立起了历史学科能力要求的标尺。随之，高考命题的能力要求不断提升，1994 年高考历史试题中着重考查历史思维能力的试题分值第一次达到全卷的 3/4 以上，成为高考命题从"知识立意为主"到"能力立意为主"的分水岭。"'能力立意'的实质是将能力（首先是历史思维能力）作为历史高考的考查重点。但考查能力不能抽象地进行，必须以知识（首先是主干基础知识）为载体，因而一般能兼顾能力和知识，具有一定的先进性和合理性。在现阶段，提倡'能力立意'也符合中学历史课程改革的发展方向"[1]。历史学科能力要求的明确和高考考查"能力立意"的确立，对中学历史教学提出明确的目标和严峻挑战，从此，历史教育的讨论、历史课程和教学改革如火如荼地开展至今，并且日渐深入。经过 20 世纪 90 年代的高考试题改革，大多数历史教师的历史教育观念得到更新，教学实践中逐步重视学生学科能力的培养，历史教育实践走上了健康的素质教育轨道。

2000—2006 年，高考历史命题改革力度更大，以"新材料、新情境、新问题"为明显特色，这就意味着高考历史试题对能力的考查更全面，更强调历史学科各种基本能力的综合运用。在"能力立意"逐步确立的过程中，它的局限性也逐渐显现，一些研究者批评它是能力至上主义在高考中的表现。2000 年以来的文科综合考试大纲从记忆、理解、应用三个能力层次制订了文综能力测试

---

① 北京师范大学考试测量研究中心. 高中历史考试测量新坐标［M］. 上海：东方出版中心，2006：69.

考核目标。《2005 年高考文科综合考试大纲》从一个全新的角度，拟定了"文科综合能力测试"的考核目标和要求，更加关注"思维能力"和考查学生的学习能力，体现着考试的终极目标和价值取向。从这个角度上讲，"能力立意"具有过渡性质，"文科综合能力测试的考核目标和要求"的探索促进了"三维目标"的形成。2004 年以后课标的影响逐渐超过高中历史教学大纲。在学科能力要求不断提升的同时，史学方式也在逐步发生变化，阶级斗争史范式为主导的地位改变，现代化范式、整体史范式、文明史范式影响增强。这些变化迎来了历史教育的大变革。

2007 年至今，课程改革高考命题的新探索。首先，在现行考试制度下，考试测量目标应该是教学目标和高考考试测量目标两者的结合。课程改革规定的课程目标，也是考试测量的重要目标。2007 年以来，课程改革高考改革在命题方面呈现出新的目标立意，将新课标设定的历史教学目标作为历史高考的目标，课标成为试题命制的新依据。如山东省 2007 年课程改革普通高考改革方案指出，"2007 年的高考将依据课程改革标准命题。必修内容着重考查基础知识和基本能力；选修内容着重考查学生对知识的深层次理解能力、应用相关知识解决问题的能力、研究性学习和创造性解决问题的能力"。其次，史学范式进一步更新，主要表现在进一步引入社会史范式和更为深入全面地运用文明史范式。目前来看是构建起以文明史范式为主的综合范式作为指导命题的基本范式。在此范式中，文明史范式占据突出地位，现代化范式、整体史范式和社会史范式与文明史范式互为补充，而传统的阶级斗争史范式仍有一定地位。还有，一题多式情形已经出现。最后，历史试题的学科特色得到新的彰显。广东卷材料题为主打题型，传统问答题丧失了独立资格；大量引入新材料。试题研究者强调指出，通过史料中介，再现、感知、认识逝去的昨天和前天，是历史认知的突出特点。脱离史料、脱离史实，便没有历史科学。第四，目标立意有新的体现。目标立意要求将新课标设定的历史教学目标作为历史高考的目标。对历史知识的考查，突出对主干知识的考查，以摆脱多种版本和体例带来的困惑；对能力和方法的考查。提升能力考查的含金量。

纵览 30 余年高考命题变革，主要体现为高考试题从"知识立意为主"到"能力立意为主"，再到"素养立意"，考查目标从单一走向多样、从片面走向全面、从平面走向立体，反映的是对具体历史知识的态度和要求，体现了对历史教育功能的认识的重视。"以知识立意为主"强调对知识本身的掌握，"能力立意为主"强调的则是知识运用和建构新知识，"素养立意"注重的是学生

"情感、态度和价值观";试题形式的设计运用的史学范式出现多元化趋势;试题对课本依赖减弱,渐行渐远。透过这些变化可以发现,有些追求是坚定不移的:重视对历史基础知识的考查不变,辩证唯物主义和历史唯物主义的指导地位不变,高考历史试题与现实生活的联系不变,高考历史命题改革与中学历史课程改革的关系不变。①

(二) 从高考试题与历史教科书的关系上看,历史命题经历了"遵循教材"——"依据教材但不拘泥于教材"——"脱教材"的过程,目前,"脱教材"是高考命题改革的方向性的趋势

建国初期,我国的基础教育实行高度集中管理的模式,加之意识形态的影响,形成强烈"唯教科书"倾向。恢复高考的初期,高考历史命题仍然坚持以"以纲为纲,以本为本"的原则,无论是试题还是参考答案,从内容到表述都不越雷池一步,把是否超纲超本作为衡量试题质量的一个重要标准。这种情况造成"教教材"的现象长期难以改变。在恢复高考的初期,坚持以"以纲为纲,以本为本"的原则,无论是试题还是参考答案,从内容到表述都不越雷池一步,把是否超纲超本作为衡量试题质量的一个重要标准。

20 世纪 90 年代末,以刘宗绪教授为代表的一批历史教育专家和高考命题专家为改变这种现象做了大量艰苦而富有成效的工作。一方面,他们出版大批普及性历史著作和中学教师辅导读物,优化中学历史教师的知识结构,如由他与黄安年合著的《世界近现代史专题 30 讲》(1996 年初版后多次重印,印数达 70 多万册)、《历史新知识创新能力培养》(主编,北京师范大学出版社,2001 年版)、《历史学科专题讲座》(主编,岳麓出版社,2003 年版)。这些书籍材料丰富、体系创新、观点独到、方法新颖,受到了国内各大专院校历史系和中学教师的广泛欢迎和采用。另一方面,通过高考历史科命题改革这根"指挥棒"来影响中学历史教学实践,提出了"依据教材但不拘泥于教材"的原则。下面几道高考题就是这种命题思想的反映。

【例1】(1994 年全国高考)43. 1848 年欧洲革命失败后,马克思、恩格斯曾预言,新的革命高潮很快还会到来,无产阶级将获得最终胜利。但是,1895 年恩格斯又写道:"历史表明,我们以及所有和我们有同样想法的人,都是不对的。历史清楚地表明,当时欧洲大陆经济发展的状况还远没有成熟到可以铲除

---

① 冯一下. 曲折难忘的历程:高考历史命题改革 30 年 [J]. 中学历史教学参考,2007 (7).

资本主义生产方式的程度。"试结合 19 世纪五六十年代欧洲大陆发生的重大事件的基本原因和性质，阐述对恩格斯这一结论的理解。恩格斯观察历史的主要着眼点是什么？对原先的结论进行修正，说明了什么？

这是一道典型的"小切口、深分析"型试题，题目要求不仅强调史实和理论的结合，而且在思想认识上突破了教材表述，要求考生"结合 19 世纪五六十年代欧洲大陆发生的重大事件的基本原因和性质，阐述对恩格斯这一结论的理解"。恩格斯的结论是对当时教材结论的突破，而理解的依据是当时教材中"19 世纪五六十年代欧洲大陆发生的重大事件"。这在当时是一道难度较大的题目，反应的命题改革方向就是要跳出教材的思想束缚。

【例2】（1999 年全国高考广东卷）42. 关于洋务运动的历史作用，有不同的看法，大致是：（一）主要是积极的，但也有消极作用；（二）主要是消极的，但也有积极作用。请按照自己的理解，说明你同意哪种看法并阐述理由。（注意：本题旨在考查独立思考能力。不论同意哪一种看法，或有别的看法，只要有理有据均同等评分）

此题的命题立意对学生的独立思考能力和主观意识提出了很高的要求。尽管参考答案在表述上与教材的差异并不大，但"请按照自己的理解，说明你同意哪种看法并阐述理由"的答题要求，就使得考生必须根据自己的理解对"洋务运动"做出评判。这在充分调动学生思维的基础上，凸显了学生的主体地位，势必要打破教材上四平八稳的评价历史事物的方式。设问角度的些微变化，就引起了历史学习的深刻变化。因此，这是一道颇具改革价值的试题。

课程改革实施以来，历史课程改革的重大变化有力地推动了历史高考和历史教学改革。一方面，"一标多本"取代了"一纲一本"，完全依靠教科书表述的内容来命题已经没有实践上的可能性；"模块＋专题"的课程内容结构，导致教科书的知识体系跳跃性和开放性较强，高考命题仅仅依靠教科书已难完成任务。因此，高考历史命题必须注意通过补充材料来构建知识框架，并摆脱版本差异所导致的"偏见"。过去那种完全以单一版本的教科书为依据的命题模式必然被淘汰，选用新材料、新情景进行命题的模式应运而生。教学背景决定了命题模式的转型。

另一方面，基于历史教育理念的进步和教科书表述的多样性，考查历史学科思维能力越来越成为高考历史命题的必然选择。《高中历史课程标准》对"知识与能力"目标有明确的规定，即"认识历史发展进程中的重大历史问题，包括重要的历史人物、历史事件、历史现象和历史发展的基本线索。在掌握基本历史知识的过程中，进一步提高阅读和通过多种途径获取历史信息的能力；通过对历史事实的分析、综合、比较、归纳、概括等认知活动，培养历史思维和解决问题的能力"。这一目标最终强调驾驭知识的能力。"过程与方法"目标要求"做到论从史出、史论结合；注重探究学习，善于从不同角度发现问题，积极探索解决问题的方法；养成独立思考的学习习惯"，这些都可以概括为能力，或叫思维素质。"情感态度与价值观"目标也不仅仅是情感问题，其中包含对课程内容的理解。这样，课程改革背景下的高考命题就要以能力为主导，兼顾三维目标、综合素质的立意。广东、山东以及江苏、浙江等省份的高考自主命题与教育部考试中心命题的试卷一样，都是以课程标准为依据，都要起到促进课程改革改革的作用。

近几年，随着课程改革推进，高考命题"脱教材"的现象已经成为趋势。一方面，"一标多本"取代了"一纲一本"，高考命题已无固定的"教科书表述"可以遵循。同时，《高中历史课程标准（实验）》"模块+专题"的内容设置，导致教科书的知识体系跳跃性和开放性较强，不同版本在专题知识点的选择和表述上也存在差异。客观上必须淘汰过去那种完全以单一版本的教科书为依据的命题模式，借助新材料、新史观，营造新情境的高考命题模式应运而生。另一方面，"新材料新情境"的高考命题模式必然以考查学科思维能力为主，而能力考查必然要在"新材料新情境"中进行。因此，课程改革背景下的高考命题就要以能力为主导，兼顾三维目标、综合素质的立意。2006年开始，高考历史命题直接取材于教科书的试题越来越少，到2009年，直接取材于教科书的试题已大幅减少，取而代之的是"新材料新情境"试题，试题所采用的新情境、新材料，在各个版本的教科书上基本找不到，命题已经完全依照课标的要求，发展方向显而易见。注重考查学生能力、创新意识和独立思维水平，兼顾考查学生的情感态度与价值观成为高考命题的主要趋势。随着课程改革的深入，高考命题已经告别了"以本为本"的时代，"脱教材"的趋势越来越明显，合理地拓展和延伸教科书的知识，不仅成为高考发展的必然趋势，也是课程改革改革对历史教学最有力的推动。

2006年全国高考广东卷26题，以"周人饮食"为情境，要求考生根据材料概括归纳周人"饮食生活"的信息，作答的要求一是"由表及里，由此及彼"，就是要有第一层"表""此"的信息和第二层"里""彼"的信息。二是"不得直译和摘抄原文"，也就是用自己的话说。本题的选点与选材都在教科书之外，但答题方法和所需能力都属于材料解析题的一般能力要求，设问推进层次符合一般认识规律，所得出的结论又与教材上西周的"礼乐制度"吻合。题目的形在课外，神在课内。

2007年全国高考广东卷26题关于"明朝妇女婚姻观的两重性"问题，在命题取向上是对2006年广东卷26题的继续。该题题体现了研究性学习的思想，在教学中让学生自主研究，独立发现问题，通过让学生亲历处理信息，获得知识，发展情感与态度，与传统的接受式学习形式相比，更具有问题性、开放性、参与性。在研究性学习中，"论从史出，史由证来"更是历史教育中培养现代公民素养中重要的内容，在研习史料中引导学生辨析史料、尊重史料、运用史料，并根据史料得出或证明相应的结论，考查了学生的史学"证据"意识。

如果说这些题的解题要求仅仅是建立史料和结论之间的因果关系，属于对史料的初步运用，那么，近年来高考历史试题在史料运用的水平上要求更高，命题技术渐趋成熟，要求在新情境下，运用史料进行有效的说明论证，真正进入了实质"运用史料"阶段。

2009高考江苏历史单科卷第21题，以"江南经济发展"为中心，主要从中国历史上"重农抑商"来考查传统思想观念的沿袭与变革，以及这种沿袭与变革对历史发展的影响。主要考查考生分析材料、提炼信息和概括知识的能力，描述、阐释事物和论证、探讨问题的能力，并对题干所提供的观点进行探讨和论证。2011年北京文综卷第37题以"国家是历史发展的产物，其演变历程与丰富内涵是历史学习的重要内容"为命题立意，考查学生对中外政治变局及其影响的掌握，以及概括归纳综合分析问题的能力。本题围绕"社会变革与国家发展"这个主题，精选赵翼、黄遵宪等名家论述，使得本题主题鲜明、材料精当、情境独特、思路开阔，给考生提供了充分的思维条件和空间，同时，实现了历史与现实社会发展的水乳交融。

由此可知，优秀的高考试题所牵涉的具体知识不一定很多，但情境与任务比较新颖而具体，力图让考生把精力真正集中到解题策略与方法的应用上，突出能力考核。这种试题考查的不再是简单的、对教科书进行"填空式"的回忆、死记硬背的能力，而是在新情境下灵活运用知识的能力。这样的命题方向，随着课程改革的逐步深入，将会成为常态。

从命题总趋势看，"周人饮食文化"题、"明代江南经济发展"题、"社会变革与国家发展"题等都是比较典型的"脱教材"型试题，这类试题的突出特点是：题面即试题来源并不属于学生所学过的教科书的内容，但答题所需要的知识和能力又完全是通过教科书的学习所积累形成的。这类试题的优点是，只要学生在日常历史学习中掌握了一定的阅读理解、分析综合、比较评鉴、文字表达等基本能力，就不用太担心对学科知识的掌握是否全面系统，一定程度上提高了试题考查的公平性。这类试题对历史教学的启示是，要把教材作为学材，作为学生提高能力的一种素材，而不是要把教科书视作知识本身。

（三）从试题的价值取向上看，逐步改变学生被动答题的现状，试题开始重视考查学生的主体意识，学生的学习主体地位在历史高考中得到了进一步体现

在"以纲为纲、以本为本"的高考命题时代，学生的知识掌握和考试作答，都必须以教材为准，不重视个人的发挥和创新。在这种局面下，考试对于学生来说，就是一种被动的检测，检测的是学生的被动学习。近年来，高考历史试题基本摒弃了 20 世纪 80 年代"以纲为纲、以本为本"的命题原则，遵循"双纲"（教学大纲和考纲），又不拘泥于"双纲"，源于教材又高于教材的基本原则。这表明高考在命题指导思想上，已逐渐从传统的"以知识立意"转变为"以能力立意"，而"能力立意"内在地考查学生的主体意识和思考。题型也做了较大的变动，增加认知性习题。尤其在问答题上设计开放性试题，其特征是结论和观点没有定论，无论如何解答，结论和观点都不违背历史真实性与规律性。评卷标准也做了较大松动，只要言之有理，有理有据，就可以得高分，得满分。旨在改变以往死记硬背的学习方法，鼓励学生独立思考，提出独特见解，引导学生走向培养能力进行创造性学习和思维。

课程改革高考历史试题越来越重视贯彻"以学生为中心""以学生的发展为中心"的理念，命题时"眼中有学生"，以尊重学生的能力基础和促进学生的不同发展需求为命题的出发点和归宿，逐步改变传统命题中那种以命题人的意志和思维为中心的做法。

第一，试题立足于学生的自主性和个性化发展需求。课程改革高考历史试卷适当增加了选做题，以给学生更大的自由选择空间。在试题内容上，更侧重考查学生对史实的不同理解和开放性认知，以培养学生的发散思维能力，满足学生个性化发展的需求。鼓励学生在组织答案的过程中充分体现自主性，促进学生的自由发展和个性化发展。

第二，高考历史试题立足于学生的差异实际，呈现出层次性的特征，满足不同层次学生的差异性发展需求。高考历史试题不仅"眼睛里有学生"而且眼睛里有不同的学生，重视他们的差异性和特殊性，满足他们的不同发展需求，由统一规格要求转变为差异性要求。试题设问的层次性、梯度性明显。试题参

考答案也体现出一定的层次性要求。

第三，课程改革高考历史试题改变了对学生知识与能力的"单一性"考查，重视对学生"三维目标"的考查，即要实现知识与能力的统一、过程与方法的统一、情感态度与价值观的统一。高考历史命题更加突出了对学生能力、解决问题的过程和方法以及情感体验的考查。

考试是教学效果的一种重要反馈，中学历史教学尤其是课程改革教学非常重视教学内容的思想性、人文性与价值取向，高考试题直接反映并进一步强化这一思想与价值取向。对"情感态度与价值观"的考查是近年来高考命题改革的一个"亮点"。通过纸笔的形式虽然无法从根本上检测考生"情感态度与价值观"的"实践的量化"，但考生面对考题作答则是一种实践性的行为，在其作答的过程中，必然有其"精气神"的活动。所以，只要试题本身编拟得好，把情感态度与价值观作为试题的立意，融入试题当中去，使考试测量成为在情感态度与价值观方面再教育的过程；也可以改变以往从知识和能力来制定评分标准的方法，把情感态度价值观列为评分标准之一，情感态度与价值观就可以在一定程度上得以考查。如2004年文综卷第37题关于"战争的国际法问题"等，旨在引导考生对问题解决过程的关注，注重考查考生在解决问题时的情感态度与价值观。

随着课程改革的深入，课程改革高考试题逐渐加大了对情感态度与价值观的考查。在思想性以及价值取向上，体现了较大的包容性，在突出主导价值观的基础上更加多样化。考查的落脚点在情感方面主要是考学生能否心态平和，严谨细致，实事求是地回答问题；态度方面主要是衡量考生是否有毅力、有韧性、有追求真理的科学态度，有良好的思维品质；价值观方面主要是鉴别考生对学科价值和基本的人生观的认识理解程度。高考试题的这种追求集中表现在考查学生的思维创新和独立思考能力，重视考查学生的个人主体意识及其水平。如上述"洋务运动"题，特别是"周人饮食"题、"明代妇女的婚姻观"题、"斯坦利航海"题等，已实现了"脱教材"，学生完全凭日常学习中获得的学习能力，现场解决问题。

如2011年全国新课标卷第40题以中国古代历史上人才选拔标准问题为对象，以中国古代选官制度为线索，归纳概括选官制度变化的过程、原因及其对清末教育的借鉴，主要考查学生的归纳概括问题和比较分析认识能力。通过考查在民族危机加重的情况和西学的冲击下，先进知识分子如何由传统走向现代、东西方思想冲突碰撞交融的过程。引导学生在当今中国如何正确对待传统文化和外来文化，发挥其应有的凝聚人心、推动社会进步的纽带作用。

（四）从试题的形式和情境设置上看，在学术化的基础上，生活化的色彩日益明显

以"新材料、新情境、新问题"为命题特色的课程改革高考历史试题，生活化特色十分明显，这有利于使考试过程转化为学习过程、审美过程和创造过程。生活化的试题情境最突出的特点是它的历史真实感，使学生的答题过程成为一个解决真实问题的过程，这更容易激发学生的创造力和积极性，对以后的学习、生活、工作和研究都具有更大的价值。例如，2007 年全国高考天津卷引用清末的一首打油诗"洋帽洋衣洋式鞋，短胡两撇口边开。平生第一伤心事，碧眼生成学不来"来反映当时的社会风气。学生在阅读的过程中，由材料内容联系到教材学习中所讲述的清末社会现状，从而做出正确的判断。打油诗的内容生活化、趣味性强，但深入思考后却发觉其中蕴含着重大的社会发展主题。这对学生的学习能力、方式和水平，都具有积极的促进作用。

近年来，试题在学术化、生活化和现实性方面，逐步实现有效整合，也已成为课程改革高考历史命题的一大特色。2007 年全国高考文综卷 II 第 40 题，考查"玉米传播史及其影响"，试题的综合性很强，既有学科内各学习模块内容的综合，又有各种学习能力的综合，在一定程度上还有学习领域内学科间的综合。解答这道题所需要调动、重构的知识很多，试题难度相对较高。但由于试题选取的是一种生活色彩很浓的素材，从学生比较熟悉的"玉米"切入，在司空见惯的事物上发掘其深隐的历史文化主题，极大地开阔学生的思路和视野，使学生产生了强烈的探究解决的欲望，有效激活了学生的思维和原有知识链条。因而，在作答时，反而觉得想法很多，有话可说。

课程改革强调历史与现实的关联，要求引导学生跳出课堂的囿束，放眼社会现实，以历史的规律阐释社会热点，以历史的原理折射当代社会发展的个案，加深学生"经世致用，心济天下"的传统价值渗透。"史之为书，见诸行事之征地，则必推之而可行"，2011 年，辛亥革命 100 周年、中共建党 90 周年的热点、巴黎公社成立 140 周年等社会热点等都高频率进入了高考历史试题。这种将历史与现实有机融合在一起的理念，反映了课程改革改革的思维，把时代性与历史性融通作为学生的生活智慧，能够使学生理性看待社会发展的现象，有效地促进学生的个体发展。

（五）高考试题越来越强调史观的多元化，突出了对学生的思维能力和创新意识的考查

对高考试题的研究，一般比较重视知识点覆盖面的统计，企图从中得出高考命题的热点、重点和主干知识。而课程改革高考命题在知识点上的跳跃性非常大，"脱教材"的趋势很明显，想从高考命题重点上掌控高考是不现实的，在本质上还是一种猜题押宝的心理表现。因此，我们必须从更广的视角来研究和认识高考。从近几年高考文综历史试题来看，注重历史事实、历史结论、历史方法和历史观的综合考查的综合化考查趋势初露端倪。命题的视野开阔，越来越突显新的史学范式的考查。

无论什么史观，其归宿点都是为了实现中学历史教学的基本功能——帮助学生从世界文明走势这个大视野下认识中国的现状，从而明确个体的价值和责任。在过去的历史教学中，我们有重评价、轻解释的倾向。而对于评价，又有重视专家学者和教科书的评价而轻视学生个人评价的倾向。要使学生有自己的评价，必然要求学生对历史问题解释的多样化，史观则必然趋于多元化，时代、立场和史观的不同，研究的切入点和方法论可能存在着很大的差异，对历史事物的解释和评价也会不同，其目的是帮助学生从不同的角度理解今天人类文明的成果以及未来发展走向。解释的多样化和评价的多元化是历史学研究的趋势，过去的教学中，往往把一些经不起推敲的简单化的观念传递给学生并用演绎法加以强化，这容易使学生的思维走向僵化。课程改革教学提倡从多个不同的视角来认识历史，评价的多元化应该是历史教学发展的方向，这就是课程改革改革后文明史观倍受重视的原因。文明史范式具有最大的包容量，既可贯通今古，又可关照中外，既有自身特点，又可吸纳现代化范式、整体史范式核心内容，注重考查知识迁移能力，因而受到了命题者的青睐。

史观多元化、思维综合化的命题取向由来已久，进入课程改革高考后，历史学科命题的这一特色更加明显。2004年全国高考文综卷第37题，以"新航路的开辟"为命题依托，考查学生对历史学科基础知识的记忆、理解和运用能力。特别是要求"结合所学知识，全面评价哥伦布航行到美洲的历史影响"，评价既要"全面"，就须从不同角度、不同立场进行思考，而不同的角度和立场反映的正是历史观的不同。2007高考高考广东卷第29题，要求考生多角度分析和考察中国近代史，这道题目在高考命题的历史上可能具有里程碑式的意义，因为它第一次明确地告诉学生——你们可以用不同的评判标准来看待历史事件。从1840年以来，中华民族其实是面临着两大任务：一是反帝反封建，赢得国家的

独立；二是如何走出中世纪，建设成一个现代化的国家。第一个任务在1949年已经基本完成，而第二个任务直到今天我们仍在努力之中。中国走向现代化国家之路依然遥远而艰巨，这是现代化史观给我们开拓的新的研究视野。2011年山东文综卷第27题以理解"近代民主思想"为中心，不仅在"过程与方法"目标的考查上做出了突破，而且体现了参与命题的高校教师对高中课改的期望，瞄准史学研究的前沿，综合体现了现代化史观、文明史观，增加了题目的开放性、创新性，融入了"情感、态度和价值观"的考查，反映了课程改革关注学生多角度、多层次创新思维能力的考查。

课程改革高考历经五载，历史试题的命题思想、编制思路、考查特点等初见端倪。我们只有善于把握住高考的一般规律，才能少走弯路，真正提高课堂复习的针对性和实效性。面对高考试题每年的变化，我们同样也要把握好高考"变"与"不变"，学会在变化的动态中总结、反思、预测。只有这样，我们的复习备考才可能立于不败之地。

历史高考命题的改革趋势，日益重视对历史学科能力的考查。这就要求历史教学高度重视并以历史学科能力培养为要务，而重视历史学科能力培养，正是历史学、历史教育的核心目标。这也是基础教育、公民教育和人文教育的有机组成部分。

十二、自然中求和谐，平淡里见精神——2012年高考全国新课标卷历史试题概论

每一次高考的结束，就是新一轮研究的开始。高考试题作为一种象征，既是中学日常教学需要关注的对象，也肩负着众多的教育诉求。如果在有效履行选拔性考试使命的同时，又能在一定程度上对课程实施和深化教学起到推动作用。就是一套比较成功的高考试题。由此观之。2012年高考全国新课标卷历史试题就达到了这样的效果。

（一）深入落实"一个原则"

高考试题的性质决定高考命题改革要遵循"稳中求变，稳中求新"的原则，这既是稳步过渡的需要，也是改革探索的本意。

从"稳"角度看，在试题难度、题型种类、试题数量，甚至试题阅读量、答卷书写量方面，每年要保持大致的平稳。与去年比，2012年高考全国新课标卷历史试题的题量、题型与分值、试卷结构等均没有变化，试题难度也基本与去年持平，估计在 0.54~0.58 之间。没有出现比较偏和难的试题，也没有争议性的试题。

从"变"和"新"的角度讲，总体保持"新材料、新情境、新角度"，这种命题方向或特点，这看起来是"稳"的表现，但今年试题在"三新"方面做得更稳健、更细腻、更科学，不是一味求新，而在求"新"中力求以人为本，即没有故意为难考生的意思，正所谓"稳中求新"。

（二）集中呈现"两个特点"

2012 年高考全国新课标卷历史试题的整体风格是朴实之中有风华，微风过处散清香。具体体现为两个特点：

一是平中见奇。高难度的试题不一定是命题的高水平，因为它可能因为超出高中教育实际而成为无效的试题，有水平的试题是立足基本知识点，进行合理的拓展、深化和升华。如 24 题把"古代中国土地制度"和汉武帝的"监察制度"综合起来命题，通过题面将豪强大族"田宅逾制"作为重要的监察内容。豪族"被迁到长安附近集中居住"的原因是"各地财产达 300 万钱""田宅逾制"，从而分析说明汉武帝的做法是要抑制豪强，其目的是缓解土地兼并。在解答的过程中，考生可以意会到汉武帝监察制度的特点和本质，理解它与古代中国土地制度的关系，进而理解制度与国情的关系。平中见奇的命题特点就是通过综合基本知识点和新材料、新情境，建构思考问题的新角度、新架构，得出较为深刻的认识。

二是以小见大。以往的历史思维习惯于宏大叙事和弘德启志，结果使得原本活生生的历史越来越远离生活实际，使越来越多的人产生"历史有什么用"的疑问。历史的价值必须让人能感受得到，这就需要从生活出发。从低处着手，往远处放眼。如第 40 题。以交通信号灯的变迁这一考生非常熟悉而又几乎没有意识到的角度出题，要求考生通过解读材料。在科学思维的指导下，做出正确分析和判断。题目的基本诉求是综合考查工业革命，第（1）问要运用工业革命的影响。第（2）问从时间信息入手，列举与"交通信号灯"相关的第二次工业革命和第三次科技革命的成果，是对基本知识重新组合。第（3）问是通过"交通信号灯"的角度分析技术进步对社会生产、社会生活带来的积极作用。以小见大的命题方式主要是从具体问题入题，设置问题情境，在运用知识的过程中，深化对知识的理解，拓展对历史问题的认识。这样的能力考查符合课程改革理念，也对考生的能力提出了更高的要求。选择题中也有这种形式，如 33 题考查"社会主义市场经济体制的建立"。通过"下海潮"理解政策与现实的关系。

（三）全力推进"三个转变"

2012年高考全国新课标卷历史试题继续坚持课程改革倡导的"三个转变"的理念。实现了继承与创新的有机结合。

1. 课程观：继续坚持从教科书中心向课程中心转变。

从教科书中心向课程中心转变是高中课程改革中课程观的基本要求。今年试题在考查内容的选择上。一方面，坚持重视学科主干知识的考查（如古代中国土地制度、宋明理学——心学、明清君主专制制度的加强、近代中国民主革命、现代中国社会主义道路建设的探索、社会主义市场经济体制的建立、古罗马法、世界经济格局的演变等），这样有助于避免偏题、怪题的出现，提高试题效度，引导中学历史教学改革和课程改革的发展。另一方面，重视素材的时代性、多样性、生活性和趣味性，这是课程观转变的外在表现。试题在重视传统的政治史、经济史、文化史的基础上，突出了社会生活史的考查，使传统考查领域与史学研究新领域有机结合。如用"许仙与白娘子自由相恋"入题，考查古代中国的文学艺术与社会经济发展的关系。用案例的形式考查对罗马法的理解。用"交通信号灯"的发展考查工业革命发展和影响。

2. 学习观：继续坚持从知识中心向三维目标转变。

传统课程强调"知识"的记忆，在考查中更多以"知识立意"呈现。课程改革则强调历史现象的解读和认识历史的过程，不再单纯强调对"知识"的机械记忆。在考查中表现为"能力立意"的追求，并体现出从知识中心向三维目标转变的趋势。

重视历史材料解读，突出运用基本史学方法素养的考查。从选择题命题来看，试题基本都是围绕某一阶段、某一个或几个主干知识进行考查。但无论是材料还是题干都体现出对历史基础知识的深化和拓展，设问上则要求把握各知识点和层面的联系。要求考生对具体历史问题能多角度思考和深层次认识。对历史表述和概念能准确理解和判断。如24题将汉武帝的"监察制度"与古代中国的土地制度相联系、25题把民间故事与宋代社会经济发展相联系、27题把明代社会经济发展与心学相联系，等。这么多的"联系"充分说明试题非常注重考查对历史本质的认识和理解。从历史教学的角度看。势必要注重训练学生的阅读理解能力，注重以社会历史背景为参照、以历史概念为核心、以历史联系为方法、以历史材料为切入点深化历史认识。而对历史材料的准确理解必须建立在对历史整体和基本问题清晰的基础上，反之，在讲解历史主干知识问题时应辅以大量的材料文献，进行多角度认识和研究。

完善能力层次，深化历史思维能力考查，问题主题化是其基本实现方式。如，40题以社会史观立题，从社会生活中的一个历史事物切入，围绕近现代城市交通信号灯的诞生和发展历程设置问题，涉及科技革命、科学技术成果、城市化、社会生活等问题知识层面。要求考生紧扣材料，调动所学知识进行多角度的联系与思考。深化对历史背景的分析和影响的认识。这样的题乍看起来难度不大，但对考生运用历史材料分析问题的能力提出一定要求，看似简单，若要组织完整、准确的答案并不是太容易。再如，41题从命题形式和方向上看似与去年的41题基本一致，是围绕一个历史观点（关于中国近代史模式的观点），重点考查学生阐述和评析观点，论证问题，运用史实，组织语言的逻辑能力。该题涉及比较重大的历史问题或历史过程，把自鸦片战争至五四运动的史实整合起来，从纵向看是中国近代社会发展史，从横向看则把中国近代社会发展与世界发展联系起来，引起学生的思考。在此基础上。要求考生有基本的史观意识、通史线索与史实掌握，在此过程中，渗透史观，如整体史观、现代化史观、文明史观、社会史观等。检测学生的综合素质和史学功底。

3. 教育观：继续坚持从历史学科教育向人文教育转变。

传统历史课程强调历史专业知识结构的完整性，强调学生学习完整系统的历史专业知识，而课程改革更强调从历史专业内容中提取最能够帮助学生认识现代社会、促进学生发展的历史知识，强调历史教育应在提高现代公民的人文素养方面发挥重要作用。

因此，高考试题非常重视主题的时代性和现实性。引导考生关注社会现实问题。命题多从社会现实问题出发，以隐性方式紧扣现实中国和世界面临的重要问题和历史长效热点。从历史专业内容中提取最能够帮助学生认识现代社会的历史知识，建构历史与现实的有机结合，体现出历史教育应在提高现代公民人文素养方面发挥重要作用的旨趣。彰显了从历史专业教育向人文素养教育转变的追求。如选择题33题，材料出示1992年"辞职下海"这一浪潮，其实是在隐性介入今年是社会主义市场经济体制改革20周年。

（四）全面考察"四大能力"

《历史考试大纲》要求，历史学科重点考查对基本历史知识的掌握程度；考察学科素养和学习潜力：注重考查在科学历史观指导下运用学科思维和学科方法分析问题、解决问题的能力。具体地说就是四大能力要求，即获取和解读信息的能力、调动和运用知识的能力、描述和阐述事物的能力、论证和探讨问题的能力。

今年高考历史试题着眼于考生学科思维能力、学科素养、人文素养和现代公民素养的考查，较好体现了课程改革的理念和新课标试卷的特色，侧重考查基础知识的迁移能力和获取分析历史信息的能力，在命题中体现了史学观念的更新、研究方法的多样化和史学研究角度的多元化。如 40 题以交通信号灯的变迁这一考生几乎没有接触过的角度出题，要求考生通过对全新的历史材料进行解读，运用多种思维能力，在科学思维的指导下，做出正确分析和判断。这样的能力考查符合当今提倡的课程改革理念，也对考生的能力提出了更高的要求

（五）继续坚持"五大趋势"

第一，持续关注社会转型问题。近三年的全国高考新课标卷试题，都深度关注"社会转型问题"。2010 年的 40 题英国工业革命和社会革命的互动及其对我国明清时期的影响；2011 年的 40 题中的人才选拔制度基本选取的是社会转型的时期，41 题的大国崛起问题本身就是社会转型的结果；今年的 40 题关于工业革命对交通发展的影响也属于社会转型的一个侧面，41 题用"冲击—反应"模式来理解中国近代前期的历史，更是对社会转型问题的深入认识。

第二，重点关注民生问题。如 24、25、26、27、32、33、34 均考查有关民生的不同主题。第 45 题引导学生分析王莽改制失败的原因，认识到任何改革必须关注人民的切身利益。"民生"试题如此密集，在近几年的试卷中并不多见，正说明民生问题越来越引起命题者的重视。

第三，特别关注民主政治制度建设问题。第 28 题关于"清代内阁处理公务的案例"，第 29 题梁启超对于中国古代专制政治发展的论述，第 31 题关于中国共产党早期组织对中国社会的认识。第 34 题的《十二铜表法》等，都是从不同角度考查学生对古今中外政治制度的认识和理解。在《近代社会的民主思想与实践》模块，2009 年考人权问题、2010 年政治自由问题，而近两年连续考查中国近代的民主政治实践，2011 年考查了孙中山的五权宪法与国民党的"训政"，指出国民党的"训政"违背了孙中山的思想。2012 年的试题继续在这一问题上深入做文章，引导学生认识国民党对民主政治的态度和实践，以使学生更深刻理解国民党的历史命运。1931 年的《中华民国训政时期约法》反映了国民党一

党专政的特征。1946年抗战胜利后，国民党提出《政协关于政府组织问题的协议》，表明实行政治制度改革，建立各党派联合政府的态度。一方面可以理解到这时国民党对全国各界日益高涨的民主要求不得不有所回应，另一方面也会引起由于国民党没有实践民主政治而最终被推翻的认知，尤其是其涉及宪法和政党制度这些关键问题。

第四，高度关注社会经济发展中各因素交互作用问题。24题反映汉代社会经济发展与政治制度的互动，25题反映宋代社会结构变化与文学艺术发展的互动，26题反映明代工商业的发展与社会结构变动的互动，27题反映社会结构变化与思想发展的互动，30题反映经济发展、社会思想与时代主题间的互动，33题反映经济与政治的互动，等等。这对历史教学无疑是种深刻启发。

第五，材料选择具有典型性，可读性强。今年高考试题中的素材总体看基本没有阅读障碍。这样就能在更深刻的层面考查历史学科能力。

第四章

历史教育实践研究
——以郭富斌历史教育实践为例

第一节 视野：历史教育之源

郭富斌多次讲到历史教师的"理想、视野、情怀和担当"这个主题，如果说这些是他的追求和信仰的话，它们又无不体现在郭富斌的历史课堂教学之中，这种课堂教学的特征就是大历史教育观。

"大历史观"就是"小事件，大道理"，最早提出者是著名美籍华人历史学家黄仁宇。他在《中国大历史》中指出，"大历史观"就是用宏观的、放宽的视野来研究历史。什么是宏观的、放宽的视野呢？就是广泛地运用归纳法将现有的史料高度压缩，构成一个简明而前后连贯的纲领，然后与美国、西欧的历史进行比较，加以研究。他在《大历史不会萎缩》中提出了具体操作方法："从小事件看大道理；从长远的社会、经济结构观察历史的脉动；从中西的比较提示中国历史的特殊问题；注重人物与时势的交互作用、理念与制度的差距、行政技术与经济组织的冲突，以及上层结构与下层结构的分合。"大历史观不是用单一的尺度和个别的因素去限制整个历史事件的分析，而是强调要放宽历史时空的视野，注重大的历史背景下的事件本身及其与其他因素的互动和共鸣。

郭富斌将这一认识历史的方法运用到历史教育实践中，认为大历史观不仅是一种史学研究方法，也是一种教学方法，在历史教学中，它可以引导学生理解生活世界与历史发展的内在联系，让思想跨越时空的限制在历史与现实中驰骋，由此建立历史的联想与对比，产生思想的火花和探究的冲动，进而涵养出历史思维能力。从根本上讲，大历史教育观要求历史教师具有宽广的历史视野，历史教师教育视野的广度，决定着历史教育资源的效度。

一、大历史教育观的本质是重视历史教育价值

大历史观作为一种研究历史的方法，意在通过变换认识历史的角度，对历史事实蕴含的问题和价值进行再认知，从而发现最具现实感的历史理解。大历史观一般是把一个微观的研究对象（例如某一个具体时空的历史）放在宏观的历史条件下观察与把握，联系纵横面去考察其与前后时间的联系，进而突显意义，布罗代尔的《15 至 18 世纪的物质文明、经济和资本主义》可为这一方法的代表；它还提倡把焦距放长，放弃过多的细枝末节，注重历史在一段长时间内的运行机制，试图找出其结构性变动和长期发展趋势，这方面的代表作除了黄仁宇的中国历史作品，自然就是斯塔夫里亚诺斯《全球通史》和汤因比《历史研究》。这两种理解历史的方式，都对历史教学有着具体的借鉴价值，那就是有助于发掘出历史知识的教育价值。郭富斌历史教学的成功就主要得益于他对历史知识教育价值的探索和实践，他的《历史教学要"眼中有人"》《让思想的光芒照耀历史课堂》《多元文化背景下的中学历史教育》等文章，无不是指向历史教育价值的发掘和表达；他的《斯大林模式社会主义经济体制的建立》等教学实录，无不体现出他对历史教育价值的追求和实践。

二、大历史教育观的关键是树立大历史时空观

在对历史的理解中，个体的精神世界——视野总是延伸在历史之中，也就是把自己置入历史境遇，在历史中汲取经验，从而获得自己经验的更新。因此，个人的视野与历史的地平线融和，包含着一种更高的普遍性的获得。"大历史观"是用人类历史大视觉，通过多层次、全方位的纵横交错的历史比较和客观考察，探讨各个历史时期的时代特征、发展主流和总体趋势。不同文明的统一性、多样性以及它们之间的相互关联渗透，从而揭示整个世界和中国历史的结构、格局和运动规律。大历史教育观就是让学生从一种全面、宏观地看待历史的角度，树立大的历史时空观，以有助于学生看到历史的本质和发展的脉络。其中，特别重视让学生既从中国看世界，也从世界看中国，帮助学生全面客观地认识世界和中国，从而形成开放的心态、国际合作和竞争的价值观念，以适应未来社会对人才的要求。培养学生的世界意识是更好地认识中国的重要前提和保证，尤其是把中国历史放在世界历史中去审视中国，才不至于迷失。当学生蓦然回首，发现本国历史、自己的生活原来和其他国家的历史是如此相似，人类生活是如此的血脉相通时，学生最能顿悟和感受历史的魅力，从而加深对

现实的认识。

我国近现代历史上发展的一些事情，走过的某些道路，在世界历史进程中都可以找到参照物，有了世界历史的参照系，更容易让学生了解中国现实。例如"法国资产阶级革命"极端激进的做法，而中国现代历史在某种程度是历史的翻版，这样一对照，使学生打开眼界，看到人类犯过同样的问题，引起学生反思。

基于上述历史教育理解，郭富斌善于把历史事件放在大的历史背景中考查分析。例如，在讲到中国近现代史时，他提出了三个基本视角：

（一）大历史观，即把中国放到世界背景下学习。自 1840 年鸦片战争开始的 110 年中国近代史，在有五千年文明的中国历史长河中，是非常短暂的，但是它却是非常重要的，用李鸿章的话来说，中国所处的是三千年未有之大变局。

第一，西方列强先后发动了五次侵略战争，一步步使中国陷入半殖民地半封建社会的深渊。清政府成为帝国主义国家统治中国的工具，成为他们在华利益的维护者。中国自身的独立发展进程被打断了，被迫卷入了资本主义世界体系，丧失了主动发展的可能。因此，近代中国发展出现了费正清教授概括的"冲击—反应"现象，就是中国社会的每一步前进都与外来冲击相关，冲击越大，进步越大。因此，孙中山先生提出了潮流说，世界潮流浩浩荡荡，顺之者昌，逆之者亡。近代被历史所肯定的进步的中国人，全部都是因为能看清潮流，顺应潮流的人。而被否定的历史人物，又有哪一个不是因为违背了历史潮流。

值得关注的是，在新中国成立后，中华民族赢得了民族独立后，中国的发展依然深受世界发展和变化的影响。因此，中国共产党人在付出惨痛的代价后，先后提出对外开放和与时俱进说。2008 年奥运会口号是：同一个世界，同一个梦想。其实，不管形式有何变化，实质是共同的，那就是中国如何面对世界，如何适应世界，如何走向世界。

第二，进入近代世界，由于各地相对孤立封闭的空间被打破，一个国家的发展再也不能孤立于世界发展之外。但中国自大的传统，总以为自己就是天下，别人都是化外蛮夷，文化优越感极强，心态封闭。在中国近代发展历程中，封闭与开放，传统与西化等论战交锋异常激烈，并且一直延续到今天，我们每向前走一步，都要受到来自传统的巨大压力。因此，我觉得学习近代史的一个重要任务就是让我们成为既有中国灵魂，又有世界眼光的现代人。

（二）现代化。近代中国面对列强而失败的根源在于落后。落后有两个表现，一个是经济落后；一个是政治落后。请中医不行，请西医，请了两位先生，一位叫"德先生"，一位叫"赛先生"，两位洋大夫给我们开了两剂药方，一剂叫民主，用来医治政治落后这个病；一剂叫科学，用来医治经济落后这个病。我们经常讲现代化，现代化的核心内容不就是经济工业化，政治民主化吗？可惜，我们服药不规范，重科学之药，轻民主之药，而且时断时续，疗效不好。在尚未通过现代化的"历史三峡"之时，我们依然面临着许多和近代先贤同样的问题和困惑。近代历史给我们提供了众多可资借鉴的素材。

（三）只有社会主义才能救中国。这是与其他阶级和道路探索相对比而得出的结论。

由此可以看出，当我们能从大的历史时空中审视具体的历史内容时，在历史教学中就能更清楚地从纷繁复杂的历史具象中看到发展的脉络和线索，进而提纲挈领，把握历史大势，理解发展的内在逻辑，从而取得历史教学的事半功倍之效。

三、大历史教育观的核心是历史思维能力培养

历史教育的魅力在于其思想性，重视学科能力的培养，并把历史思维能力视为历史学科能力的核心是大历史教育观的内在追求。学科能力是学科教育与学生智慧发展的结晶，其核心是历史思维能力。各学科教学是否有成效，关键之一在于能否形成学生的各种学科能力。在初中历史教学中应当重视概括能力的培养，而在高中历史教学中，则应注重比较能力与评价能力的培养，历史思维能力的培养有助于学生增强理解现实社会的能力。历史思维能力不完全是针对过去历史的，它是用历史的观点反映现代生活的各种矛盾和具体表现，并从特定联系的体系中考察它们的发生和发展。大历史教育观反对僵化的学术本位，但不反对具有学术性的学科本位，从经济学上讲，物的有用性，源于其本身的个别性，源于物自身与它物不同的差别性。学科能力培养与教学目标的实施并不矛盾，正是在历史能力培养的过程中，达到历史教学目标。

四、大历史教育观的基础是树立大历史文化观

郭富斌认为，在考察历史时，应重视"文化史观"与"唯物史观"等各种史观的相互借鉴和参证，不要只从唯物史观出发，而应从更多角度去考察和解释历史，特别是侧重于从文化角度分析。文化对于人才培养的影响十分广泛深刻，但因其影响方式是长期积累性的、"润物细无声"式的，人们往往处在"日用而不知"的状态中。教师必须在重视经济、政治因素的同时，向学生揭示文化对于个人和社会的深层影响。让学生从思想深处反省自己的言行。

另一方面，"大历史文化观"比较重视历史学科与相关学科内容的交叉和互相援引，开阔学生视野，提高学科能力培养的实效。相关学科不仅使历史学科多了理解的途径，而且相关学科的知识积累和思维、表达训练十分有利于深化对历史内容的认知和反思。语文学科对历史材料的文字理解会有帮助，对建立历史学科的形象思维能力也是相当重要的。政治学科对历史现象的深入分析会有帮助。史政结合、史地渗透、文史对照，可以拓宽学生视野，培养学生人文素质。例如：在语文课本中学生学过贺敬之的《桂林山水歌》，"……呵！桂林的山来漓江的水——祖国的笑容这样美！桂林山水入襟，此景此情战士的心——江山多娇人多情，使我白发永不生！对此江山人自豪，使我青春永不老！……海北天南一望收！塞外的风沙呵黄河的浪，春光万里到故乡……"学生在语文课上只关注其文学性，而历史教师可以在《桂林山水歌》创作的时间上挖掘出有意义的教学点。贺敬之在诗章末尾注明"1959 年 7 月，旧稿 1961 年 8 月，整理"，诗作经三年反复酝酿，推敲斟酌，才郑重问世。写的是今日我们所谓"三年困难时期"的生活体验，贺敬之为什么会如此"放声歌唱"？文学作品的价值仅仅在于文学性吗？一个文学家最基本的要素是什么？这些问题都会引起学生内心的思考，化育他们的人文精神。

五、大历史教育观的要诀是坚持民主平等的师生观，建立历史学习共同体

新型师生观要求教师要主动与学生交往，建立民主平等关系。这意味着教师要重视学生作为"人"的价值，尊重学生人格，发挥学生能力，开发学生潜能。民主平等的师生关系是充满活力的现代教育的生动体现。在这种关系中，学生体验到的是民主、平等、自由、尊重、信任、同情、理解和宽容，形成的是自主自觉的意识，开拓创新的激情和积极进取的人生态度；教师领略到的是通过尊重、接纳、关爱学生，赢得学生的信任，顺利实现教育沟通。从本质上

看，对学生的信任就是民主，在课堂教学中，师生双方相互交流、相互启发、相互沟通、相互补充，分享彼此的思考与认识、经验与知识，交流彼此的情感与态度、情怀与理想，从而达成共识、共享、共进，实现教学相长和共同发展。

在这方面，郭富斌不仅感于心，而且表于行。他善于在与学生平等交流中建立学习共同体，使学生清楚学习要求和学习过程中应该承担的任务，激发学生学习的原动力。下面，我们通过郭富斌一节历史导演课，来品味他是这样和学生交流历史学习心得的。

同学们，从今天开始我们一起学习中国近代史。细心的同学可能注意到，我没有说我来给大家讲历史。之所以这样讲，有两个原因，一是我们都有一个共同的老师，他就是历史。这位老师的学识特别渊博，上下几千年，纵横数万里，他都无所不知，无所不至，中国社会发展到今天，人类社会发展到今天，都离不开他的哺育。二是教学相长，孔子说，三人行，必有我师焉。在座的同学都是我潜在的老师，这绝不是客套，而是我20余年从教生涯实实在在的体验。因为，每个人都是一本内容丰富而又耐人寻味的书，何况每代人都有每代人的特点，作为老师有责任、有义务读懂这本书。因此，我的课堂是开放的，不是封闭的，是双向合作的而不是单向灌输的。同学们不仅是我的受教育者，更是我的对话者、合作者。我所信奉的课堂教学原则是：平等对话，独立思想。

所谓平等对话是说，历史本身是客观的，但被叙述出来的历史是主观的。胡适说，历史是个小姑娘，可以任人打扮。这话虽然片面，但揭示出了历史学习的一个特点，那就是历史从来都是人心中的历史，不同的人站在不同的角度，对同一历史现象可以有不同的感受和体验。正是在这个意义上，意大利史学家克罗奇说，一切历史都是当代史。因此，学习历史的过程其实就是站在历史与现实的交叉点上，与历史的创造者们进行跨越时空的对话过程。

至于独立思想是说，要学会用历史作为载体进行思想，让思想的光芒照耀历史课堂。我记得，华东师范大学王家范教授曾在他的研究生中进行了一次题为"当下史学研究最缺什么"的调查，结论是最缺思想。其实，中学历史教学中最大的危机也来自思想的苍白和匮乏。这也是许多同学讨厌历史课的根源。要能独立思考，有一个前提条件，那就是必须具有怀疑的思维品质，批判的精神和勇气。在这方面，有两个人是大家的榜样，一个是尼采，他宣告上帝死了，要重新估价人类的价值；一个是马克思，他不相信资本主义社会存在的合理性，写出了《资本论》，成为千年来最伟大的思想家。希望大家能像他们一样，破除迷信，解放思想。第一，不迷信教材；第二，不迷信教师；第三，不迷信任何权威或偶像，要用自己的头脑去思考，去检验。衡量历史课的成败有两种标准：一种是考试的标准，用成绩做判断的依据。一种是人文的标准，通过历史学习，你是不是丰富了自己的情感，你是不是变得更加敏锐，更加关注人和社会发展。在这两种标准中，我更看重的是第二种，因为它更接近我所追求的历史教育的理想：穿越时空的对话，思维火花的碰撞，文明薪火的传承。

第二节 情怀：历史教学之要

放宽教学的视野，使教学立意具有了来源和基础。在更广的视野中思考历史知识的价值，寻找教学立意的生长点，就需要独特而多样的角度。郭富斌在他的教学培训讲座中曾多次谈及这个问题，提出历史教育的多种角度，如"站在历史和现实的结合点上、站在中西文化的交汇点上、站在大学教育和中学教育的结合点上、站在基础教育和历史教育的结合点上、站在应试教学和历史教育的结合点上"等。洞察其中，在这些具体的角度背后，始终存在的是对现实的深刻关注和对历史的现实思考，这是最重要的角度！

历史教育是基于历史与现实的密切关系而展开的，没有现实使命价值的历史教学缺乏生命感，不能让学生将历史与自身生活联系起来的历史教学也很难激起学生学习的热情。历史教育的目标是要培养有世界眼光、民主思想、独立人格、较高素养的现代公民，只有让学生认识到成为现代公民是关乎人的自由、幸福、权利等根本问题，认识到未来中国需要建立公民社会以推动民主宪政、法治建设，才能使学生找到自己存在的价值。

正因如此，历史教育在实践上是一种难度非常高的教育，因为它直接作用于人的思想和情感。自然，历史教育者须有较高的教育艺术。教学中如何透过层层的迷雾挖掘历史？如何透过一个个历史人物、一件件历史事件去追寻现实的倒影？如何巧妙地架接起现实与历史之间的桥梁？这需要历史教师的智慧和探索。通过郭富斌的一些课例，我们可以有些体会：

第一，从对现实问题的深刻关照中分析历史。

2008 年 3 月，郭富斌在讲授鸦片战争后的民族工业时，郭富斌从官办、观念、时局、技术四个方面入手，结合时代背景帮助学生分析洋务运动的种种问题。首先郭富斌揭示官办企业的结局大部分都走向困境，而企业的创办人或管理者却个个富甲一方。如李鸿章死后的财产为 4000 万两，故有"宰相合肥天下瘦"的说法，这说明企业被企业运行者操作成为其摄取国家财富的工具，而今天我们国家在扶植国有企业发展中所出现的问题，正需要从历史教训中去找到解决的方法，其实教师已不用明说，学生自己就可以将历史与现实联系起来，这就已经实现了教师教学的情感目标；从观念角度看，洋务运动引进西方先进技术开启了工业化进程，但是它的每一步都走得非常艰难。比如，顽固派认为修铁路会惊动祖先破坏风水，还会夺民生计、便于列强运兵、导致白银外流，最终象征先进工业文明的铁路火车在中国被阻挠了几十年后才在慢慢被接受，直到 1895 年中国铁路的总里程只有 360 多公里。接着，郭富斌引用《中青报》文章观点点明主题：思想解放是经济发展的核心引擎，中国改革开放三十多年能取得诸多成就，无不得益于思想的解放。从技术角度看，洋务运动中官办企业的技术都依赖外国，郭富斌通过讲述马尾船厂的兴衰，指出曾经制造出铁甲舰的马尾船厂衰落的原因之一就是由于没有更新技术。洋务运动还有太多有价值的地方值得中国人思考，在分析历史的过程中，教师讲授的角度都来源于对现实问题的深切关注，自然能使学生从中意会并领会这个深重而又深刻的发展问题。联系现实的最高境界就是无须教师点明，学生仅从教师充实扎实的历史讲授中就能够自己联系现实做到一叶而知秋了。

第二，从历史问题的探讨交流中理解历史。

大多数学生觉得马克思主义是个抽象且政治色彩浓厚的概念，如何让学生真正地理解马克思主义并接受它，对绝大多数授课教师都是极大挑战。首先郭富斌从学生的现实切入，给学生提供了一份调查数据，即 2005 年 4 月四川省委党校对四川党政干部进行了马克思主义信仰的调查，问题是："您感觉周围的领导干部对坚持马克思主义信仰有无信心？"调查人数 232 人，调查对象：市厅级干部 21.6%，县处级干部 32.3%，科局级干部 31%，一般干部 15.1%。其中，表示很有信心的只有 3.2%，而表示怀疑的为 36.21%。让人惊讶的是在以马克思主义为思想源泉，以马克思主义传人自居的国家政党中依然坚信马克思主义的人竟然如此少。而同时期的西方国家，曾经是马克思预言要被取代的资本主义国家中却掀起了马克思主义热。这不能不说是历史的悲喜剧，郭富斌让学生从自身结合，谈谈这一怪相的原因，学生要么说不出什么是马克思主义，要么就是对马克思主义的解释张冠李戴，含混不清，也有些同学能回答出马克思主义中涉及的部分知识。通过学生与老师的讨论交流，先让学生产生学习兴趣：为什么我们自己对马克思主义不感兴趣而西方人却奉其为最伟大的思想家，然后在这种教师制造的问题冲突中，自然就可以引导出接下来要分析的内容了。此外郭富斌还抓住其中一个基本观点——"每个人的自由发展是一切人自由的发展的前提"展开讨论。先让学生谈对这句话的理解："一切人就意味着每个人，自由就意味着尊重个性。即每个人的发展都应该是有个性的发展，适合个人实际，发挥个人的特点；每个人都应该将自己的潜力最大限度地发挥出来，找到自己在社会中的位置。""只有保证了个人自由、不受限制地发展才是和谐的发展，整个社会一切人才能自由的发展，如果个人的发展受到了限制，社会的发展和一切人的自由就无从谈起。"在此基础上，郭富斌分析指出："马克思的这个观点就是我们今天所提倡的自由、平等、人权，尤其是自由。这不但是今天中国人所追求的价值观，更是整个世界共同的价值观，马克思就是要建立起来这样一个由自由人在自由的名号下联合在一起的共同体，这个共同体就是共产主义，这也正是今天的中国人最需要的。温家宝同志曾经有过一段关于民主、自由的谈话，他说：'社会主义民主与法制不是背离的。民主、法制、自由、人权、平等、博爱，这不是资本主义所特有的，这是整个世界在漫长的历史过程中共同形成的文明成果，也是人类共同追求的价值观。'这不是正与马克思的观点一致吗？"通过师生对话，将马克思主义紧密地与现实相结合，让学生感受到马克思主义并不遥远，并不陌生，它就在我们每个人身边，就是我们今天所追求的人类共同的理想：自由、平等，需要我们用它来建立一个真正的和谐社会。这一处理方法，体现了强烈的时代感，让人感觉到马克思主义在今天依然是这个社会最需要的精神财富，是今天中国的发展所急需的价值观。拉近学生与马克思主义的距离，马克思主义让人觉得亲切、熟悉了，它不再是冰冷的字眼、概念，而是整个人类的共同心声，这也是为什么在今天的西方重读马克思经典成为热潮的原因。在讲解放战争的史实时，郭富斌设计了三个历史认知冲突，反差一：世界上最需要和平的民族在和平机遇最好的时代却与和平擦肩而过。反差二：空前强大的国民党政权在三年时间里迅速败给了破衣烂衫，武器落后的解放军。反差三：凯歌高唱、红旗飘飘的胜利场景与内战后遗留下来的民族内伤。由此引申出三个问题：为什么重庆谈判没能维护和平？为什么国民党会失败？怎样对待战败者？让学生对这三个反差和问题进行讨论，其实学生很容易就会将这场内战与美国的南北战争联系在一起，而正是在这种认知冲突的探讨中，学生才能获得新的认识，用多元的价值观和视角去理解历史的内涵与价值。

第三，从历史文明的发展演进中探寻历史。

现实是历史的凝结，现实中人们致力追求的民主法治是前人们不断探索的智慧结晶。法律是每个人日常生活中都必须要遵守的，现代法律基本上都起源于罗马法。但如何帮助学生理解罗马法的含义、发展及其与现代社会的关系，是非常不容易的。郭富斌总是善于选择历史与现实联系中最敏感的部位展开分析："罗马法中有一条内容原文规定砍别人林地的树要罚钱，也就是说罗马人在如此早的时代已经认识到保护私有财产的重要性，而以后的资产阶级革命实际上也是为了争取一句话：私有财产神圣不可侵犯。并不是西方人才看重私有财产，中国在改革开放后也开始关注对私有财产的保护，不少的学者专家和普通人都在努力争取将保护私有财产写进宪法。"教学中的难度是学生的前认知观念是"集体利益、公有财产优先，保护自己的财产是落后的行为"。如何引导学生学识更新？郭富斌与学生进行了对话："为什么罗马人和西方资产阶级革命时期的人都力争保护私有财产？"有学生回答："因为怕失去自己的财产。"郭富斌进一步引导："为什么怕失去财产或失去了财产会怎样？"学生回答："人失去了自己财产就一无所有难以生存。"郭富斌接着分析道："是的，人之所以如此看重自己的私有财产，关键的问题就是人失去了物质财产就无法生存。实际上，人类的发展过程无非是处理好三种关系：人和物、人和人、人和神。在希腊和罗马，人们认为人是最重要的，物是次要的，但是人和物是不能分割的，物就是人的延伸，没有了物人就无法依托无法生存，因此保护物就是保护人，保护人就要保护人的物。没有物的人是无法生存的，所以物权实际上人权的依托。这就不难理解西方人通过革命方式千辛万苦要保护私有财产的原因了，因为保护私有财产就是保护了人生存下去的权力。中国人重视的是人与人的关系，孔子提出仁者爱人，自古到今，国人重视的都是如何处好自己的人际关系。印度人重视的是人与神的关系，他们认为神是至上的，因此印度人为神而活，以修行涅槃的方式让自己与神靠得更近。今日的中国经济正在腾飞，但是贫富分化、弱势群体、三农问题，无不涉及民生、民权。随着民主建设速度加快，要建立好和谐社会就要处理好人与物的关系，让贫富差距缩小，让失业人数缩减，让农民收入提高，让每个人都有活下去的物质依托，这样的社会才是理想中的和谐社会。中国在保护私有财产的立法上远远落后于西方国家，但随着社会进步和公民意识、人权意识的觉醒，终于在 2004 年将‘保护私有财产’明确写入了宪法。"这样的分析讲授充满强烈的时代气息，因为罗马法是人类文明进步的里程碑，它的影响力穿透时空界限，不管时间有多久远，文明的内涵总是相同的。在千年之前的历史彼岸，不甚发达的罗马人就已经确立了法治，对今天依然在此道路上探索努力的国人来说，知道文明的根在哪里，知道它是怎样艰难的走来，知道古人在此过程中有哪些智慧走过了那些弯路无疑是一种珍贵的借鉴和反思。

第四，从现实社会的各种表象里回溯历史。

通过分析现实社会现象，回溯其与历史发展的关系，往往能深深激发学生的历史感，进而建立起理解历史的脚手架。郭富斌在讲授《欧洲的宗教改革》时，就充分运用了这种方法。他说："当时基督教会在德国占有非常重要的位置。一方面，当时德国宗教信仰的情况是，有 1/5 诸侯是教士，7 个选帝侯中有 3 个是教士，1/3 的土地掌握在教会手中；基督教会 1/2 的收入来自德国。直到今天，德国教会仍然是一支很重要的力量，现在德国 8000 万人口中有 6000 万基督教徒，75% 的幼儿园、57% 的养老院、37% 的医院病床属于教会，私立学校大部分也是教会学校，50 所神学院，15 所福音大学，正规的教育中开设宗教课。德国宪法规定：对上帝负责，德国人应自觉地服务于上帝和人类。德国国歌《德意志之歌》：统一、主权、自由，是我们千秋万代的誓言。国歌里写入了神的恩典。德国总理施罗德在就任宣誓中没有向上帝宣誓，曾在德国引起了轩然大波。经过那么多年历史岁月冲刷，在一个科学昌明的时代，宗教在德国人的生活中仍然占有非常重要的位置。可以想见在宗教改革时期，马丁·路德的艰难和当时教会势力的强大。"郭富斌还用同样的方法分析了宗教改革的影响："宗教改革前的欧洲，南部欧洲地区的发展程度远远高于北部地区，但在宗教改革之后，北部地区超过南部地区，成为欧洲最发达的地区，而南部地区一直落后于北部欧洲，即使到今天也是如此。而北部地区就是宗教改革的主要地区，而南部地区仍然固守天主教传统。在政治方面，宗教改革后，宗教基本成为各个国家的宗教，罗马教皇的那种超越国家的权限遭到沉重打击，在这个过程中，强化了国家的意志，有利于近代民族国家的发展，这是欧洲走向近代必不可少的前提。在思想文化方面，通过宗教改革，进一步促进了思想自由和人文思想的复兴，思想自由和人文思想的发展是近代社会的主要表现，也是推动近代社会发展的动力。李平晔教授在《宗教改革与西方近代社会思潮》一书中指出：‘（宗教改革）使基督教世俗化，或使西欧人民的世俗生活神圣化，把人们的精神和潜能从封建桎梏下解放出来，在现实的拯救和解放的道路上，迈出了关键的一步。人们的心灵从追求天国的虚幻、来世的拯救，转向现世的生活和劳作，使人们重新认识到人生的价值和意义，重新投身于改变现世的活动中。'这段话对我们理解这个问题有指导意义。"

第五，从热点问题的理性分析中感悟历史。

现实生活中始终有社会热点问题，青年学生是关注社会问题的主要群体，这正是历史教学的绝佳契机。从社会热点切入历史教学，既能较好地体现历史学科"古为今用"原则，也能更好地在教学中发挥学生的主体性和主动性。围绕辛亥一百周年，"革命""社会转型""大国崛起"等问题引起了历史教学的高度关注，而对于为何诸如日本等国选择改革，而中国、法国等国选择革命的方式进入近代化，以及革命在激烈的动荡流血中到底能给社会带来哪些进步、中国当今的社会发展到底该以何种方式进行等问题，是史学界争论的焦点，也困扰着部分学生。郭富斌在此背景下，以"法国大革命的影响"为题，引导学生深入理解社会"革命"问题："首先，法国大革命是解决当时法国问题的正确选择。大革命前，从'三级会议''网球场宣言'，一直到后来成为法国国庆节的1789的'联盟节'，法国人希望的就是和国王联手推动法国的改革，但是，国王一再地反悔他与大众的契约，终于使得任何'代议制'形式的变革都不可能了。其次，法国大革命是现代欧洲政治历史的转折点。因为它的出现，政治权力被脱胎换骨，从王室的深墙后院走到了人民中间，人民成为政治权力唯一的源泉，这是民主政治的实质，也是法国革命最重大的贡献。恩格斯在《共产党宣言》注解中也说：'英国是经济发展典型，法国是资产阶级政治发展典型'。第三点就是法国大革命是现代政治的试验场，对世界政治发展有重要的启迪。梁启超在1902年说'夫法国大革命，实近世欧洲第一大事也。岂唯近世，盖古往今来，未尝有焉矣。迄唯欧洲，盖天下万国，未尝有焉矣！'第四，法国大革命是民族主义潮流的代表。法国国歌《马赛曲》、国庆日使现代民族国家观念发展成为一年一度的国庆日或独立日。第五，法国大革命是人民战争之始。法国革命之前是王朝之间小股职业军人的较量，新法国军队是人民政府的制造物，而革命后的法国军队在最多的时候达到116万人。很多青年被动员参加了军队，由此揭开了人民战争的序幕。第六，法国大革命揭开了妇女解放的先声。在革命过程中有一个人叫德古日发表了著名的《女权宣言》，仿照《人权宣言》，她提出这样一个观点：'对妇女权利的无知、忽略和蔑视是现代社会的不幸，是政府腐败的唯一根源'。第七，它是马克思主义理论的来源，即阶级斗争学说和无产阶级革命道路。正是在法国大革命的经验总结中，马克思发现了两个重要的学说，即阶级斗争学说和无产阶级革命道路的学说。"

历史与现实的结合，是历史教学大历史观的最直接体现。它体现着历史学科的价值与魅力，它不能生搬硬套，也不是哗众取宠，它需要历史教师善于挖掘、善于发现、善于思考。历史与现实结合的最高境界就是"此时无声胜有声，一切尽在不言中"，当你带着学生参透历史时，当你领着学生聚焦热点时，只有扎实、严密的设计、讲解，才能让学生自己一叶知秋，看到历史事件自然联系现实，盯着现实热点却能想到历史，这种功力需要历史教师拓宽自身视野、增加自身的思想深度，需要教师不断的阅读、思考才能实现。正如郭富斌所提到的：教师的阅读边界，决定着教师的教学边界。

第三节 思维：历史教师之本

郭富斌的大历史教育观以其开阔的教学视野、独特的分析视角、现实的教学立意、严谨的思维逻辑、经党的素材整合、生动的教学过程，在历史教育教学实践中显现出鲜明的教学魅力。大历史教育观在理论上是一种有益的尝试，在历史教学方式上是一种创新，在实践上取得了多方面的成功。

首先，大历史教育观课堂教学取得良好的教育效果。

2012届文科班的学生给郭富斌的信中写道："记得您讲《新文化运动》那一刻的掌声吗？那真的是最让我感动的一节课了。您那么动情的讲解，将我们带到了那个追求民主自由与科学精神的时代，那时的人，既纯粹又执着，执着于自己的理想，执着于自己的民族与国家。那一刻，我在您的眼中也看到了这些；那一刻，跨万水千山，越时光洪流，电光石火之下，我仿佛感到了不同时代却同样高尚的灵魂的碰撞，听到了同样执着于伟大的心灵的对话。而我也好像在那之间，看着画中鲁迅犀利睿智的双眼，我竟然有种想流泪的冲动——真希望可以回到那样的年代，做一个纯粹又执着的人。"从学生这些话中不难看出，郭富斌的历史课堂教学中所呈现的不仅是教师的"功力"，更有课本所囊括的历史追智慧，还有师生情感和心灵的共鸣，其教学效果和"三维目标"的落实情况已非常清楚。

其次，大历史教育观课堂教学实现了师生的相互激发。

一个优秀历史教师在成长过程中，自身的努力是决定性的因素，但还有许多其他因素，诸如同行、学生、学校、课程、考试、学术、教研人员等，也是非常重要的。郭富斌说："于我而言，学生是最为重要的因素，应该说我的改变从学生开始，我是被学生所成就。2000 年 2 月 27 号学生张娜在给郭富斌的信中这样写道："在这半年时间里，您使我对历史有了一个全新的认识，从未体味过原来历史也是如此生动、鲜活多彩的。在您的课堂上，我才能体会到学习的乐趣：您让我们在轻松和笑声中了解了许多知识，在惊喜中知道了许多未闻的事情。您的课不是照本宣科，旨在让我们了解一些真实的历史。"2002 年 7 月 20 日，一位名叫李菀瑾的学生给郭富斌写了一封长达 13 页的信，她在信中畅谈郭富斌的历史课所给予她的丰富营养和深远影响。特别是她写到了刚刚上郭富斌的课的感觉："更要命的是，我对一周仅有的两节历史课居然上瘾了。……每一周都因为两节历史课而有意义……更令我自己惊诧不已的是，原本以为记忆力不是一般差的我，至今依然清晰地记得郭富斌讲的每一句话。"不仅学生在郭富斌的教学中明白人生，还有学生能够用以解释包括老师在内的人生境遇。1997 年 6 月 15 日，一位名叫邹曼的学生写信告诉郭富斌说："其实您要相信上苍是绝对公平的，您拥有比他们（指投机钻营之人）广阔得多的精神领域，你拥有比他们深刻得多的思想内涵，您还有许许多多永远敬佩您、感激您、铭记您的学生，这些都是他们所不曾有的。"在这些信中，我们可以感知学生对郭富斌的渊博、智慧和思想的崇敬，由此凝聚成对老师的深深的爱戴。在此过程中，"教育"得以深深扎根于学生的情感世界和精神海洋。另一方面，郭富斌的渊博、智慧和思想又浓浓地弥漫于他的大历史教育课堂教学之中。只有心灵与心灵沟通才能理解，只有智慧与智慧碰撞才能生成，只有情感与情感共鸣才会快乐，只有大历史教育才有一切教育实现的平台。

郭富斌的大历史教育观是怎样炼成的，一名历史老师需要做哪些努力可以形成自己的教学特色和风格？郭富斌以其自身的努力，为我们诠释了一名优秀历史教师的成长之路。

首先，要有做"好教师"的理想和信念。

教育大计，教师为本。有好的教师，才有好的教育。当我们谈到学生为什么会如此喜欢甚至崇拜郭富斌时？他说："我觉得还是因为我以成为学生的精神领袖自勉，不愿意做一个人云亦云的老师，视野相对开阔、教学不拘一格。在学习压力很大而又相对封闭的情况下，能给学生新的材料和解释，能引导学生学会思考，能帮助学生在运用中学习知识，能让学生相对轻松地掌握相对深刻的内容，从而得到学生认可和支持。"

是啊，只有想成为"好教师"的教师，才能在"好教师"的成长之路上孜孜以求；只要有所追求，自然会与众不同；只要有所坚持，一定会有所收获。"大历史教育观"就是郭富斌坚持追求的硕果。优秀的教师要为学生的终生发展负责，但这种负责一定要体现在一节节优秀的课堂教学之中，而优秀的课堂教学需在知识、技能、智慧、视野、情怀等方面着力落实。作为优秀的历史教师，正如近代著名历史教育家蒋梦麟先生所言："历史之用意，在取先世之经验，解决现在之问题。非然者，则历史与生活离，失其本意矣。"。（《历史教授革新之研究》所言，《教育杂志》第10卷，1918年）是和学生一起学习和理解昨天的事实，分析和认识今天的世界，培育迎接和应对的明天与未来的能力。这正是郭富斌所提倡的——要做"明师"——"明日之师"。

其次，要有扎实的阅读和长期的积累。

郭富斌认为，"阅读是教师力量的源泉。阅读能强化和升华你的兴趣，增长你的见识，打开你思维的通道。"郭富斌的读书兴趣较广，包括教学所需要的书和看似无用的书。他说，"我每次回家或出差，身边总要带几本书。上大学期间的一个暑假里，在老家没书读，我就骑自行车往返百公里，到西安钟楼书店买了本小说《愤怒的葡萄》。我觉得，书读得多了，各种内容和观点相互辩驳，你自然会随其深入思考，很多见解、想法就会油然而生。"

郭富斌在读书上下的功夫较深，特别注重对所读内容的思考和追问。我翻阅了郭富斌几本20世纪80年代中后期的读书笔记，在那些行将破损的软皮本里，有郭富斌的摘抄、批注和勾画，包括对苏霍姆林斯基的《教育的艺术》大部分内容的抄录。与大多数人关注苏霍姆林斯基的思想不同，郭富斌更关注这些思想产生和赖以成长的土壤。他在读书笔记中抄录了这样一段话可以作为佐证："瓦·阿·苏霍姆林斯基生于1918年11月28日，1970年11月2日逝世。其父为农民、木匠，共有四子（三男一女，均为教师），苏霍姆林斯基为老小。""1933年夏，到明楚格市师范学校上学。1935年，17岁，到离本村不远的一所小学任教。后来，又进波尔塔瓦师范学院函授班学习，1929年结业并入伍，进莫斯科政治学校。卫国战争后，以政治指挥员身份上了前线，负了重伤——炮弹碎片一直留在胸部，伤愈被派往乌发一所中学担任校长，后回家乡任区教育局局长。1947年申请回校，担任了巴甫雷什学校校长。"

郭富斌注重积累那些比较能表现历史意境和增进历史理解的经典语句。郭富斌是善于运用语言的老师，甚至有独特的驾驭语言的能力和艺术。除了天赋的因素，这些摘抄说明两点：一是重视发挥语言的教育功能，二是重视教育语言艺术的修炼，而模仿和积累是语言修炼的重要方式。纵览这些读书笔记，可以看到郭富斌通过持之以恒、坚持不懈、连绵不断的阅读、记录、思考和实践，造就着自己，创造着自我，凝聚成他独有的教育魅力。可见阅读不可少，坚持更重要，实践是法宝。

郭富斌是有阅读本能的老师，阅读甚至成了他看待人生和社会的方式方法。在郭富斌这里，阅读就是研究郭富斌的读书范围之广、识记能力之强、运用水平之高，让我产生了一个问题：他是怎样做到的？当然，每个人的读书之路是不同的，但无不需要兴趣、坚持和努力。正如赵亚夫先生说的那样："你不读书不行，只读历史书不行；为了教学而读书，可以，但你难有深刻的体会；为了出题而读书，可以，那只有名义上的满足。优秀的历史教师一定是读书多且会读书的人，但是要出色就必须经过理论的历练。因为学科教育思想、特别是学科教育信念不是经验能够自然生长出来的，那必须植根于理论的土壤。"也就是说，运用是最好的学习。

最后，要不断培育和提升教师自身的历史思维能力。

郭富斌是崇尚思考的教师，无论是讲座还是课堂的魅力，都根植于其深刻的思想和理性的温情关怀。而这种思考，又源于他对历史的热爱。他认为，相信历史所具有的审判和拯救功能，可能是中国人的生命哲学之一。像孔子之道不行于世的时候，他就退而写史，他作春秋而乱臣盗贼子惧。像司马迁遭受男性奇耻大辱，隐忍苟活，也在于他相信历史的拯救，他可以藏之名山，传之后人，以待来者。秦桧设计陷害岳飞，一度犹豫不决，怕死后遭唾骂。像文天祥从容就义，他的精神支柱就是留取丹心照汗青。"文革"中，刘少奇遭陷害，百口莫辩，只能用一句话安慰自己及妻子儿女，"好在历史是人民写的"。至于其他人，陶铸、彭德怀、陈毅这些人，他们在最后的日子里还是把自己存在的价值托付给了历史。

郭富斌是善于思考的老师。通过他的教育讲座、文章和谈话，我们可以得到几点思维方法启迪：

一是要从高处着眼，在低处立足。郭富斌总是把自己的教育思想和历史情怀经过缜密思考和系统表达之后，最终通过一节节历史课呈现出来，从而使他的历史思维那么生动，那么具体。他根据教育部历史课标组《高中生历史课程认知状况研究》的研究结果："18.3%的学生反映他们对历史课的感觉是'与现实没有任何联系'，64.6%的学生认为'与现实结合得不太紧'。有64.6%的学生认为学习历史课对于以后从事社会工作'用处不大'，5.0%的学生认为'根本就没有用'"。认为历史课要"站在历史和现实的结合点上",尽管"历史学科的价值有可能暂时脱离社会的现实需要而存在,但历史教育的价值却必须与现实社会的需要紧密结合"。

二是理性思考,具象论证。学生是思维的主体,教师要竭力避免以自己的深刻遮盖了学生的"肤浅",否则就没有"思想点燃思想"的效果。郭富斌在具象论证上侧重于材料的多元、鲜活而典型,材料本身具有极强的阅读性和思考空间。就像赵亚夫先生所说的那样:"郭富斌不是在做'以史料为基础的历史教学',更不是'史料教学',所以用不着'基于史料做活动'。郭富斌做的两件事值得其他老师借鉴:(1)历史课上史料的和材料是有区别的。前者即原始资料(如档案,主要呈现事实,极少主观观点),后者则包括多方面的历史素材(除反映事实外,多带有鲜明的主观判断)。(2)运用材料时,需要多角度、多方面的考察,否则我们得出的观点难免不偏。也就是说,历史教学的材料,既要有'参'的价值(典型),又要有'悟'的可能(理解)。参透,参透,就是这个意思。"

三是循序渐进,重视逻辑。通过郭富斌的课例,可以看出他是构建课堂教学逻辑的能手,有逻辑的教学更有利于学生建构自己的学习。例如他在讲岳麓版高中历史必修二《第16课战后资本主义经济的调整》时,一共讲三个问题:资本主义为什么要调整?资本主义怎样调整?资本主义调整带来了什么?在"资本主义为什么要调整?"中,主讲"一个大洲的无力——欧洲面临的问题;一个国家的引力——50年美国与其他发达国家经济实力对比;一个人的魅力——英国经济学家凯恩斯于1936年发表《就业、利息与货币一般理论》一书反对资本主义国家政府对经济的放任自流的政策"。后面的问题也是这样依次按逻辑展开,从而使学习、思考、批判、建构的过程有了强大吸引力。

郭富斌的大历史教育观是一部书,值得用心研读;它不仅是一部书,更是历史、现实、教育、人生的有机整合体;它也不仅是一个有机整合体,它还散发出无穷的魅力和教育影响力。同时,郭富斌也"行走在历史教育的路上"。他与我们同行!那么,就用郭富斌喜欢的一首歌《在路上》(刘欢)作为一个新的开始吧!

> 那一天
> 我不得已上路
> 为不安分的心
> 为自尊的生存

为自我的证明

路上的辛酸已融进我的眼睛

心灵的困境已化作我的坚定

在路上　用我心灵的呼声

在路上　只为伴着我的人

在路上　是我生命的远行

在路上　只为温暖我的人

……

后记

在自然成长中主动成长

> 生长在山水之间，就做一棵挺拔的树，站成永恒，没有悲观的姿势。一半在土里安详，一半在风中飞扬；一半洒落阴凉，一半沐浴阳光。非常沉默，非常骄傲！
>
> ——三毛

1995年我大学本科毕业后，分配到陕西省商南县高级中学任教。此后受生活的安排（其实有时也是一种被迫无奈），先后任教于长江流域的江苏省邗江中学、珠江流域的广东省珠海市恩溢学校、佛山市顺德国华纪念中学和黄河流域的陕西省西安高新第一中学、百年名校陕西省西安中学以及陕西省教育科学研究院。2015年获得教育学博士学位后，在陕西师范大学历史文化学院专制历史教育学。在出生、上学、工作、婚姻这些自然的过程中，感受了人生的跌宕起伏，相信了"人是生而自由的，却无往不在枷锁之中"的至理名言。我性格平坦，却享受了"冲浪"一般的生活刺激甚至冲击，从中得到了历练和砥砺，走过了一个"在自然成长中主动成长"之路。我很羡慕很多名师所走过的"专业发展"道路，而我却不得不走一条"生活化"多于"专业化"的成长之路。唯其如此，我的"成长感悟"或许也就有了"专业"之内之外更多的况味。

人的成长就是去经历一个个事件、处理一个个问题、化解一个个矛盾，这些都需要知识、智慧、经验和能力，但是首要的无不是先要亮出你的姿态。

教师的工作是寓做人、教人、育人于一体的，我就从"人"的角度对自己做以反思和解剖吧！

一、如山——坚持中的坚强

常听人说在山里长大的人对登山游山的兴趣不大，如果是这样的话我倒是个例外，在旅游中我尤其喜欢登山，在生活中我经常回味童年无数次翻越过的那座山。

养我的那座山名叫"二龙庙山"，直到今天我依然清楚地记得山路是怎样蜿蜒起伏的，在什么位置有个大石头，在哪个拐弯处有棵什么树……山里边人家的出行、购物、上学都须翻越此山，都须经过山上的"二龙庙"。让我真正认识这座山的是一次作文课，小学三年级时开始写作文，老师给的题目是《我家的……》农村的孩子一般都是写"我家的牛、羊、猪、鸡、狗、猫……"记得我当时想写"我家门口的柿子树"，可是仅写了两行就没词了，就让正上初一的哥哥帮我想办法，他拿出了他曾经写过的作文读给我听，题目是《我家的那座山》。题目已经让我惊叹不已了，我问哥哥："这山上住着好几家人，这山是我们家的吗？"哥哥说："山虽然不是我们家的，但我们家也是住在这座山上的呀！"这句话让我现在想起来依然觉得人的眼界从来就是有区别的。文章的最后一句是"早晨的时候，山顶上轻烟缭绕，好像预示着很多奥妙似的！"对"轻烟缭绕"的青山我也很有感受，但一个"奥妙"好像就能表达得很到位，我对哥哥佩服极了，以后就经常让哥哥把他学过的知识讲给我听。哥哥，是我的文学启蒙老师。

山是丰富的，也是刺激的，在它身上我认识了各种花草树木，品尝过各种味道鲜美、终生难忘的野果，还见识了野猪、鹿、狐狸、豹、狼、野兔、野鼠、穿山甲、黄鼠狼……当然其中不乏惊险——有一次我把豹子当成了猫，好在当时它懒得理我。山是宽容的，不管是人群、牛群还是羊群，都可以任意践踏它身上的每一寸土地，无论是挖掘它、开垦它、钻探它，还是砍伐它身上的树木、竹林，它都毫无怨言地承受着，尽管在我们欢庆收获的时候谁都不会想到它，它依然养育着我们。山是谦虚的，为了让大家的收入能够再多一点，人们在它身上先后大规模种植中药材、猕猴桃、板栗等果树，还有茶叶等，它都默默地接受了，并尽力地改变着自己以提高这些经济作物的产量。山是坚强的，几十年的风雨、无数人的掠取，它总是默默承受，它总是努力地接受阳光、风雨并转化为各种营养，滋养着自己和自己身上承载的各种生命，它把这视作自己的责任。几天前家里打来电话说，国家有关部门在这座山里面发现了储量较大的钒矿，要把整个村庄迁走，不久的将来，这座山将不复存在。今年"五·一"我回去认真地欣赏它、触摸它、体会它，它依然那么慈祥、那么美丽、那么深沉、那么让我魂牵梦绕！

像海能够纳百川一样，山也能够承载万物，生活在山里的人也像山一样具有特别的韧性。我上中小学的七八十年代，农村学生的学习文具基本靠自己去挣，那时的我们对学习条件的简陋、学习用品的匮乏等不会有丝毫的怨言，只觉得"挣"是我们的义务，"挣得"是我们的光荣。有一次我想买一本价格为1.20元的《新华字典》，我需要上山砍竹竿去卖，这个工程的难度不在"砍"而在"卖"，"卖"的难度在于路途遥远，砍完后要扛着绑成捆的竹竿翻越两座山经过三个村庄才能到达收竹竿的地方。我和另外两个小伙伴一起用了两个周末完成了这个"大工程"，每人挣得1.50元，心情异常兴奋。在我们返家的路上，兴奋之余让我感到疲惫阵阵袭来，渐渐地我落在了后面。在经过一个村庄时，突然，一只凶猛的大黄狗从后面追上来，落在后面的我就更迈不动脚步了，大黄狗已经咬住了我的裤脚，吓得我一个踉跄从两米多高的路面摔了下去，幸亏狗主人及时赶到才使我免于受更重的伤，回到家我整个晚上都处在惊吓中瑟瑟发抖。这个经历令我终生难忘，这本《新华字典》对于我而言是不同寻常的。

像山那样坚持不懈。在山里长大的孩子可能有很多地理环境造成的不足，但有一个优点是终身受用的，那就是在求学、工作、生活中，可以说从不会说"我学不会""学习太累"之类的话，应该做的事情即使"没有钱"也要想办法挣钱去做，只要能做的事情就绝不会说自己不会做，也绝不会说"做事太累"。这就是一种坚持不懈的精神。有了这种精神，就有了去战胜一切艰难险阻的信心。

像山那样坚强承担。一个农村的孩子从上学到大学毕业就业，难度注定是会大一些，更不要说再经历家庭的变故、哥哥的病逝以及由此而造成的工作和生活上的颠沛流离。庆幸的是这些困难都逐渐地得以化解。帮助我走出困境主要原因就是学会了山的坚强承担和不间断地读书学习。在医院陪伴家人的三年多，我在走廊里读书、在病房的小凳子上写作，这全然不是什么勤奋好学、志向远大，仅仅是作为战胜内心痛苦的精神支撑；在我月薪只有351元的时候，举债27万元用于给家人治病，这不是什么志气和能力，仅仅是学会像山那样去承担；在哥哥病逝的前后一年多时间里，来回奔波于广东和陕西之间，联系我和哥哥内心的除了血缘和亲情之外，还有那座山、那些共同经历的学习过程。如今，哥哥已经化为那座山的一部分，山的精神和力量——大气、包容、坚持、承担却留在了我的心里，必将一直是我前行的力量源泉。

二、似水——曲折中的不屈

在山里长大的孩子渴望对山外世界的了解，渴求获得知识，哥哥的"奥妙"这个词让我明白掌握了知识就能准确地表达自己，而知识来自阅读。因此，家里的各类印有文字的纸和书成了我们弟兄的宝物，这些"宝物"除了《西游记》《红楼梦》《水浒传》《三国演义》等系列连环画外，还包括《毛主席语录》《毛泽东选集》《农村中药材种植技术》《农村兽医基本知识手册》《家畜繁殖和饲养技术汇编》，还有难得一见的旧报纸等。记得每次母亲从合作社买白糖回来，把白糖装进糖瓶后，我和哥哥总是迫不及待地先把包糖的报纸上剩余的糖粒舔干净，再读完上面的每一个字。七八十年代的农民家庭能见到这些读物已经很不容易了，更让我不能忘记的是我和哥哥都曾因为当了"三好学生"而获得奖品——两本书，哥哥获得的奖品是《歇后语词典》（北京出版社，1981年12月第1版第1次印刷），我的奖品是《古诗文名句录》（湖南人民出版社，1983年10月第1版第1次印刷）那个时候根本不知道应该读什么，但这两本书几乎成了我和哥哥的至宝，尽管当时有很多内容读不懂，我们还是把书看到都快能够背诵了。如今这两本书还是我的珍藏图书。

我从初中开始知道要做读书笔记，整个中学阶段的读书是杂乱而漫无目的的，今天仍保存的中学读书笔记有18本，内容大部分是历史民俗知识和诗歌，那时候我并不知道自己将来要学历史专业，也许真的是有些兴趣吧。总体上说，我不可能有什么家学渊源，中学阶段的阅读水平也是不高的，多是些普及性读物，专业性的书籍难得一见其实也读不懂。在我那时读的书中，印象最深的是周君适的《伪满宫廷杂忆》（四川人民出版社，1981年2月第1版），当时我摘录了书中描写康有为的一段：1921年（辛酉），康有为在丁家山巅（笔者注：在杭州）修建了一所庄园，取名"一天园"……而居住在此地的很多人对康有为多有微词。有人作了一副歇后语的对联："国家将亡必有，老而不死是为。"把"有为"两字嵌进去；有人说："康圣人的官印，分明是'富有四海，贵为天子'之意，圣人可谓妄人也矣"；还有人说"康有为携妓游湖（西湖），曾有一首诗，起句是'南妆西子泛西湖，我亦飘然范大夫。'把自己比作范蠡，把妓女比作西施，真是拿肉麻当有趣了。"当时只是觉得这些文字很有趣，但后来对我了解康有为的个性和理解戊戌变法的失败是有帮助的。大学四年和工作以后，读书的条件、能力和方向虽然都在逐渐提升，但仍然保持广泛涉猎的习惯。由于依然没有明确的读书目的，大部分的阅读都停留在"知道"的层面，尽管也会在特别有感觉的部分写下一些自己的体会和感慨，但在思想理解上都是支离破碎的，并没有什么清晰的系统的认识。当然有时也会很下功夫，记得1991年时在学校图书馆借到了《中西五百年比较》一书（中国工人出版社，1989年10月第1版第1次印刷），这对于一直死板地学通史的我来说有着振聋发聩的效用，在跑了很多书店买不到的情况下，用了两个月的时间把这本书抄完了，并告诉自己毕业后当了老师应该像这本书这样去教授学生学历史。现在，读书笔记已经有了106本，动机基本还是少年时代对"学习"的认知，只是觉得自己应该勤奋而已，所以依然没有形成"智者"们的读书成果。也许，刻在我内心深处、融入我血液之中的信条是人应该坚持、勤奋，做到了坚持和勤奋就是一种安慰，或者说是一种成功。

大学毕业后我分回到中学母校——陕西省商南县高级中学任教，那是一个贫困县的重点中学，全县只有两所普通高中，而另一所学校每年只能招收100名左右的学生，可以想见我所在的学校对全县每个人来说是多么重要。因此，能回到母校做一名教师我感到很兴奋，也很光荣。更让我高兴的是，我教书的起步阶段是在我中学各科老师的引领和指导下开始的。当时的校长是陕西省历史特级教师、全国教育系统劳动模范吕清太先生，他对我给予很高的期望，他让刚刚走上讲台的我同时给高一和高二的两个年级授课，目的是让我迅速熟悉高中教学内容。他还经常听我的课，并从板书、语言、教材分析多方面给我悉心指导；我的高中历史老师张景明是我们的教研组长，他为人友善、宽容大度，教研组的教研氛围很浓厚，人际关系很融洽。张老师不仅把他的教案拿给我作为参考学习，而且每次听完我的课总是在鼓励之中渗透指导，鼓励之余指明改进的途径和方向，这种帮助让我终身受益和铭记。还有已故的柴清才老师，他在课堂上特别善于讲故事，既能紧紧地抓住学生的注意力又能适时恰当地落实基础知识，他对那些历史故事都是烂熟于心的，讲的时候又能绘声绘色，这种功夫真的让我叹服。在这个和谐的组织里我得以较快成长。此外，我中学的班主任、政治老师殷书月，英语老师刘江、语文老师范举仁、数学老师庞持久都在生活、学习、工作的各个方面给了我及时而重要的帮助和指导，尤其在我结婚前的两年里，我几乎成了殷书月老师和张景明老师家庭里的一员，我们一起工作、娱乐和交流思想和心得，那是我过去的生活中最快乐的一段时光。

快乐的日子总是容易流逝，每当快乐的一天即将过去的时候，我总在想"我将来会成为一个什么样的人"，是一个优秀的老师还是会去干其他行业。老师就是老师，他们总能在最关键的时候洞察我的思想，吕清太校长、殷书月老师、张景明老师分别都在不同的时间、用不同的方式告诉过我，"你适合走专业发展之路，应该多读书"。这也符合我的自我认识，此后，读书就成了我主要的生活方式。一所县城学校的图书馆的图书是有限的，读书的人也很有限，不过已经足够我当时的需要了。当我打开很多一直没有人借阅过的已经放旧了的新书时，多少会滋生一点自豪感，每次抱着一摞书回宿舍，心里就会悄悄地对书说，"让你们久等了！"当时读书除了丰富知识服务教学之外，还有一个目的就是励志。在一个偏僻的小县城，励志特别重要，稍不注意就会被悠闲和自在、忙碌和借口、世俗和非议把自己的追求吞没掉。在我的读书笔记中有一段记载着当时读到的一本新书叫《历史与我的选择》（杭州大学出版社，1991 年 4 月第 1 版），其中的一篇是《风雨治学七十年——记历史学家、社会学家周谷城》，文中说"周谷城一向把教学和科研紧密结合，所以他开课多，论著也多。周先生在暨南大学每周讲《中国通史》课十二个小时，只用自编的大纲，讲自己的观点。在民族危亡的时刻，身处'孤岛'上海的周谷城，既投身于反帝爱国运动，又担负着繁重的教学任务，但他仍不肯放弃撰写《中国通史》的计划。直到校方以周谷城支持进步学生活动和反对所谓本位文化为由，宣布撤销他史地系系主任的职务，他也毫不介意，终于坚持写完了《中国通史》上、下册共 80 万字，并于 1939 年由开明书店公开出版。"这段文字告诉了我怎样在压力、阻力下坚守信念、坚持行动、坚决前行，在此后我遇到各种困难时，我都会想起这段话。

　　除了阅读书籍外，我也广泛地读教育报纸杂志，比如《中学历史教学参考》《历史教学》《中学历史教学》《历史教学问题》就是我的必读内容，《中国教育报》《教师报》《陕西教育》《教学与管理》《中小学管理》等也是我经常用来开阔思路的学习资料，甚至如《中学政治教学参考》《中学语文教学参考》《中学地理教学参考》《思想政治课教学》等学科杂志我也会阅读，而且当时都是一篇一篇地读过去。后来还参与其中的一些讨论，比如在《中学地理教学参考》上发表过《古长安城国都地位变化的自然因素分析》一文。那个时候，阅读的范围、时间都是不设限的，我和学生一起在早晨大声朗读，在晚自习的教室里读到和学生一起放学，和学生一起背诵语文、英语课本上要求背诵的篇目。那个时候阅读是我的一种生活方式，没有目的，就是觉得在那样的学校、在那么多自己的老师带领下、在那么多刻苦的学生面前，自己的表现不能平庸。

　　这种充实的生活方式不久就被另一种充实的生活所取代，我得陪家人到西安治病。在暂住西安的三年里，我能读到的书少了，只能去翻看自己的读书笔记以消解内心的困乏。再后来我不得不南下江苏、广东，除了带上我的读书笔记外，随着经济条件的逐渐改善我开始买书，等到 2006 年我重新返回西安时，我也有了 2000 余册图书，它们是我忠实的朋友和亲人，我善待它们，而善待的方式就是不断地阅读它们。不管是青灯黄卷还是有红袖添香，不论是置身于报馆书肆或是置书于背包行囊，是书伴随着我的每一步，是书造就了现在的我。这让我逐渐明白，我的阅读目的其实就是阅读本身，阅读是我在曲折的生活道路上的拐杖，是我对生活的一种自然选择，是我对待生活的一种基本态度。寻求阅读的道路是曲折的，但通过阅读，知识像水一样，充盈着心田，求知的过程也抚育了我百折不挠的性格。

三、一线天——探索中的求索

在群山中生存，除了翻越山岭外，还有一种走出大山的办法就是绕山而行，由于是群山，绕行就变成了在山间穿行。要绕行我生长的"二龙庙山"，须经过一段"一线天"，而且中间有50米左右完全是在两块上下交错的巨石中穿行，下面的那块巨石向下倾斜为45度，与上面的巨石在一侧会合，在其另一侧有一百米深的山沟，人只能在它们构成的二面角的约75厘米的高度处躬行。在处于下面那块巨石的上表面是由石匠凿成的两行与人脚样大小的石脚印供人行走时踩踏，这些石脚印的具体开凿年代已经难以考证。要安全通过这里，必须是先迈左脚，必须是一步一个"脚印"地循迹前行，否则就很冒险，真的是"走对路才会有出路"，这绝非一句虚言。

人的成长之路虽不一定像过"一线天"那样艰难，却也是需要循序渐进的。我在历史教学的认识和理解上，到目前为止先后大致经历了四个阶段。

第一，为"兴趣"而教的阶段。在刚参加工作的头两年里，最担心的是自己的教学能不能得到学生认可和喜欢，因而刻意去追求教学的趣味性，尤其是要做到讲解有趣。可是那时自己并不明确怎样讲才算"有趣"，就简单地将其理解为要多讲故事，讲孔子时就说说他长得如何难看，讲秦始皇时就说说"秦始皇是不是私生子"，讲宋朝建立就说说"斧声烛影"之谜等，总之是尽量讲让学生感觉新奇的历史故事。这种讲故事的方法不是为教学内容服务，只是为了吸引学生的注意力，所讲的故事与要求学生掌握的内容之间没有内在联系，只是为"兴趣"而"趣味"，时间长了也就失去了魅力，特别是这种讲法不是历史教师的专业讲法，这是人人都会讲的历史课。这样的历史教学魅力是短暂的，对它的超越就是一种成长。

第二，为"分数"而教的阶段。中学教学除了要满足学生的好奇心外，还得想办法提高学生的考试成绩，考试"分数"好是件能大快所有人心的"好事"，在随后的几年中，随着自己对中学历史教科书内容、考试和题型的熟悉，在借鉴老教师"经验"的基础上，对知识重点作要点化概括、训练的方式方法、挤占学生时间的工夫和能力都有了显著提高，尤其是课堂讲解过程中，怎样做到要点化讲解、结构化板书、重点化标记都能自如操作，考试成绩确实有了提高。但这种教学得有一个前提，即除了有一些趣味性故事外，还需要教师有一定的威力，否则学生不会主动去落实这个"完美"的课堂知识结构。这样的历史教学的"有效期"很短，常常是高考（或者是高中）结束时，学生就会把所学的"历史知识"都还给老师。

第三，为"教育"而教的阶段。学生爱听、考试分数好的课堂教学是有效的历史教学吗？在不断地学习和反思中，我逐渐认识到"兴趣"和"分数"都是短期效果，作为基础教育重要组成部分的历史教学还应该追求"长期效果"和"永久效果"。2000 年前后的几年中，"培养历史思维能力"成为中学历史教学领域研究的重点和热点问题，各专业杂志都刊登了大量这方面的文章。我在学习的过程也参与其中，反映到我的课堂上就是力争做到把讲故事、列要点与培养学生思维能力相结合，并在教学实践中不断地扩展和提升。这个阶段的历史课重视了"教育"，重视了教师，但对学生和学习重视不够，依然不是最有效的历史教学。

第四，为"生命"而教的阶段。教师所理解的"教育"的主要着眼点往往是学生，而把自己视作教育者，因而难有真正的"教学相长"和融洽的师生关系。从 2004 年开始接触高中历史课程改革以来，师生共同学习的现实和需要日益明显，教学的过程也就真正成了师生共同成长、相互砥砺的生命过程，"教育"成为师生的共同的需要和选择。在学习和阅读中，我感觉到在历史教学中关注"生命成长"已经成为大家的共识。任鹏杰主编提出历史教育要"服务考试，服务人生"；赵亚夫教授主张历史教育的本质追求是公民教育和人文教育；任世江主编主张历史教育要渗透"求真务实"教育；李惠军老师主张历史课堂要充满智慧感；聂幼犁教授关注探究性学习以培养学生自主探究学习的能力；齐健老师提出历史教学的"生命化课堂"；陆安老师提出"让生命之光照耀历史课堂"；郭富斌提出"历史教学要眼中有人"等。为"生命成长"而教，为师生共同成长而教，这是一个永无止境的话题和工作，我身处其中乐此不疲。

当然，成长之路不会是一帆风顺的，一定是伴随着挫折的，甚至可以说成长主要取决于遭遇挫折时的态度和选择。如何面对挫折，我觉得可以学习"鸵鸟政策"，而且一个正确的化解挫折的过程都有一个"鸵鸟政策"阶段。（鸵鸟政策既是指不敢正视现实的政策，也是指一种节约体能的自我隐藏方法）挫折往往是猝不及防的，遇到挫折后给自己一个暂时逃离的空间，清醒一下头脑，整理一下思路，选择一个方法，总比盲目蛮干以致再遭遇更大的挫折要好很多。当鸵鸟把头从沙子里拿出来的时候，要么昂首前行，要么慷慨赴死，经过认真思考后的决策哪怕失败也至少会少一些后悔。

做教师的都可能遭遇过一种教学挫折——追求什么样的课堂教学。在商南工作的四年里，我上过一些公开课，最高级别是市级的，也获得过一些一等奖，自我评价还是不错的。但到广东以后的第一次公开课并不成功，当时我执教的是老人教版《甲午中日战争》一课，一节课完成了背景、经过、结果、影响等内容，并结合自己的阅读积累，补充了不少史料，甚至在讲战争影响时运用了一段英文资料："By defeating China in the Sino – Japanese War of 1894—1895, Japan made its first significant acquisition of territory beyond its borders. Almost overnight to some extent, Japan had become a first – class power among the nations of the world." 而且，无论是背景、过程还是影响，我都总结制作成了知识结构图，课程实施过程也很流畅。自我感觉还是不错的。这次活动是由顺德区教研室的梁仁华老师组织的，顺德区的中学历史同行都来听了课，主评课人是顺德一中的历史特级教师全仁经。全老师在列举了这节课的很多优点之后说，"徐老师是发表过几十篇文章的有名气的年轻教师，这节课是一堂很标准的课，材料也很充足，要是主题再突出一些，课堂的灵魂再明晰一些就更好了。"广东是课改氛围很浓厚的地方，还有全老师的大名都让我要高度重视他说的每一句话。我仔细琢磨全老师的话，这是委婉地指出了我这节课最大的问题——没有教学主题，没有自我，或者是说没有思想。甚至流露出了他的失望——"发表过几十篇文章"与"很标准的课"是不相配的。

我开始思考该怎么办，书也读了不少，文章也发表了不少，奖也获了不少，而课却很"标准"，我到底缺少什么呢？思考中我认识到，我缺少对课堂的深入思考。由于家庭问题一度使我的教学工作中断，我没有完成从读书到课堂的连续自然的内化产出过程，而仅仅是充当了"知识搬运工"的角色。我第一次开始有意识地关注一个问题——好课是什么样的。与同事交流的结果是众说纷纭的，看理论文章得到的结果是生硬僵化的，我不得不去研究课堂、研究课例。我发现，成功的课堂都有一个主题，课堂流程安排、材料的选用、活动的开展、教师的设问等都是围绕着这个教学主题展开。当然，首要的是课堂的教学主题要恰如其分，要同时符合学生、教师、教材和社会发展的需要。从此，我的历史教学朝着新的方向迈进，我的阅读和学习也从"知识""兴趣"阶段向"思想""思考"阶段发展。

做教师的还可能会遭遇教育挫折——做一个什么样的教育者。教育工作是一项风险较大的工作，大到教育小到教学，无论是年轻教师还是功成名就的老教师，风险系数是一样的。做教师的一定得学会化解困难、应对挫折，尤其在当前的教育现实中，教师专业成长的平台很多，但专业发展的阻力也很大，要想做个能自主自觉发展的教师并不容易，因为自己的问题自己能解决，外部环境的问题却不是仅凭自己就能解决的。这是现实也是我对现实的认识和体会。我曾经在两所学校分别做过《今天怎样做教师》和《做一个有特色的教师》的专题报告，报告中介绍了自己一些做法，提出了自己的思考和想法。广泛阅读——做一个丰富的教师，决战课堂——做一个精彩的老师，善于思考——做一个深刻的老师，勤于写作——做一个有影响力的老师；我认为教师的特色和风格很重要：教师的特色有利于感受工作的幸福，教师的特色有益于获得职业的成功，教师的特色有助于丰富学校的特色。很长时间过去了，很多老师在和我交流中说，你讲得都对，但现实中并不一定需要和能容纳有特色的教师。这何尝不是我自己的真切体会！成功的教师需要有成功的教学，而仅有教学成功却不一定是成功的教师。教师的成长就是从追求成功的教学开始，进而去追求做一个成功的教师，做一个幸福的教师。

带着这样的思想困惑和清晰的目标，我在诸多矛盾中阅读着、实践着、思考着、奋斗着。所有的经历告诉我，在做一个什么样的教师的问题上，难有固定的答案，就是有答案也不可能有什么明确的道路，脚下的路只有一条——在教育实践中思考教育实践，不断地争取做一个最适合你学生的、有影响力的教师。无论如何，要做一个内心丰富、有较强幸福感的人！

四、学师友——阅读中的悦读

在教学工作上没有机会正式拜师是一件遗憾的事情，但我用各种方式学习过很多名师，这些名师就像是矗立在我必经之路上的标杆，让我认清自己所在的方位，帮我确定自己前进的方向。

刚参加工作时最要紧的是把高中历史教材的整体知识结构重新建立起来，在重点知识上能做到全面把握深入理解。地处小县城，可以借鉴和参考的资料十分有限，解决这个问题除了要看通史教材外，有一条捷径就是阅读历史教学类杂志。当时在这方面陈伟国老师在《中学历史教学参考》连载的"中外历史分类分国线索表解"、在《中学历史教学》连载"高中历史专题复习讲座"、宾华老师在《中学历史教学》连载"高中历史单元复习精讲"等系列文章是我学习的主要材料，使我较快地成长为一个对教材知识比较熟练的教师，后来还承担了《中学历史教学》"高中历史单元复习精讲"世界现代史部分的写作任务。

让我开始思考有效历史课堂教学的是全仁经老师。我以他对我的课的点评为契机，研究全老师的课例，学习他的著作《历史问题教学研究——创新与学习》一书（广东海燕电子音像出版社，2001年8月第1版），并在工作中抽出时间去他的学校听课，体会他怎样在教学中研究，在讲知识时如何渗透史学思想和方法。在全老师的专著中有一个课例介绍了如何讲授"北洋军阀的黑暗统治"："教材相关知识点有11个：控制内阁——制造宋案——善后借款合同——镇压二次革命——无限扩大总统权力——接受二十一条——复辟帝制——军阀割据——府院之争——张勋复辟——段祺瑞独裁。如此多的知识点学生难以把握，（全老师指出）综合这些知识点，实际集中于三个方面阐述了北洋军阀统治的黑暗：一是独裁，二是卖国，三是割据混战。透过这些知识点和三方面的表现可以发现，独裁是倒行逆施，卖国是违背国家民族的利益，割据混战违背人民的愿望。总之是违背历史发展的潮流，这样的统治不垮台、不崩溃实在是天理难容。"这样的讲解概括中有提升，叙述中有评论，论证中有理由，让学生在信服中默会学习历史的方法。

在阅读中我看到很多名师都提出历史教师的显性工作是历史教学，隐性工作则应是历史教育，优秀的历史教师都是在历史教学中充分有效地实施历史教育。这些文章包括郭富斌的两篇代表作：《历史教学要"眼中有人"》（《中学历史教学参考》2005年第10期）、《让思想的光芒照耀历史课堂》（《中学历史教学参考》2006年第5期）。但在很长时间里我仍很困惑：怎样讲课才是做到了教学与教育的有效融合？在我不断阅读思考的过程中，一个偶然的机会使我得到了郭富斌的一节录像课，看完之后觉得自己心中的困惑在悄然冰释，郭富斌的这节课不仅立意高，课堂讲述也是扣人心弦的，历史的教育价值在学生如痴如醉地听讲和思考中得到了有效落实。录像课中郭富斌对"明朝建立"的讲解，就比较典型地反映了他的教育视野和历史教育追求："课本第一自然段给我们提供了明朝建立的一些信息。……朱元璋只用了短短的16年时间就爬到了皇帝的宝座，创造了一段奇迹……是什么锻造了朱元璋的传奇？我觉得最重要的就是他会用人……就是这个朱升他给朱元璋提出了一个九字箴言：'高筑墙、广积粮、缓称王'……我们生活在古城西安，我们的城墙保存得非常完整，什么时候的？明朝，这不就是'高筑墙'的产物吗？我们引以为自豪的还有一个万里长城，今天给我们存留下来的长城是什么时候的？它不是在全国范围的更大的一个'高筑墙'吗？……当我们把视野放大，我们会发现它对新中国的历史在一些特定的历史时期产生过重大影响，最直接的就是1972年毛泽东提出的新九字方针：'深挖洞、广积粮、不称霸'……1991年中国面临着严峻的国际形势，东欧、苏联解体，那么，西方给中国巨大的压力，这个时候邓小平又提出了一个24字方针：'冷静观察、站稳脚跟，沉着应付，韬光养晦，善于守拙，绝不当头。'虽然字数增加了，具体的表述更改了，有一个东西没变：'绝不当头'……就是在今天，当西方国家提出'中国威胁论'的时候，我们怎么做的？我们的党中央非常冷静，我们说我们要'和平崛起'。和平崛起是什么？就是不招摇，不要把目标搞大，我们要发展，但我们是埋头发展。所以大家看看，就是这样的一种方针，它这样富有生命力，所以在朱元璋争夺天下的过程中它当然会发挥巨大的作用。"

我深深地认识到，历史教师从事历史教学的终极目的在于历史教育，没有历史教育的历史教学永远不可能是有效的历史教学，不能实施历史教育的历史老师有再多的头衔也不是成功的历史教师。而恰在这个时候我必须回西安工作，为了心中的"历史教育"，我放弃了西安一所学校给予"当主任"的承诺，而选择做郭富斌的同事以向他深入学习。

让我始终保持战斗力和学习激情的是任鹏杰老师。无论我是以什么状态去见任老师，他总是以达观的人生态度、充满激情的精神面貌、犀利的语言和爽朗的笑声影响我、感染我，我们通常是在海阔天空的聊天中让许多隐藏在内心深处的喜、怒、哀、乐尽情释放、挥洒和升华，真有点"谈笑间，樯橹灰飞烟灭"的感觉。并且在任老师的引荐下，我认识了赵亚夫、聂幼犁、齐健等历史教育界的大师级人物，使我得以领略神圣的历史教育殿堂的奥妙和神奇。

五、开心路——困惑中的收获

成长的过程是循序渐进的，但成长的道路却不是唯一的。很多时候我们感觉到的无路可走，其实不是没有路而是没有找到走的方向。怎样才能找到属于自己的方向？我的方法只有一个：尝试，在不断地尝试中一定能找到一条开心之路。在经常的阅读报纸杂志、读书学习的过程中，慢慢地我的思维被激活了，竟然萌生了通过写作来表达自己的愿望。刚开始的一段时间，我把写好的一篇篇文章工工整整地誊抄在稿纸上寄往编辑部，大部分杳无音讯，少部分被退稿，其中《陕西日报》的退稿让我终生难忘，三篇稿子都被编辑认真改过，包括标点符号，最后还附有评语和鼓励信。尽管在近一年的写作尝试中没有一篇发表，但因有了这封退稿信使我没有放弃尝试。

转机就在坚持中，转机就在于对方向的微调。1998年9月的《中国教育报》刊登了一则"征稿启事"，要求写关于《中华千字歌》的书评，刚好我才买过这本书，就把自己的阅读感受写成《我读〈中华千字歌〉》寄过去。两个月后的一天，我不仅收到了报纸，还有一张500元的汇款单——文章获奖了。这不仅在我的内心是一种震动，在我们学校甚至小县城也成了一条新闻。1999年就快要到来了，我想到了澳门回归祖国这件大事，就写出了《澳门名称的历史由来》的文章投往《陕西日报》，1999年1月26号的报纸上刊载了我的这篇文章，这是我正式发表的第一篇文章。《陕西日报》是省级党报，在该报上发表的文章还会在县委宣传部登记备案，这是县城里很多人的奋斗目标，没想到参加工作才几年的我就能实现，自然是得到了很多人的夸奖，我的自信心在坚持中变得更加坚强，此后从未间断过。第一次文章获奖、第一篇文章发表，让我感觉到写文章要写别人所需要的，或者说是对别人有价值的，当然也应是自己想说的。

还有一件事对我写作的影响较大。《中学历史教学》杂志1999年第8期开始连载陈伟国老师的《〈中国近代现代史〉单元复习精讲》，"编者按"说："……突破教学重点难点，帮助学生真正掌握每一单元所学的知识，并不是一件容易的事，这需要给学生提供一种科学的学习方法和行之有效的操作程序。我们是这样做的：师生共同完成对教材的理线索——抓重点——找比点——小综合等工作，最终顺利实现对教材的全面掌握。此法如何？是否能见实效？我们真诚欢迎读者朋友多提宝贵意见。"当时正是我第二次带高三，我就把自己的备考教案整理加工后，寄给《中学历史教学》编辑部，令我振奋的是我的《世界近代现代史》（下册）部分的教案被作为"单元复习精讲"的组成部分在2000年1~6期上连载。这对还没有正式在历史教学专业期刊上发表过文章的我来说，是一个莫大的荣誉和鼓舞。我从中体会到，只有在自己真正付出过心血的地方才可能会有意想不到的收获。这不仅是对我写作的一种肯定，更是对我高考复习备考的肯定，这对我日后坚持走"研究中工作，工作中研究"的道路影响巨大。

2001年7月，在我奔走于几大医院之间为家人寻找药品的路上，我接到了《中学历史教学参考》杂志任鹏杰主编的电话，他告诉我说《黄河名变迁：母亲河的悲与喜》一文将在第8期发表，并在电话中与我做了比较深入的交流。这篇文章的发表不仅是我写作题材的一次拓展，更重要的是加深了与任主编的认识和了解，在以后与任老师的交流中，我对历史教学、历史教育的认识随之得到不断提升。

在我的成长历程中，还有两位一直未曾谋面的老师给了我极大打的鼓励和提携。1998 年，我读了《尝试教学新论》后，就给该书的作者、当代著名小学数学教育家和教学改革家邱学华先生写信请教，并附上我写的读书心得。不久，邱学华老师认真地给我回了信，除了就教学方法给我做了精辟的指导外，还对我提出了期望和要求："徐赐成同志：您的刻苦钻研令人钦佩。中学应用尝试教学法已收到显著效果，您可试一试，欢迎您加入我会的教育实验参与研究。……现在要真正做点事，比较难。慢慢来，自己先做起来，用事实去说服别人是比较好的。握手！邱学华 1998 年 6 月 30 号"。

国家教育行政学院《中小学校长》主编孙恭恒教授在看了我的一篇投稿后，给我寄来了这份杂志的用稿计划和要求，并附信鼓励我多学习勤钻研，此后经常在电话里给我鼓励和指导，渐渐地我们成了没有见过面的朋友，这让我十分感动，并成为我继续边学习边思考边写作的动力。2006 年他在一篇文章中谈到他这样做的原因："使我欣喜的是徐老师的这篇文章把道理说得十分清楚，十分有逻辑性，而且又是从实践出发，实实在在。从此后我把徐赐成列为刊物的重点作者（我所主编的刊物的作者基本都是校长、政绩突出的教育局局长和知名专家教授，像徐赐成这样的普通中学教师成为保持经常联系的重点作者可说是极其个别的例子），经常把刊物选题、组稿计划通报给他，而他写来的稿子确实都令我满意，几乎没有一篇文章是脱离实际的空说，也没有一篇文章只讲实践而没有体现重要理念、理论的。再后来，由稿件往来便成了交心知底的朋友。我发现他虽然不像我们编辑部编辑们拥有那样的高学历（我们编辑的学历都是重点大学的硕士、博士生），但对教育理论的领悟却往往更精细、更广泛、更开阔；他虽然不像我那众多的校长朋友那样整天浸淫在学校繁杂的事情中，但却对学校教育发生的方方面面问题往往看得更透彻、更实在，更合乎情理。于是我渐渐弄清了这个年轻人的个性，他是一个非常沉稳、坚韧的人，热爱工作、想做好工作而为此执着地学习、顽强地钻研理论、琢磨问题。"

2001 年，我参加了教育部全国现代教育技术（第四期）校长培训班（上海），期间安排我们到上海的华东师范大学第二附属中学、上海市南洋模范中学等知名中学参观学习；在我游学南方的几年中，我还有幸到南京师范大学附属中学、南京市金陵中学、南京市外国语学校、江苏省扬州中学、江苏省邗江中学、南京市第一中学、江苏省洋思中学、广东省珠海市第二中学、广东省深圳市深圳中学、北京大学附属中学深圳南山实验学校、广东省佛山市第一中学、广东省佛山市顺德区第一中学、广东省中山市中山纪念中学等名校参观学习和听课，从而得以领略这些学校名师的教育风采。其中最让我感念的是在南京师范大学附属中学时，我去拜会了著名特级教师王栋生（笔名吴非，《不跪着教书》的作者）他告诉我说："你是来看学校管理吗？中学吗，学校管理大同小异，不要去问校领导是怎么管理学校的，你要重点去和一些老师谈谈，看他们是怎样工作的，看他们说学校是怎样激发他们工作的，看他们是怎样评价学校的。做教师的关键是有一种精神状态。""精神状态?!"他的话让我深有感受，工作学习中的"精神状态"如何直接影响到效率和效果。"不跪着教书"不就是一种"精神状态"吗？

在我从教的道路上，我能始终保持着一种积极进取的精神状态，主要是得益于这些师长的鼓励、指导和启迪，得益于书籍的一路陪伴。他们是我前行的路标和航灯，是我成长过程中的一种精神支撑。当然，步伐还是得由自己一步一步地迈出去。在向前迈步的过程中，还有一种力量——学生推动着我，他们那种打破砂锅问到底的劲头，让我任何时候都不可大意，特别是一些对历史文化特别有兴趣的学生，常常问一些非常有挑战性的问题，他们推动着我去读书学习和研究。师友的引力、工作的压力和自己的动力是破解困惑状态、解放自我、获得发展的武器。

我相信每个人都有属于自己的精彩：精彩的生活、精彩的事业、精彩的人生。我也坚信每一种精彩的背后都有许多无法诉诸文字的生命体验。于我而言，我得到的仅仅是些精彩的感受，这是我不断坚持的理由，也是我聊以自慰的浊酒。为此我得由衷地对这个世界、对这些已经流逝的岁月说声："谢谢你，是你让我坚韧！"并且，精神饱满、斗志昂扬地对源源而来的时光和岁月说："欢迎你，我永远不会浪费你！"